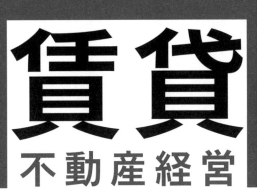

賃貸不動産経営管理士

不動産経営

テキスト＋問題集

田村　誠

技術評論社

はじめに

安心して試験に臨み、効率的な学習で合格できるテキストを！

これが本書のコンセプトです。賃貸不動産経営管理士試験に効率的に合格するためには、合格に必要な知識を必要な限度で身につけなければなりません。

本書作成にあたっては、出題の基礎となる「賃貸住宅管理業法（同施行令、同施行規則を含む）」、そのガイドラインやFAQ集、過去問題などを徹底的に読み込み、また、試験実施機関から公表されている情報を分析し、合格に必要な知識を絞り込みました。

理解が難しい問題や間違えやすい問題については、図表・イラストを活用し、間違えやすいポイントを指摘することで対応しました。事例問題は、単なる知識だけでは解くことができませんが、そのような問題にも対処できるように工夫を重ねました。

さらに、試験での用語の使われ方や言い回しにも注意を払うとともに、問題を解く際にポイントとなる専門用語については身近な事例に置き換えて説明しています。

本書は、問題を解くことを徹底的に意識したテキストです。本書を利用することで、問題が解けるという実感を味わっていただけると思います。

また、合格に必要な内容を項目ごとにコンパクトにまとめましたので、効率的な学習が可能です。

本書を十分に活用され、皆さんが試験に合格されることを、心よりお祈りしております。

令和5年6月　田村　誠

目　次

第1章　賃貸管理の意義・役割をめぐる社会状況 …… 19

第2章　賃貸住宅管理業登録制度 …… 35

第3章 特定賃貸借契約の適正化のための措置等 …… 99

第4章 管理受託契約 …… 167

第5章 賃貸借契約 …… 183

目　次

第6章　金銭の管理 …………………………… 249

賃貸不動産経営管理士試験とは

❶ 賃貸不動産経営管理士への期待

　良好な居住環境を備えた賃貸住宅の安定的な確保を図るため、「賃貸住宅の管理業務等の適正化に関する法律」(以下、「賃貸住宅管理業法」という。) が、令和2年6月に成立しました。同年12月15日に「特定賃貸借契約の適正化のための措置等」に関する規定が施行され、令和3年6月15日に「賃貸住宅管理業登録制度」に関する規定が施行されています。

　賃貸住宅管理業法の全面施行により、賃貸住宅管理業登録制度は法律上の制度となり、賃貸住宅管理業者は、その営業所または事務所ごとに、1人以上の「業務管理者」を選任しなければならないとされました。賃貸不動産経営管理士は、この「業務管理者」の要件として定められています。このように、賃貸不動産管理の専門家である賃貸不動産経営管理士が果たす役割は高まってきています。

　賃貸不動産経営管理士試験は、一般社団法人賃貸不動産経営管理士協議会が実施しています。

> ●試験に関するお問い合わせ先
> **一般社団法人 賃貸不動産経営管理士協議会 受付センター**
> ホームページ　https://chintaikanrishi.jp
> TEL：0476-33-6660（電話受付：平日10:00 ～ 17:00）
> FAX：050-3153-0865（FAX受付：24時間）
> ※ホームページの「お問い合わせフォーム」を利用することにより、メールでのお問い合わせもできます。

　以下の情報は、賃貸不動産経営管理士協議会が公表している情報をもとにまとめています（令和5年6月現在）。

　情報は変更されることもありますので、必ず、賃貸不動産経営管理士協議会のホームページ（https://www.chintaikanrishi.jp）等をご覧ください。

② 賃貸不動産経営管理士試験の実施方法

賃貸不動産経営管理士試験の実施方法を以下に示します。

▼試験の実施方法

試験日時	年1回（例年11月第3日曜日） 13:00 ～ 15:00（120分間）
試験会場	北海道、岩手、宮城、福島、群馬、栃木、茨城、埼玉、千葉、東京、神奈川、新潟、石川、長野、静岡、岐阜、愛知、三重、滋賀、奈良、京都、大阪、兵庫、島根、岡山、広島、山口、香川、愛媛、福岡、熊本、長崎、大分、鹿児島、沖縄（全国35地域）
受験料	13,200円（税込）
出題形式	四肢択一、50問（※）
受験要件	どなたでも受験できます。
受験申込 受付期間	例年8月上旬～9月下旬（当日消印有効）
合格発表	12月下旬

※ただし、試験実施年度および前年度の賃貸不動産経営管理士講習（試験の一部免除）修了者は45問です。

※試験日、試験地、申し込み方法、その他詳細については、賃貸不動産経営管理士協議会のホームページ（https://www.chintaikanrishi.jp）でご確認ください。

③ 受験者データ

受験者のデータを以下に示します。

▼試験の推移

申込者数	29,591名	35,553名	35,026名
受験者数	27,338名	32,459名	31,687名
合格者数	8,146名	10,240名	8,774名
合格率	29.8%	31.5%	27.7%
合格基準点	34問	40問	34問
実施日	令和2年 11月15日	令和3年 11月21日	令和4年 11月20日

※上記合格基準点から5問を引いたものが、管理士講習修了者の合格基準点です。例えば、令和4年度試験では、管理士講習修了者は45問中29問以上正解した者が合格です。

試験出題範囲

試験の出題範囲は次のとおりです。

▼試験事項

イ 管理受託契約に関する事項
ロ 管理業務として行う賃貸住宅の維持保全に関する事項
ハ 家賃、敷金、共益費その他の金銭の管理に関する事項
ニ 賃貸住宅の賃貸借に関する事項
ホ 法に関する事項
ヘ イからホまでに掲げるもののほか、管理業務その他の賃貸住宅の管理の実務に関する事項

※問題中の法令等に関する部分は、例年4月1日現在で施行されている規定（関係機関による関連告示、通達等を含む。）に基づいて出題されます。

●登録の概要

　賃貸不動産経営管理士試験の合格者は、登録手続きを行うことで賃貸不動産経営管理士となることができます。賃貸不動産経営管理士の登録を受けるためには、賃貸不動産経営管理士試験の合格者で、「①管理業務に関し2年以上の実務の経験を有する者」または「②その実務の経験を有する者と同等以上の能力を有する者」である必要があります。②は賃貸住宅管理業務に関する実務講習の修了者等を指します。

　登録の有効期間は5年間です。

※ 試験合格の実績に期限はありません。

本書の使い方

本書は、賃貸不動産経営管理士試験の各節の学習項目（テキスト）と演習問題で構成されています。

1 学習項目（テキスト）

本書は、一般社団法人賃貸不動産経営管理士協議会が公表している賃貸不動産経営管理士試験の試験範囲と出題された過去問題をもとに構成しています。

「賃貸不動産の経営と管理について学習するのははじめて」という方にも理解できるように、やさしく、わかりやすく各項目を解説しています。

また、学習をする際に重要なのは時間です。本書では各項目を2ページから6ページの見開きで構成し、コンパクトにまとめています。通勤／通学時間、お昼休みの空いた時間、仕事の移動時間など短い時間でも効率的に学習可能です。

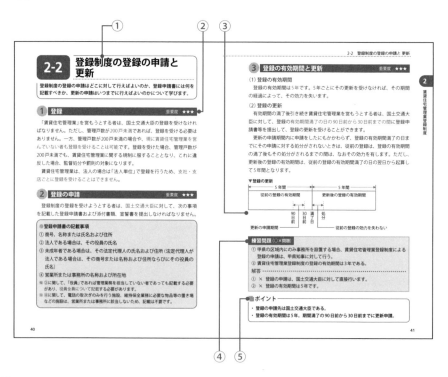

①節のテーマ

節のテーマとこの節で何を学習するかを示しています。

②重要度

各項の重要度を示しています。各節の中でも項目によって重要度は違います。★★★は重要度が高いことを示し、逆に★は重要度が低いことを示しています。この重要度を参考に覚えましょう。

③図表

賃貸不動産やその法律・制度においては、登場人物の利害関係や日数の表記など、文字だけではわかりづらい点が多々あります。本書ではそのようなわかりづらい点をわかりやすく、明確に図示しています。

④練習問題

この節で学んだことを復習する○×問題です。○×問題はどこが正しいか、どこが間違っているかの理解度チェックに役立ちます。

⑤ポイント

各節のポイントをまとめてあります。

はじめて読むときは、各節をはじめから終りまで読みましょう。復習するときは、終わりの「ポイント」を読んでから「○×問題」を解いてみましょう。もし、問題が解けない場合は本文をもう一度読みましょう。かなり学習時間が節約できるはずです。

2 演習問題

本書には演習問題が挟み込んであります。いままで学習した内容を確認しましょう。この演習問題は実際に出題された試験問題を使用しています。テキストでは○×問題でしたが、本番の試験は四肢択一方式です。こちらの出題形式に慣れ、過去問題に触れましょう。

演習問題5

問　題

問1　【令和3年問25】✓✓✓

建物賃貸借契約における必要費償還請求権、有益費償還請求権及び造作買取請求権に関する次の記述のうち、適切なものの組合せはどれか。

ア　賃貸物件に係る必要費償還請求権を排除する旨の特約は有効である。

イ　借主が賃貸物件の雨漏りを修繕する費用を負担し、貸主に請求したにもかかわらず、貸主が支払わない場合、借主は賃貸借契約終了後も貸主が支払をするまで賃貸物件の明渡しを拒むことができ、明渡しまでの資料相当損害金を負担する必要もない。

ウ　借主が賃貸物件の汲取式トイレを水洗化し、その後賃貸借契約が終了した場合、借主は有益費償還請求権として、水洗化に要した費用と水洗化による賃貸物件の価値増加額のいずれか一方を選択して、貸主に請求することができる。

エ　借主が賃貸物件に空調設備を設置し、賃貸借終了時に造作買取請求権を行使した場合、貸主が造作の代金を支払わないときであっても、借主は賃貸物件の明渡しを拒むことができない。

1　ア、イ
2　イ、ウ
3　ウ、エ
4　ア、エ

問2　【令和3年問28】✓✓✓

Aを貸主、Bを借主とする賃貸住宅（以下、「甲建物」という。）の所有権がCに移転した場合に関する次の記述のうち、誤っているものはどれか。ただし、それぞれの選択肢に記載のない事実はないものとする。

1　Aが甲建物を譲渡する前にBがAから引渡しを受けていれば、賃貸人たる地位はCに移転する。

2　Aが甲建物を譲渡する前にBがAから引渡しを受けている場合に、AC間で賃貸人の地位をAに留保し、かつCがAに甲建物を賃貸する旨の合意をすれば、Bの承諾がなくても、賃貸人の地位はAに留保される。

3　Aが甲建物を譲渡する前にBがAから引渡しを受けている場合に、所有権移転登記を経由していないCから甲建物の資料の支払を求められても、Bは支払を拒むことができる。

4　Aが甲建物を譲渡する前にBがAから引渡しを受けておらず、かつ賃貸借の登記を経由していない場合に、AC間で賃貸人の地位を移転することにつき合意しても、Bの承諾がなければ、賃貸人の地位はCに移転しない。

問3　【令和4年問25】✓✓✓

Aは賃貸住宅（以下、「甲住宅」という。）を所有し、各部屋を賃貸に供しているところ、令和2年、X銀行から融資を受けてこの建物を全面的にリフォームした。甲住宅には融資の担保のためX銀行の抵当権が設定された。Bは抵当権の設定登記前から甲住宅の一室を賃借して居住しており、CとDは抵当権の設定登記後に賃借して居住している。この事案に関する次の記述のうち、誤っているものはいくつあるか。なお、各記述は独立しており、相互に関係しないものとする。

ア　賃借権の対抗要件は、賃借権の登記のみである。

イ　B死亡し相続が開始した場合、相続の開始が抵当権の設定登記より後であるときは、相続人はX銀行の同意を得なければ、賃借権を同銀行に対抗することができない。

ウ　CがX銀行に弁済することができず、同銀行が甲住宅の競売を申し立てた場合、Cの賃借権は差押えに優先するため、賃借権をX銀行に対抗することができる。

エ　DがX銀行に弁済することができず、同銀行が甲住宅の競売を申し立てEがこれを買い受けた場合、Eは、競売開始決定前に甲住宅の部屋を賃借し使用収益を開始したDに対し敷金返還義務を負わない。

解　答・解　説

問1　【解答　1】

1は、設問の通りであり、正しい記述です。

入居者の入替えに伴って得られる新規入居者からの一時金収入、賃料引上げや手数料収入に期待する考え方ではなく、できるだけ優良な借主に長く借りてもらうことが大切です。よって、2は誤りです。

借主を消費者と位置付けて消費者保護の観点から賃貸借関係を捉える動きが活発化しています。よって、3は誤りです

「不動産業ビジョン2030〜令和時代の『不動産最適活用』に向けて〜」では、資産価値の維持・向上を通じたストック型社会の実現、コミュニティ形成、高齢者見守りなど付加価値サービスの提供、エリアマネジメント推進を、「不動産管理業」の役割であるとしています。よって、「不動産流通業の役割」としているのは4です。よって、4は誤りです。

「1-1 賃貸不動産管理の意義」、「1-2 賃貸住宅管理業者の社会的責務と役割」、「1-4 賃貸不動産に関する政策・対策」参照

問2　【解答　4】

賃貸住宅の管理業務は、居住部分（居室）のみならず、居室の使用と密接な関係にある住宅の「その他の部分」（通路・階段等の共用部分、居室内外の電気設備・水道設備等）も対象とします。よって、1は誤りです。

借主の募集については、「宅地建物取引業者」が代理または媒介として関わします。よって、2は、賃貸住宅管理業者が「いずれも貸主の代理を行う」としている部分が誤りです。

賃貸住宅管理業者は、貸主の賃貸住宅経営を総合的に代行する資産運営の専門家です。よって、3は誤りです。

4は、設問の通りであり、正しい記述です。

「2-1 賃貸住宅管理業法の概要と定義」、「8-1 借主の募集、入居審査」、「1-2 賃貸住宅管理業者の社会的責務と役割」参照

解答　問1：1　問2：4

学習の進め方

❶ 合格するためには

　試験に合格するためには問題を解くことができなければなりません。そして、問題を解くためにはまず本書を読んで理解すると同時に記憶することが重要です。どうしても理解できない部分は丸暗記することも必要であり、そのほうが効率的な場合もあります。

　ある程度記憶した後は、問題を解きます。間違った問題だけではなく、正解した問題の解説もしっかり読み、問題の解説で理解できない部分があれば本書に戻って確認しましょう。これによって記憶が定着します。さらに、本書で確認した部分については本書にチェックマークやラインマークをつけておけば、後日見たときに記憶を喚起することができます。

　以下、各科目別（本書の章ごと）の学習の進め方について紹介します。

(1) 第1章・賃貸管理の意義・役割をめぐる社会状況

　賃貸管理をとりまく社会的情勢、統計や政策などについて学びます。

　「貸主が、実質的所有者ではなく、投資家の場合もある」「賃貸管理では、依頼者である貸主の利益のみならず、借主の立場・利益も重視する」という視点を持ちながら読み進めるとよいでしょう。

　統計に関する事項は、細かい数字を覚えるというよりも、まずは「増加している」「○○が一番である」などといった傾向をつかむことが大切です。賃貸不動産経営管理士試験は賃貸住宅の管理に関する試験ですので、グラフなどを見る際は「賃貸（貸家）」の項目に注目しましょう。

(2) 第2章・賃貸住宅管理業登録制度

　賃貸住宅管理業登録制度をまんべんなく学びます。賃貸住宅管理業者になったつもりで、「いつどのような手続きが必要となるのか」「登録制度において管理業者が守るべきルールは何か」に注意しながら読み進めましょう。この分野では同じような問題が何度も出題されており、重点的に繰り返し学習しなければならない分野です。

（3）第3章・特定賃貸借契約の適正化のための措置等

サブリース業者（特定転貸事業者）がオーナーとの間で締結する契約が「特定賃貸借契約」です。特定転貸事業者とオーナーとのトラブルを防止するため、「誇大広告等の禁止」「不当な勧誘等の禁止」の規制があります。また、サブリースにおけるリスクをオーナーに説明することが求められています。

この分野も、重点的に繰り返し学習しなければならない分野です。

（4）第4章・管理受託契約

管理受託契約の性質には、委任契約と請負契約があります。委任契約や請負契約において、契約当事者はどのような権利を持ち、義務・責任を負うのか、また、どのような場合に契約は終了するのかに注目しながら読み進めましょう

（5）第5章・賃貸借契約

賃貸借契約の権利・義務、契約の更新、契約の解約・解除、転貸借契約、特殊な賃貸借契約などについて学びます。この分野では事例問題が多いため、学習の際にも具体例をイメージすることが必要です。理解が難しいと思われる部分について、本書では、具体的なイメージをしやすいように図を載せています。

なお、賃貸不動産経営管理士試験は賃貸住宅の管理に関する試験であるため、本書では、単に「賃貸借契約」という場合、何も断りがなければ、「建物」の賃貸借契約を前提に説明をしています。また、実際の本試験の問題でも、単に「貸主」「借主」と書かれている場合、建物賃貸借契約の貸主・借主を指します。

転貸借契約の事例では、3人の登場人物がでてくるので、「誰と誰の契約が問題になっているのか」「2人の間の行為が他の1人にどのような影響を与えるのか（もしくは影響を与えないのか）」に注意しながら読み進めましょう。

（6）第6章・金銭の管理

賃料の支払、賃料回収、敷金、保証、会計について学びます。主に賃料を確実に回収するための方法を学ぶ分野ともいえます。

賃料や敷金、保証は、賃貸借契約にも関係する部分です。簡単な事例問題が出題される可能性もありますので、登場人物に注意しながら読み進めましょう。

賃料回収では、まずは内容証明郵便などを利用して催告し、その後、裁判所での手続き（支払督促、民事調停、訴訟など）となります。実際には司法書士や弁護士と連携をとりながらの対応となりますが、どのような場合にどのよう

な手続きをとるのが適切か、自分なりに考えてみましょう。

(7) 第7章・賃貸住宅の維持管理

　定期点検、計画修繕、耐震、建築構造、建築基準法、設備、住環境の整備、防災などについて学びます。これらは、日常的な管理点検、修繕、リフォームの提案で必要になる専門的知識です。

　建築・設備にはさまざまな方式があるため、それらの方式を区別して理解することが重要です。本書では、比較のための図表を数多く載せていますので、図表を活用して理解を深めましょう。

(8) 第8章・管理実務の実施

　募集・広告、入退去（原状回復を含む）、各種法令、登記、土地価格、不動産証券化（特にプロパティマネジメント）、相続、税金、保険について学びます。

　募集・広告は、宅地建物取引業法に関わる分野です。「どのような場合に宅地建物取引業法が適用されるのか」「禁止される広告等にはどのようなものがあるのか」に注意しながら読み進めましょう。

　「原状回復をめぐるトラブルとガイドライン」は、毎年2～3問出題されますので、何度も読み返しましょう。

　不動産証券化は、「実際の賃貸管理・運営を行うのは、プロパティマネジメントである」という視点を忘れなければ、理解しやすい項目です。

　税金や保険は、まずは基本的な仕組みを理解することに努めましょう。

(9) 第9章・賃貸不動産経営管理士

　賃貸不動産経営管理士の役割や倫理憲章などについて学びます。自らが賃貸不動産経営管理士（賃貸不動産管理のプロフェッショナル）になったつもりで、「賃貸不動産経営管理士がすべきことは何か」「してはならないことは何か」を考えながら読み進めましょう。賃貸不動産経営管理士には、「コンプライアンスに基づき、高度な専門知識・倫理観をもって、独立・公平な立場で、問題解決に向けて積極的に関与する」ことが求められています。

過去問題演習「DEKIDAS-Web」について

　本書の購入特典として、過去問題演習ソフト「DEKIDAS-Web」をご利用いただけます。DEKIDAS-Webはスマホや PC、タブレットからアクセスできる問題演習用 Webアプリで、令和元年度以降の過去問を収録しています。試験対策にご活用ください。

ご利用方法

　スマートフォン、タブレットで利用する場合は、以下のQRコードを読み込み、エントリーページへアクセスしてください。

　PCなど、QRコードを読み取れない場合は、以下のページから登録してください。

　　URL　　　　https://entry.dekidas.com/
　　認証コード　ckJf83ghaPiE1zR7

なお、ログインの際に、メールアドレスが必要になります。

有効期限

本書の読者特典のDEKIDAS-Webは 2026年6月6日までご利用いただけます。

第 1 章

賃貸管理の意義・役割を
めぐる社会状況

1-1 賃貸不動産管理の意義

賃貸不動産の管理は、貸主のためだけに行われるものではなく、投資家や借主・入居者、広くは公共の福祉のために行われるものです。
ここでは、賃貸不動産管理の重要性などについて学びます。

1 賃貸不動産管理の重要性　重要度 ★★★

(1) 多様な契約形態からの選択

定期借地制度や定期建物賃貸借制度の創設等、制度的側面において多様な賃貸借の形態が導入され、賃貸不動産の活用に当たり、いかなる契約形態を選択すべきか、専門的な知見に基づく判断が必要となってきました。

(2) 所有者から投資家へ

不動産ファンドの登場、不動産の証券化の進展等により、賃貸不動産管理の当事者である貸主が、必ずしも実物所有者ではなく、不特定多数の投資家である場合も想定する必要が生じてきました。

(3) 専門的知識の重要性

情報化社会の進展により、賃貸不動産の管理に関する情報を誰でも容易に入手できるようになったため、管理業者にはさらなる幅広い専門的知識が求められており、賃貸不動産管理に関する専門的知識の重要性は高まっています。

(4) 消費者保護の要請

住宅の賃貸借を中心に、個人である借主を消費者と位置づけて、消費者保護の観点から不動産賃貸借をとらえようとする動きが活発化してきており、賃貸不動産の管理において、そのような観点にも留意する必要が生じています。

また、賃貸経営の観点からは、優良な借主に長く契約を継続してもらうというニーズが大きくなっており、借主の立場を重視した賃貸不動産の管理のあり方が要請されています。

2 誰のための管理か　重要度 ★★★

投資家を含めた貸主の収益安定が最大限求められる時代の中で形成されてきた賃貸不動産管理の概念を踏まえれば、賃貸不動産の管理は、貸主（賃貸不動

産の所有者のみならず、投資家も含む）の賃貸経営のためという視点が基本ともいえます。しかし、賃貸不動産の適切な利用が促進されることは、入居者・利用者の利益でもあるので、「入居者・利用者」への配慮が必要です。また、賃貸不動産は、その周辺の環境や街並み形成等に資するものとして、広く公共の福祉にも貢献するものであるので、地域社会との関係にも配慮が必要です。

　賃貸不動産の管理を行う上で配慮すべき「入居者、利用者」とは、その賃貸不動産の契約当事者である借主のみならず、貸主と直接の契約関係にない借主の家族等も含まれます。

③ 不動産業の分類　　　　　　　　　　　　　　重要度 ★★

　「日本標準産業分類」（平成25年10月改訂）によれば、不動産業は、「不動産取引業」と「不動産賃貸業・管理業」の2つに大別されます。そして、賃貸住宅管理業は、「不動産賃貸業・管理業」に区分されます。「不動産賃貸業・管理業」にはマンション管理業なども含まれますが、賃貸住宅管理業は、分譲マンション管理業と比較すると、管理の委託者、管理を行う建物の範囲、管理業務の内容に違いがあります。

練習問題（○×問題）

① 賃貸不動産管理においては、もっぱら貸主が実物所有者である場合を想定すればよい。

② 賃貸不動産の管理は、もっぱら貸主の利益を確保するために行うべきである。

解答

① × 貸主が、実物所有者である場合のほか、不特定多数の投資家である場合も想定する必要があります。

② × 賃貸不動産の管理は、貸主の利益を確保するためだけに行うべきものではなく、入居者・利用者等にも配慮して行うべきものです。

■ポイント

・貸主が不特定多数の投資家である場合もある。

・賃貸不動産の管理は、貸主の利益確保のためという視点のほか、入居者・利用者や地域社会との関係にも配慮して行う必要がある。

1-2 賃貸住宅管理業者の社会的責務と役割

賃貸住宅管理業者には、貸主の賃貸住宅経営を総合的に代行する専門家としての役割だけではなく、まちづくりへの貢献という社会的責務もあります。ここでは、その社会的責務と役割についてみていきます。

1 賃貸住宅管理業者の社会的責務　　重要度 ★★★

(1) 資産運営のプロとしての役割

　貸主の資産の適切な運用という観点から、貸主の有するあらゆる資産（金融資産、不動産等）の組合せ（ポートフォリオ）のなかで、不動産資産の運用として賃貸住宅経営および管理を提案し、いかに当該不動産から収益を上げるかという観点で賃貸住宅管理のあり方を構成することが求められています。

　伝統的な管理体制（貸主の自主管理や一部委託管理）だけではニーズに対応することは難しく、資産運営のプロとしての役割を果たすために、貸主の賃貸住宅経営を総合的に代行する専門家としての役割が要請されています。

(2) 循環型社会への移行に貢献

　人口減少・成熟型社会を迎え、良質のものを長く使う「ストック重視」の循環型社会へ移行することが喫緊の課題となり、適切な管理を通じて不動産の価値を維持・保全する役割を担う管理業者の社会的責務と役割が高まっています。

　賃貸不動産を良質な状態で長く利用するためには、その所在する環境も重要な要素となることから、管理業者は、街並み景観の維持を含むまちづくりにも貢献していく社会的責務を負っています。

2 賃貸住宅管理業者の役割　　重要度 ★★★

　管理業者の役割として、以下のものがあげられます。
① 資産有効活用の促進、安全維持と最大限の収益確保
② 借主保持と快適な環境整備

　入居者の入替えに伴って得られる新規入居者からの一時金収入、賃料引上げや手数料収入に期待する考え方ではなく、できるだけ優良な借主に長く借りてもらうことが大切になっています。

③ 透明性の高い説明と報告

　不動産証券化においてアセットマネージャーが説明・情報開示責任を果たすために必要な情報は、管理業者の情報を基礎とするので、管理業者は、アセットマネージャーに対して、透明性の高い説明および報告が求められます。これらを通じ、管理業者は、依頼者である貸主や投資家に対し、透明性の高い説明と報告をする役割を担っています。

④ 経営基盤の強化、経営者と従事者の品位、資質、知識と業務遂行能力

⑤ 新たな経営管理手法の研究と提案

⑥ 能動的・体系的管理の継続

　一定の業務のみ行ったり、一時的な対応にとどまるのではなく、能動的、体系的管理の継続が求められています。

⑦ 善管注意義務の遂行、公共の福祉と社会貢献

　管理業者は、単に投資家・貸主の意向に追随するだけの存在ではなく、貸主と借主との間、または投資家その他の利害関係人との間に入り、専門的知識とノウハウを駆使して中立公平に利害調整を行って、不動産の適切な活用を促進する存在であることが求められます。

⑧ 入居者（借主）の快適な生活空間の作出と非常事態におけるそのサポート

練習問題（○×問題）

① 管理業者は、貸主の賃貸住宅経営を総合的に代行する資産運営の専門家としての役割がある。
② 管理業者は、特に投資家のために、透明性の高い説明と報告をする役割を担っている。

解答
① ○ 設問の通りです。
② × 管理業者は、貸主と投資家のために、透明性の高い説明と報告をする役割を担っています。

■ポイント

・ 管理業者は、資産運営のプロとしての役割があり、「ストック重視」の循環型社会への移行に貢献する社会的責務も負っている。
・ 快適な環境整備、非常事態での借主のサポートも、管理業者の役割である。

1-3 賃貸不動産をとりまく社会的情勢

賃貸不動産に関する統計についてみていきます。
特に「貸家（借家）」の推移に注意しながら、持ち家などとの比較で、おさえていきましょう。

1 住宅・土地統計調査 　　重要度 ★★★

（1）総住宅数と総世帯数

　平成30年10月1日現在における我が国の総住宅数は6,240万7千戸（平成25年と比べ177万9千戸、2.9%増）であり、増加が続いています。

▼総住宅数および総世帯数の推移－全国

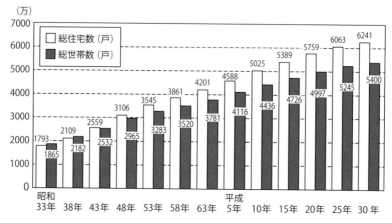

出所：総務省統計局「平成30年住宅・土地統計調査」
(https://www.stat.go.jp/data/jyutaku/2018/tyousake.html
「住宅及び世帯に関する基本集計 結果の概要」(PDF) から作成)

（2）所有の関係別住宅数

　平成30年10月1日現在の全国の所有関係別住宅数をみると、持ち家が3,280万2千戸で（平成25年と比べ増加）、住宅全体に占める割合（持ち家住宅率）は62.2%（平成25年と比べ0.5%減）となっています。また、借家は1,906万5千戸で、そのうち民営借家1,529万5千戸となっており、民営借家は持ち家に次いで多い数になっています。

▼所有の関係別住宅数－全国

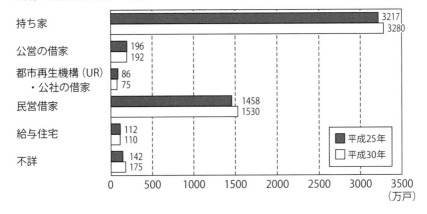

出所：総務省統計局「平成30年住宅・土地統計調査」
（https://www.stat.go.jp/data/jyutaku/2018/tyousake.html
「住宅及び世帯に関する基本集計 結果の概要」（PDF）から作成）

（3）空き家数および空き家率

　空き家数、空き家率はともに増加し続けています。平成30年10月1日現在の全国の空き家数は848万9千戸、空き家率（総住宅数に占める空き家の割合）は13.6％（平成25年と比べ0.1％上昇）であり、過去最高の数値を示しています。

▼空き家数および空き家率の推移－全国

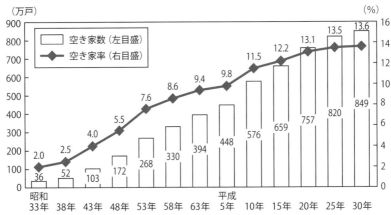

出所：総務省統計局「平成30年住宅・土地統計調査」
（https://www.stat.go.jp/data/jyutaku/2018/tyousake.html
「住宅及び世帯に関する基本集計 結果の概要」（PDF）から作成）

(4) 空き家の内訳

　平成30年10月1日現在における全国の空き家の内訳をみると、「賃貸用の住宅」が432万7千戸で、空き家全体の半数を超えています。

２　住宅着工統計　　　　　重要度　★★★

　貸家の新設着工戸数は、平成23年の28.6万戸を底に回復基調にありましたが、令和4年は34.5万戸でした（前年比7.4%増、2年連続の増加）。

▼新設住宅着工戸数の推移（総戸数利用関係別）

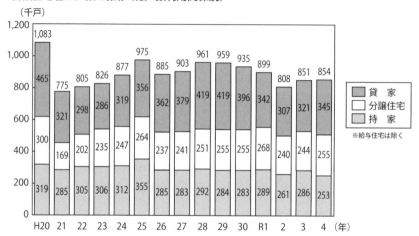

出所：国土交通省総合政策局「建築着工統計調査報告（令和4年計分）」
（https://www.gov-base.info/2023/01/31/181827）
「建築着工統計調査報告 記者発表資料（令和4年計分）」（PDF）から）

３　賃貸に関する相談件数　　　　　重要度　★

　全国の消費生活センター等が受け付けた相談のうち、「賃貸アパート・マンション」（賃貸住宅）の相談は、依然として多く、相談種類別にみても毎年上位にきています。賃貸住宅に関する相談のうち、最も多いのは原状回復に関するものです。そのほか、敷金や契約の解除など、退去時のトラブルに関する相談が目立ちます。

4　賃貸住宅に関する市場環境　　　重要度　★

　国土交通省による「民間賃貸住宅に関する市場環境実態調査」（平成22年）によれば、次のようになっており、賃貸住宅管理業の重要性が高まっています。

　賃貸住宅の経営主体では、個人と法人の比率をみてみると、民間賃貸住宅の8割以上は個人経営であり、個人経営の比率が高いといえます。個人経営のうちの約6割が60歳以上の高齢者となっています。

　賃貸住宅の委託方式では、全部委託と一部委託の比率をみてみると、契約も管理も「すべて委託」している家主は6割超であり、全部委託の比率が高いといえます。一部でも委託している家主は9割超となっています。

　賃貸住宅の経営規模では、賃貸住宅保有戸数は20戸以下が61％となっており、小規模なものが多いといえます。

練習問題（○×問題）

① 平成30年住宅・土地統計調査によれば、平成30年10月1日現在の全国の所有関係別住宅数の中では、持ち家が最も多く、次に多いのが民営借家である。

② 平成30年10月1日現在の全国の空き家率は13.6％であり、調査開始以来、空き家数、空き家率はともに増加し続けている。

解答 ・・・

① ○ 設問の通りです。

② ○ 平成30年10月1日現在の空き家率は13.6％であり、空き家数、空き家率はともに増加し続けています。

■ポイント

・ 所有関係別住宅数の中では、持ち家が最も多く、次に多いのが民営借家である。

・ 空き家数、空き家率はともに増加。空き家の半数以上は賃貸用住宅である。

賃貸不動産に関する政策・対策

住生活基本法に基づき住生活基本計画が作成されており、空き家の利活用、高齢者等の入居円滑化が求められています。
ここでは特に、空き家対策や高齢者等の居住対策について学びます。

1 住生活基本計画　　　　　　　　　　　　重要度 ★

　住生活基本計画は、住生活基本法に基づき、国民の住生活の安定の確保および向上の促進に関する基本的な計画として策定されています。

　令和3年3月19日に閣議決定された住生活基本計画（全国計画）では、3つの視点から、8つの目標を設定しています。

▼住生活基本計画

「社会環境の変化」からの視点	目標1：「新たな日常」やDXの進展等に対応した新しい住まい方の実現
	目標2：頻発・激甚化する災害新ステージにおける安全な住宅・住宅地の形成と被災者の住まいの確保
「居住者・コミュニティ」からの視点	目標3：子どもを産み育てやすい住まいの実現
	目標4：多様な世代が支え合い、高齢者等が健康で安心して暮らせるコミュニティの形成とまちづくり
	目標5：住宅確保要配慮者が安心して暮らせるセーフティネット機能の整備
「住宅ストック・産業」からの視点	目標6：脱炭素社会に向けた住宅循環システムの構築と良質な住宅ストックの形成
	目標7：空き家の状況に応じた適切な管理・除却・利活用の一体的推進
	目標8：居住者の利便性や豊かさを向上させる住生活産業の発展

2 空き家対策　　　　　　　　　　　　　重要度 ★★★

(1) 空家等対策の推進に関する特別措置法

　適切な管理が行われていない空家等が防災、衛生、景観等の地域住民の生活環境に深刻な影響を及ぼしており、地域住民の生命・身体・財産の保護、生活環境の保全、空家等の活用のための対応が必要となったため、平成26年11月に、空家等対策の推進に関する特別措置法が制定されました。

賃貸住宅も、一定の状態にある空家等であれば「特定空家等」に該当します。

(2) 特定空家等に対する措置

　市町村長は、特定空家等の所有者等に対し、その特定空家等に関し、除却、修繕、立木竹の伐採その他周辺の生活環境の保全を図るために必要な措置をとるように、まずは、助言・指導をすることができます。助言・指導をした場合において、なお、その特定空家等の状態が改善されないときは、次に、勧告をすることができます。

　勧告の対象となった特定空家等については、住宅用地特例の対象から除外され、固定資産税が最大で6倍になる可能性があります。

(3) 空き家の活用

　空き家を転用して賃貸住宅として有効活用しようという動きがあります。

　管理業者は、賃貸不動産経営の経験のない空き家オーナーに対して、積極的にアドバイスすることが期待されています。また、賃貸不動産経営管理士は、中心的な担い手として、空き家の現状や空き家政策の動向を注視し、最良のアドバイスができるよう研鑽することが期待されています。

3　セーフティネット住宅　　　重要度　★

　低額所得者や高齢者などが賃貸住宅への入居を拒否されるケースがあります。そこで、住宅確保要配慮者（住まい探しに困っている低額所得者、被災者、高齢者、障害者、子育て世帯等）の民間賃貸住宅への入居円滑化の促進を図るため、「住宅確保要配慮者に対する賃貸住宅の供給の促進に関する法律」（住宅セーフティネット法）が制定されています。

　住宅確保要配慮者の入居を拒まない賃貸住宅の登録制度について定められており、その登録を受けた者は、住宅確保要配慮者であることを理由として、登録住宅への入居を拒んではなりません。もっとも、入居を受け入れることとする住宅確保要配慮者の範囲を定めることができ、その範囲を定めた場合には、その範囲に属する者についてのみ入居を拒んではなりません。なお、住宅確保要配慮者の入居を拒まない賃貸住宅として登録を受けるためには、国土交通省令で定める登録基準に適合していなければなりません。

　登録住宅の改修費に対する補助制度や、登録住宅の入居者への経済的な支援制度もあります。

　また、住宅確保要配慮者および民間賃貸住宅の貸主の双方に対し、住宅情報の提供等の支援を実施するため、各都道府県等に居住支援協議会が設立されています。

　生活保護受給者であるセーフティネット住宅の借主が家賃滞納のおそれがある場合、保護の実施機関は貸主に住宅扶助費を「代理納付」することができます。

▼住宅セーフティネット制度

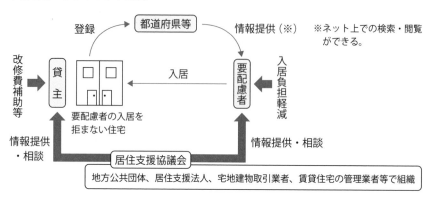

4 高齢者の居住の安定確保に関する法律　　重要度 ★★

　「高齢者の居住の安定確保に関する法律」は、高齢者の居住の安定の確保を図り、もってその福祉の増進に寄与することを目的としています。その目的を達成するために、①サービス付き高齢者向け住宅の登録制度を設けたり、②終身建物賃貸借制度（→P221）を設けたりしています。

　サービス付き高齢者向け住宅とは、賃貸住宅または有料老人ホームにおいて、状況把握サービス、生活相談サービスその他の高齢者が日常生活を営むために必要な福祉サービスを提供するものです。

　サービス付き高齢者向け住宅については、その建設費の10分の1、改修費の3分の1（上限額あり）について補助金を受けられるほか、一定の要件を満たせば、固定資産税・不動産取得税についての軽減措置を受けることができます。

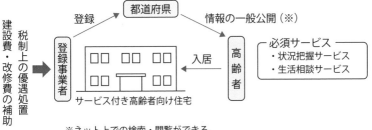

▼サービス付き高齢者向け住宅制度

※ネット上での検索・閲覧ができる。

5 個別の政策　　　　重要度　★

　平成31年3月に、『賃貸住宅の計画的な維持管理及び性能向上の推進について〜計画修繕を含む投資判断の重要性〜』が国土交通省より公表され、賃貸住宅のオーナーが中長期的な視点のもとで投資判断を行っていくことの重要性が述べられています。

　また、平成31年4月に、『不動産ビジョン2030〜令和時代の「不動産最適活用」に向けて〜』が国土交通省より公表され、そこでは、「ストック型社会」の実現に向けては、不動産の資産価値を維持・向上させる管理サービスが何よりも重要であることから、今後、不動産管理業は、『不動産最適活用』を根源的に支える役割を担うことになるとしています。

練習問題（○×問題）

① セーフティネット住宅の貸主は、バリアフリー等の改修費に対し、国や地方公共団体等による経済的支援を受けることができる。
② セーフティネット住宅に入居する住宅確保要配慮者が支払う家賃に対し、国や地方公共団体等による経済的支援が行われる。

解答
① ○　設問の通りです。
② ○　設問の通りです。

■ポイント

・特定空家等に対しては、市町村長により助言・指導・勧告等がなされる。
・サービス付き高齢者向け住宅には、建設・改修の補助や税制優遇措置がある。

演習問題 1

■問1

【令和4年問44】

賃貸住宅管理に関する次の記述のうち、最も適切なものはどれか。

1　「賃貸住宅の計画的な維持管理及び性能向上の推進について〜計画修繕を含む投資判断の重要性〜」（国土交通省平成31年3月公表）では、高経年建物の大幅な増加や居住者側のニーズの多様化を背景に、空室率の上昇や家賃水準の引下げのおそれがあることから、賃貸住宅の貸主が中長期的な視点のもとで計画修繕するなどの投資判断を行うことの重要性が述べられている。

2　地価の二極化が進む中で不動産市場が活力を失い、借り手市場となって空室対策に苦しむエリアにおいて、入居率を維持し賃貸収入を確保するためには、借主の入替えに伴う新規入居者からの一時金収入と賃料引上げに期待する考え方を強化することが大切になっている。

3　既存の賃貸住宅経営の観点から優良な借主に長く契約を継続してもらうニーズが大きくなり、借主の立場を重視した管理のあり方が要請されているが、借主は借地借家法で保護されていることから、借主を消費者と位置付けて消費者保護の観点から賃貸借関係を捉える必要はない。

4　「不動産業ビジョン2030〜令和時代の『不動産最適活用』に向けて〜」（国土交通省平成31年4月24日公表）は、不動産流通業の役割として、資産価値の維持・向上を通じたストック型社会の実現、コミュニティ形成、高齢者見守りなど付加価値サービスの提供やエリアマネジメント推進を指摘した。

■問2

賃貸住宅の管理に関する次の記述のうち、最も適切なものはどれか。

1　募集の準備等の契約前業務、賃料の収納と送金等の契約期間中の業務、期間満了時の契約更新業務、明渡しや原状回復等の契約終了時の業務、建物の維持管理や清掃等の維持保全業務は、いずれも居室部分を対象とする業務である。

2　貸主が賃貸住宅管理業者に管理業務を委託する管理受託方式の賃貸住宅経営において、賃貸住宅管理業者は、借主の募集、賃料の収受や契約条件の交渉、建物の維持管理の業務を、いずれも貸主の代理として行う。

3　賃貸住宅管理業者は、建物管理のプロとしての役割を果たす、循環型社会への移行に貢献する、管理業務に関する専門知識の研鑽と人材育成に努める、といった社会的責務を負うが、貸主の賃貸住宅経営を総合的に代行する資産運営の専門家というわけではない。

4　借主保持と快適な環境整備、透明性の高い説明と報告、新たな経営管理手法の研究と提案、能動的・体系的管理の継続、非常事態における借主のサポートは、いずれも賃貸住宅管理業者に求められる役割である。

賃貸管理の意義・役割をめぐる社会状況

演習問題

解 答 ・ 解 説

■問1
【解答 1】

1は、設問の通りであり、正しい記述です。

入居者の入替えに伴って得られる新規入居者からの一時金収入、賃料引上げや手数料収入に期待する考え方ではなく、できるだけ優良な借主に長く借りてもらうことが大切です。よって、2は誤りです。

借主を消費者と位置付けて消費者保護の観点から賃貸借関係を捉える動きが活発化しています。よって、3は、誤りです

「不動産業ビジョン2030 ～令和時代の『不動産最適活用』に向けて～」では、資産価値の維持・向上を通じたストック型社会の実現、コミュニティ形成、高齢者見守りなど付加価値サービスの提供、エリアマネジメント推進を、「不動産管理業」の役割であるとしています。よって、「不動産流通業の役割」としている4は誤りです。

「1-1 賃貸不動産管理の意義」、「1-2 賃貸住宅管理業者の社会的責務と役割」、
「1-4 賃貸不動産に関する政策・対策」参照

■問2
【解答 4】

賃貸住宅の管理業務は、居住部分（居室）のみならず、居室の使用と密接な関係にある住宅の「その他の部分」（通路・階段等の共用部分、居室内外の電気設備・水道設備等）も対象としています。よって、1は誤りです。

借主の募集については、「宅地建物取引業者」が代理または媒介として関与します。よって、2は、賃貸住宅管理業者が「いずれも貸主の代理として行う」としている部分が誤りです。

賃貸住宅管理業者は、貸主の賃貸住宅経営を総合的に代行する資産運営の専門家です。よって、3は誤りです。

4は、設問の通りであり、正しい記述です。

「2-1 賃貸住宅管理業法の概要と定義」、「8-1 借主の募集, 入居審査」、
「1-2 賃貸住宅管理業者の社会的責務と役割」参照

解答 | 問1：1　　問2：4

第2章

賃貸住宅管理業登録制度

2-1 賃貸住宅管理業法の概要と定義

ここでは、賃貸住宅管理業法の目的や定義について学びます。目的や定義は賃貸住宅管理業法を理解するために非常に重要で、これらを正確に押さえておけば、その後の学習が楽になります。

1 賃貸住宅管理業法　　　　重要度 ★★★

　賃貸住宅管理業法は、①「賃貸住宅管理業を営む者に係る登録制度」を設け、その業務の適正な運営を確保するとともに、②「特定賃貸借契約の適正化のための措置等」を講ずることにより、良好な居住環境を備えた賃貸住宅の安定的な確保を図り、もって国民生活の安定向上および国民経済の発展に寄与することを目的としています。

※ ①「賃貸住宅管理業を営む者に係る登録制度」は管理受託方式に関する制度であり、②「特定賃貸借契約の適正化のための措置等」はサブリース方式に関する制度です。本書では、①については第2章（本章）で、②については第3章で説明しています。

▼管理受託方式の賃貸住宅経営

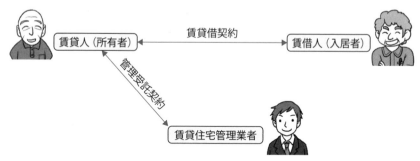

▼サブリース方式の賃貸住宅経営（→P100）

2 賃貸住宅管理業法の定義　　重要度 ★★★

(1) 賃貸住宅

　「賃貸住宅」とは、賃貸の用に供する住宅をいいます。そして、「住宅」とは、人の居住の用に供する家屋または家屋の部分をいいます。そのため、これらをあわせて表現すると、「賃貸住宅」とは、賃貸借契約を締結し賃借することを目的とした、人の居住の用に供する家屋または家屋の部分をいうことになります。

　例えば、通常事業の用に供されるオフィスや倉庫等は、「人の居住の用に供する」という要件に当てはまらず、「住宅」に該当しません。

▼賃貸住宅とは

※「家屋」とは、アパート一棟や戸建てなど一棟をいいます。
※「家屋の部分」とは、マンションの一室といった家屋の一部をいいます。

▼賃貸住宅に該当するか

レンタルオフィス、貸し倉庫		×
入居者を募集中の家屋等や募集前の家屋等（賃貸借契約の締結が予定され、賃借することを目的とする場合）		○
建築中の家屋等（竣工後に賃借人を募集する予定で、居住の用に供することが明らかな場合）		○
一棟の家屋が複数の用に供されている場合	居住部分	○
	事務所（店舗）部分	×
マンションの一室を賃貸した場合	居住用として賃借されているとき	○
	事務所として賃借されているとき	×

○ 該当する　× 該当しない

　住宅であっても次のいずれかに該当するものは、「人の生活の本拠として使用する目的以外の目的に供されている」と認められる住宅として、賃貸住宅から除かれます。

●**賃貸住宅から除かれるもの**
① 旅館業法第3条第1項の規定による許可に係る施設である住宅
② 国家戦略特別区域法第13条第1項の規定による認定に係る施設である住宅のうち、認定事業（外国人滞在施設経営事業）の用に供されているもの
③ 住宅宿泊事業法第3条第1項の規定による届出に係る住宅のうち、住宅宿泊事業の用に供されているもの

　例えば、ウィークリーマンションについては、旅館業法第3条第1項の規定による許可を受け、旅館業として宿泊料を受けて人を宿泊させている場合、賃貸住宅には該当しません。一方、マンスリーマンションなど、利用者の滞在期間が長期に及ぶなど生活の本拠として使用されることが予定されている、施設の衛生上の維持管理責任が利用者にあるなど、当該施設が旅館業法に基づく営業を行っていない場合には、賃貸住宅に該当します。

(2) 賃貸住宅管理業

　「賃貸住宅管理業」とは、賃貸住宅の賃貸人から委託を受けて、「管理業務」を行う事業をいいます。
　「委託を受けて」とは、賃貸人から明示的に契約等の形式により委託を受けているか否かに関わらず、本来賃貸人が行うべき賃貸住宅の維持保全を、賃貸人からの依頼により賃貸人に代わって行う実態があれば、該当します。

(3) 管理業務

　管理業務とは、次に掲げる業務をいいます。

●**管理業務**
① 当該委託に係る賃貸住宅の維持保全を行う業務
② 当該賃貸住宅に係る家賃、敷金、共益費その他の金銭の管理を行う業務（①の業務と併せて行うものに限る。）
※ 上記①の業務には、「賃貸住宅の賃貸人のために当該維持保全に係る契約の締結の媒介、取次ぎまたは代理を行う業務」も含まれます。

　「賃貸住宅の維持保全」とは、「住宅の居室」および「その他の部分」（居室の使用と密接な関係にある住宅のその他の部分である、玄関・通路・階段等の共用部分、居室内外の電気設備・水道設備、エレベーター等の設備等）について、点検、清掃その他の維持を行い、これら点検等の結果を踏まえた必要な修繕を一貫して行うことをいいます。

▼賃貸住宅の維持保全に該当するか

定期清掃業者、警備業者、リフォーム工事業者等が、維持または修繕の「いずれか一方のみ」を行う場合	×
エレベーターの保守点検・修繕を行う事業者等が、賃貸住宅の「部分のみ」について維持から修繕までを一貫して行う場合	×
入居者からの苦情対応のみを行い、維持および修繕（維持・修繕業者への発注等を含む。）を行っていない場合	×
分譲マンション等の1室のみの専有部分の維持管理を行う場合	○

○ 該当する　×該当しない

（4）賃貸住宅管理業者

　賃貸住宅管理業者とは、賃貸住宅管理業の登録を受けて賃貸住宅管理業を営む者をいいます。

練習問題（○×問題）

① 賃貸住宅の賃貸人から委託を受けて、金銭の管理業務のみを行う事業は、賃貸住宅管理業に該当する。
② リフォーム工事業者が、賃貸住宅の賃貸人からの委託を受けて、修繕のみを行う場合、賃貸住宅管理業には該当しない。

解答
① × 金銭の管理のみを行う業務は、管理業務に該当しないため、委託を受けて当該業務を行う場合でも、賃貸住宅管理業に該当しません。
② ○ 維持または修繕の「いずれか一方のみ」を行う場合、管理業務（賃貸住宅の維持保全）に該当しないため、賃貸住宅管理業に該当しません。

■ポイント

・賃貸住宅の維持および修繕（維持・修繕業者への発注を含む。）を行わない場合には、賃貸住宅管理業に該当しない。

登録制度の登録の申請はどこに対して行えばよいのか、登録申請書には何を記載すべきか、更新の申請はいつまでに行えばよいのかについて学びます。

① 登録　　　　　　　　　　　　　　　　　　重要度 ★★★

　「賃貸住宅管理業」を営もうとする者は、国土交通大臣の登録を受けなければなりません。ただし、管理戸数が200戸未満であれば、登録を受ける必要はありません。一方、管理戸数が200戸未満の場合や、現に賃貸住宅管理業を営んでいない者も登録を受けることは可能です。登録を受けた場合、管理戸数が200戸未満でも、賃貸住宅管理業に関する規制に服することとなり、これに違反した場合、監督処分や罰則の対象になります。

　賃貸住宅管理業は、法人の場合は「法人単位」で登録を行うため、支社・支店ごとに登録を受けることはできません。

② 登録の申請　　　　　　　　　　　　　　　重要度 ★★★

　登録制度の登録を受けようとする者は、国土交通大臣に対して、次の事項を記載した登録申請書および添付書類、宣誓書を提出しなければなりません。

●**登録申請書の記載事項**

① 商号、名称または氏名および住所

② 法人である場合は、その役員の氏名

③ 未成年者である場合は、その法定代理人の氏名および住所（法定代理人が法人である場合は、その商号または名称および住所ならびにその役員の氏名）

④ 営業所または事務所の名称および所在地

※ ②に関して、「役員」であれば管理業務を担当していない者であっても記載する必要があり、役員全員について記載する必要があります。

※ ④に関して、電話の取次ぎのみを行う施設、維持保全業務に必要な物品等の置き場などの施設は、営業所または事務所に該当しないため、記載は不要です。

---

3 登録の有効期間と更新

重要度 ★★★

(1) 登録の有効期間

登録の有効期間は5年です。5年ごとにその更新を受けなければ、その期間の経過によって、その効力を失います。

(2) 登録の更新

有効期間の満了後引き続き賃貸住宅管理業を営もうとする者は、国土交通大臣に対して、登録の有効期間満了の日の90日前から30日前までの間に登録申請書等を提出して、登録の更新を受けることができます。

更新の申請期間内に申請をしたにもかかわらず、登録の有効期間満了の日までにその申請に対する処分がされないときは、従前の登録は、登録の有効期間の満了後もその処分がされるまでの間は、なおその効力を有します。ただし、更新後の登録の有効期間は、従前の登録の有効期間満了の日の翌日から起算して5年間となります。

▼登録の更新

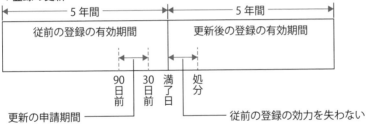

練習問題（○×問題）

① 甲県の区域内にのみ事務所を設置する場合、賃貸住宅管理業登録制度による登録の申請は、甲県知事に対して行う。

② 賃貸住宅管理業登録制度の登録の有効期間は3年である。

解答 ・・

① × 登録の申請は、国土交通大臣に対して直接行います。

② × 登録の有効期間は5年です。

■ポイント

・ 登録の申請先は国土交通大臣である。

・ 登録の有効期間は5年。期間満了の90日前から30日前までに更新申請。

2-3 賃貸住宅管理業の登録の拒否

一定の場合には登録制度の登録が拒否されます。
ここでは、どのような場合に登録が拒否されるのかについて、書類の不備と
欠格事由（登録拒否事由）に分けて学びます。

1 書類の不備 重要度 ★

　登録の申請がなされると、まず登録申請書等の記載事項が適切に記入されているかチェックされ、登録申請書やその添付書類のうちに重要な事項について虚偽の記載がある場合や重要な事実の記載がない場合、登録が拒否されます。

2 欠格事由（登録拒否事由） 重要度 ★★★

　次のいずれかに該当する場合にも、登録が拒否されます。

① **心身の故障により賃貸住宅管理業を的確に遂行することができない者として国土交通省令で定めるもの**

　　具体的には、精神の機能の障害により賃貸住宅管理業を的確に遂行するに当たって必要な認知、判断および意思疎通を適切に行うことができない者をいいます。

② **破産手続開始の決定を受けて復権を得ない者**

　　破産者であっても復権を得れば直ちに登録をすることができます。復権を得てから5年を待つ必要はありません。

③ **登録を取り消され、その取消しの日から5年を経過しない者**

　　登録が取り消された場合、反省期間として5年間は登録を受けられません。

▼登録取消しの場合

> 登録取消しの日から5年間
> は登録を受けられない。

④ **賃貸住宅管理業者で法人であるものが登録を取り消された場合において、その取消しの日前30日以内に当該法人の役員であった者で当該取消しの日から5年を経過しないものもの**

役員とは、登録申請書に記載される役員 (→P40) のことです。法人が登録を取り消された場合、その原因は取消し直前の役員にあるといえるため、登録取消し前30日以内の役員も登録を受けられません。

▼法人の登録取消しの場合

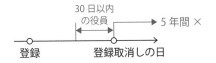

役員は、法人の登録取消しの日から5年間、登録を受けられない。

⑤ 禁錮以上の刑に処せられ、または賃貸住宅管理業法の規定により罰金の刑に処せられ、その執行を終わり、賃貸人執行を受けることがなくなった日から起算して5年を経過しない者

「禁錮以上の刑」とは、死刑、禁錮または懲役の刑をいいます。つまり刑務所に入らなければならない刑です。「罰金の刑」により登録の制限を受けるのは、賃貸住宅管理業法の規定に違反した場合に限られます。

▼登録拒否事由⑤の場合

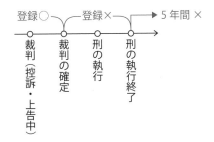

控訴・上告中は登録を受けられる。
刑の執行終了後5年間は登録を受けられない。

ただし、執行猶予付の判決の場合は

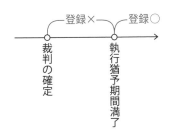

執行猶予期間中は登録を受けられない。
執行期間満了後は直ちに登録を受けられる。5年を待つ必要はない。

⑥ 暴力団員または暴力団員でなくなった日から5年を経過しない者 (以下「暴力団員等」という。)

⑦ 賃貸住宅管理業に関し不正または不誠実な行為をするおそれがあると認めるに足りる相当の理由がある者として国土交通省令で定めるもの

●**不正または不誠実な行為をするおそれがある者**
- 登録取消処分の聴聞の通知日から処分にかかる決定をする日までの間に、相当の理由なく、自ら解散または廃業の届出をした者で、届出の日から5年を経過しないもの
- 登録取消処分の聴聞の通知日から処分にかかる決定をする日までの間に、相当の理由なく、合併・解散・廃業の届出をした法人の役員であった者で、聴聞の通知前30日に当たる日から合併・解散・廃業の日までの間にその地位にあったもので、届出の日から5年を経過しないもの

⑧ 営業に関し成年者と同一の行為能力を有しない未成年者で、その法定代理人（法定代理人が法人である場合においては、その役員を含む。）が上記①〜⑦のいずれかに該当するもの

　　なお、「営業に関して成年者と同一の能力を有しない未成年者」とは、法定代理人（親など）から営業の許可を受けていない未成年者のことです。

⑨ 法人で、その役員のうちに①から⑦までのいずれかに該当する者があるもの

　　例えば法人の役員の中に「破産手続開始の決定を受けて復権を得ない者」や「暴力団員等」がいる場合のように、役員に登録拒否事由に該当する者がいるときには、その法人は登録を受けられません。言い換えると、①〜⑦に該当する者は、賃貸住宅管理業者の役員になることはできません。

⑩ 暴力団員等がその事業活動を支配する者

⑪ 賃貸住宅管理業を遂行するために必要と認められる国土交通省令で定める基準に適合する財産的基礎を有しない者

　　この基準は「財産および損益の状況が良好であること」をいい、登録申請日を含む事業年度の前事業年度において、負債の合計額が資産の合計額を超えておらず、かつ、支払不能に陥っていない状態をいいます。

　　ただし、負債の合計額が資産の合計額を超えている場合でも、負債の合計額が資産の合計額を超えていないことと同等または同等となることが相応に見込まれるときは、「財産および損益の状況が良好である」と認めて差し支えないとされていますので、登録は拒否されません。

● 「負債の合計額が資産の合計額を超えて」いないことと同等となる例
- 登録申請日を含む事業年度の直前2年の各事業年度において当期純利益が生じている場合
- 十分な資力を有する代表者からの「代表者借入金」を控除した負債の合計額が資産の合計額を超えていない場合

　「支払不能に陥っていないこと」とは、債務者が支払能力の欠乏のため弁済期にある全ての債務について継続的に弁済することができない客観的状態にないことをいう。なお、支払能力の欠乏とは、財産、信用、あるいは労務による収入のいずれをとっても債務を支払う能力がないことを意味します。

⑫ **営業所または事務所ごとに業務管理者を確実に選任すると認められない者**

3 登録しない場合の通知　　　　　　　　重要度 ★

　書類の不備や欠格事由に該当することにより登録が拒否される場合、その理由を示して、その旨が申請者に通知されます。

練習問題（○×問題）

① 暴力団員でなくなった日から2年を経過した者は、登録を受けられる。
② 賃貸住宅管理業登録制度の登録は、賃貸住宅の管理業務の実績がない者でもすることができる。

解答 ・・

① × 暴力団員でなくなった日から5年を経過しなければ登録は受けられません。
② ○ 管理業務の実績がなくても、登録を受けられます。

■ポイント

- 重要な事項に虚偽記載があるなどの場合は、登録を受けられない。
- 欠格事由①〜⑫に該当する者は、登録を受けられない。

2-4 登録簿、変更・廃業等の届出

登録の申請があった場合には、一定の事項が賃貸住宅管理業者登録簿に記載されます。ここでは登録申請書の記載事項に変更があった場合や、廃業等をする場合にはどうすればいいのかについて学びます。

1 賃貸住宅管理業者登録簿　　　　　　　　　重要度 ★

国土交通大臣は、賃貸住宅管理業の登録の申請があったときは、登録を拒否する場合を除き、次の事項を賃貸住宅管理業者登録簿に登録しなければなりません。

① 登録申請書の記載事項
② 登録年月日および登録番号

登録後、国土交通大臣は、賃貸住宅管理業者登録簿を一般の閲覧に供しなければなりません。

※ 閲覧できる者の範囲は限定されておらず、誰でも登録簿を閲覧できます。

2 変更の届出　　　　　　　　　　　　　　　重要度 ★★★

賃貸住宅管理業者は、登録申請書の記載事項（→P40の①～④）に変更があったときは、その日から30日以内に、その旨を国土交通大臣に届け出なければなりません。例えば、役員を変更した場合には、その日から30日以内の届出が必要です。

変更の届出があると、賃貸住宅管理業者登録簿の記載が変更されます。

▼変更の届出が必要となる場合

商号等・住所の変更	法定代理人の氏名等・住所の変更
役員の氏名の変更 （就任・退任等）	営業所等の名称・所在地の変更 （営業所等の新設・廃止等）

※ 役員の住所は申請書の記載事項ではないため、役員の住所の変更は届出が不要です。

③ 廃業等の届出　　　　　　　　　　　　重要度　★★★

(1) 届出事由と届出義務者

　廃業等の届出事由が生じた場合には、届出義務者はその日から30日以内（死亡の場合には、死亡の事実を知った日から30日以内）に、その旨を国土交通大臣に届け出なければなりません。

▼廃業等の届出における届出義務者

届出事由	届出義務者
①賃貸住宅管理業者が死亡した場合	相続人
②法人が合併により消滅した場合	消滅した法人の元代表役員
③法人が破産手続開始の決定により解散した場合	破産管財人
④法人が解散した場合（②③を除く）	清算人
⑤賃貸住宅管理業を廃止した場合	賃貸住宅管理業者であった個人、または、賃貸住宅管理業者であった法人の代表役員

※一時的な休業の場合は、廃業届は不要です。

(2) 登録の効力の消滅

　上記の廃業等の届出事由に該当するに至ったときは、国土交通大臣に届け出なくても、賃貸住宅管理業の登録は、その効力を失います。

練習問題（○×問題）

① 法人である賃貸住宅管理業者が、役員を変更したときは、その日から30日以内に、その旨を国土交通大臣に届け出なければならない。

② 賃貸住宅管理業者である個人が死亡したときは、その相続人は、死亡日から30日以内に国土交通大臣に届け出なければならない。

解答

① ○　設問の通りです。

② ×　賃貸住宅管理業者が死亡した場合、相続人は、「死亡の事実を知った日」から30日以内に、国土交通大臣に届け出なければなりません。

■ポイント

・ 登録申請書の記載事項に変更があった場合、30日以内の届出が必要である。

・ 廃業等の事由が発生した場合、30日以内の届出が必要である。

2-5 業務処理の原則、従業者証明書

専門的知識をもって適切に管理業務を行うとともに、賃貸人が安心して管理業務を委託することができる環境を整備することが必要です。
ここでは、業務処理の原則、従業者証明書の携帯・提示について学びます。

1 業務処理の原則 重要度 ★

　賃貸住宅管理業者は、信義を旨とし、誠実にその業務を行わなければなりません。

　賃貸借契約の更新に係る業務、契約の管理に関する業務、入居者への対応に関する業務のうち賃貸住宅管理業法第2条第2項第1号の「維持保全」には含まれないものなど、法第2条第2項に定める業務（管理業務）以外の賃貸住宅の管理に関する業務を含め、賃貸住宅管理業の円滑な業務の遂行を図る必要があります。

2 従業者証明書の携帯・提示 重要度 ★★★

(1) 従業者証明書の携帯

　賃貸住宅管理業者は、その業務に従事する使用人その他の従業者に、その従業者であることを証する証明書（以下、「従業者証明書」という。）を携帯させなければ、その者をその業務に従事させてはなりません。

▼従業者証明書

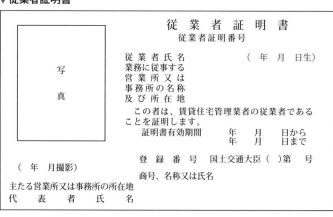

　この従業者証明書を携帯させるべき者の範囲は、賃貸住宅管理業者の責任の下に、当該賃貸住宅管理業者が営む賃貸住宅管理業に従事する者です。賃貸住宅管理業者と直接の雇用関係にある者であっても、内部管理事務に限って従事する者は、従業者証明書の携帯の義務はありません。

　なお、単に一時的に業務に従事するものに携帯させる証明書の有効期間については、他の者と異なり、業務に従事する期間に限って発行する必要があります。

(2) 従業者証明書の提示

　賃貸住宅管理業者の使用人その他の従業者は、その業務を行うに際し、委託者その他の関係者から請求があったときは、従業者証明書を提示しなければなりません。

練習問題 (○×問題)

① 賃貸住宅管理業者と直接の雇用関係にある者は、内部管理事務に限って従事する場合であっても、従業者証明書の携帯の義務を負う。

② 賃貸住宅管理業者の使用人その他の従業者は、その業務を行うに際し、委託者その他の関係者から請求があったときは、その従業者であることを証する証明書を提示しなければならない。

解答

① ×　内部管理事務に限って従事する者は、従業者証明書の携帯義務を負いません。

② ○　設問の通りです。

■ポイント

・「管理業務」以外の賃貸住宅の管理に関する業務を含め、賃貸住宅管理業の円滑な業務の遂行を図る必要がある。

・関係者から請求があったときに従業者証明書を提示すればよい。

2-6 業務管理者の選任・事務

賃貸住宅管理業者は、営業所または事務所に、賃貸不動産管理のプロフェッショナルである「業務管理者」を置かなければなりません。
ここでは、業務管理者の選任、事務、要件について学びます。

① 業務管理者の選任　　　　重要度 ★★★

　賃貸住宅管理業者は、その営業所または事務所ごとに、一人以上の「業務管理者」を選任して、当該営業所または事務所における業務に関し、一定の事項についての管理および監督に関する事務を行わせなければなりません。

② 業務管理者の事務　　　　重要度 ★★★

管理業務者が管理・監督すべき事項は、次の①〜⑧です。

●業務管理者が管理・監督しなければならない事項
① 管理受託契約における重要事項説明およびその書面の交付
② 管理受託契約締結時の書面の交付
③ 賃貸住宅の維持保全の実施に関する事項
④ 家賃、敷金、共益費その他の金銭の管理に関する事項
⑤ 帳簿の備付け等に関する事項
⑥ 賃貸人に対する定期報告に関する事項
⑦ 秘密の保持に関する事項
⑧ 入居者からの苦情の処理に関する事項

　上記事項は業務管理者が管理・監督すべき事項であって、業務管理者自らが実施することは義務付けられていません。したがって、上記事項を業務管理者以外の従業者が行うこともできます。

③ 業務管理者の要件　　　　重要度 ★★★

(1) 欠格事由
　賃貸住宅管理業の登録拒否事由 (→P42 〜 44、①〜⑧のいずれか) に該当す

る場合、業務管理者となることもできません。例えば、破産手続開始の決定を受けて復権を得ない者は、業務管理者となることはできません。

(2) 業務管理者の要件

業務管理者となるためには、次のいずれかに該当することが必要です。

① 管理業務に関する2年以上の実務経験＋登録試験に合格した者

② 管理業務に関する2年以上の実務経験＋宅建士＋指定講習を修了した者

※ 実務経験については、実務講習の修了をもって代えることができます。

※ 賃貸不動産経営管理士試験が、登録試験に該当します。

(3) 業務管理者の専任性

業務管理者は、他の営業所または事務所の業務管理者となることができません。なお、業務管理者が宅地建物取引士も兼務するなど、他の業務を兼務することが法違反となるわけではありません。

4　業務管理者が欠けた場合　　重要度 ★★★

賃貸住宅管理業者は、その営業所もしくは事務所の業務管理者として選任した者の全てが登録拒否事由（①〜⑧のいずれか）に該当し、または選任した者の全てが欠けるに至ったときは、新たに業務管理者を選任するまでの間は、その営業所または事務所において管理受託契約を締結してはなりません。

練習問題（○×問題）

① 管理受託契約における重要事項説明およびその書面の交付は、業務管理者が行わなければならない。

② 業務管理者は、他の営業所または事務所の業務管理者となることができる。

解答

① × 管理受託契約における重要事項説明およびその書面の交付について、業務管理者自らが直接行うことは義務付けられていません。

② × 業務管理者は、他の営業所または事務所の業務管理者となることができません。

■ポイント

・ 業務管理者は、一定の事項について「管理および監督」を行う。

・ 業務管理者は、他の営業所または事務所の業務管理者となることができない。

2-7 管理受託契約における重要事項説明、書面交付

賃貸住宅管理業者は、賃貸人に対し、管理受託契約の締結前に、書面を交付した上で重要事項の説明を行われなければなりません。
ここでは、主に管理受託契約における重要事項説明、書面交付について学びます。

1 管理受託契約での重要事項説明　　　　　　　　重要度 ★★★

(1) 管理受託契約重要事項説明

　賃貸住宅管理業者は、管理受託契約を締結しようとするときは、管理業務を委託しようとする賃貸住宅の賃貸人（管理業務に係る専門的知識および経験を有すると認められる一定の者を除く。）に対し、当該管理受託契約を締結するまでに、管理受託契約の内容およびその履行に関する事項について、書面を交付して説明しなければなりません。

　管理受託契約重要事項説明は、賃貸人から委託を受けようとする賃貸住宅管理業者自らが行う必要があります。

●**管理受託契約重要事項説明において説明すべき事項**

① **管理受託契約を締結する賃貸住宅管理業者の商号、名称または氏名ならびに登録年月日および登録番号**

② **管理業務の対象となる賃貸住宅**

　管理業務の対象となる賃貸住宅の所在地、物件の名称、構造、面積、住戸部分（部屋番号）、その他の部分（廊下、階段、エントランス等）、建物設備（ガス、上水道、下水道、エレベーター等）、附属設備等（駐車場、自転車置き場等）等について記載し、説明します。

③ **管理業務の内容および実施方法**

　賃貸住宅管理業者が行う管理業務の内容について、回数や頻度を明示して可能な限り具体的に記載し、説明します。

　管理業務と併せて、入居者からの苦情や問い合わせへの対応を行う場合は、その内容についても可能な限り具体的に記載し、説明します。

④ **報酬、支払時期および方法**

⑤ **④の報酬に含まれていない管理業務に関する費用の内容であって、賃貸住宅管理業者が通常必要とするもの**

　賃貸住宅管理業者が管理業務を実施するのに伴い必要となる水道光熱費や、空室管理費等が考えられます。

⑥ **管理業務の一部の再委託に関する定めがあるときは、その内容**

　賃貸住宅管理業者は、管理業務の一部を第三者に再委託することができることを事前に説明するとともに、再委託することとなる業務の内容、再委託予定者を事前に明らかにします。

⑦ **責任および免責に関する定めがあるときは、その内容**

　管理受託契約の締結にあたり、賃貸人に賠償責任保険等への加入を求める場合や、当該保険によって保障される損害については賃貸住宅管理業者が責任を負わないこととする場合は、その旨を記載し、説明します。

⑧ **法第20条の規定による委託者への報告に関する事項**

　賃貸住宅管理業者が行う管理業務の実施状況等について、賃貸人へ報告する内容やその頻度について記載し、説明します。

⑨ **契約期間に関する事項**

　管理受託契約の始期、終期および期間について説明します。

⑩ **賃貸住宅の入居者に対する③の周知に関する事項**

　賃貸住宅管理業者が行う③に記載する管理業務の内容および実施方法について、どのような方法（対面での説明、書類の郵送、メール送付等）で入居者に対して周知するかについて記載し、説明します。

⑪ **管理受託契約の更新および解除に関する事項**

　賃貸人と賃貸住宅管理業者間における契約の更新の方法について事前に説明します。

　賃貸人または賃貸住宅管理業者が、契約に定める義務に関してその本旨に従った履行をしない場合には、その相手方は、相当の期間を定めて履行を催告し、その期間内に履行がないときは、解除することができる旨を事前に説明します。

(2) 重要事項説明が不要となる場合

　相手方が管理受託契約について一定の知識や経験があったとしても、書面にて十分な説明をすることが必要です。もっとも、管理業務を委託しようとする賃貸住宅の賃貸人が次のいずれかに該当する場合には、その者に対しては、説明は不要です。

● **説明が不要となる相手方（専門的知識および経験を有すると認められる者）**

① 賃貸住宅管理業者　　② 特定転貸事業者　　③ 宅地建物取引業者

④ 特定目的会社　　　　⑤ 組合

⑥ 賃貸住宅に係る信託の受託者（委託者等が①から④までのいずれかに該当する場合に限る）

⑦ 独立行政法人都市再生機構　　⑧ 地方住宅供給公社

2 管理受託契約を変更する場合　　重要度 ★★★

　管理受託契約変更契約を締結しようとする場合にも、説明が必要です。例えば、契約期間中に報酬額を変更する場合、重要事項の変更となりますので、改めて説明が必要です。この場合、変更のあった事項について賃貸人に書面の交付等を行った上で説明すれば足ります。

　ただし、法施行前に締結された管理受託契約で、法施行後に賃貸人に対して重要事項説明を行っていない場合は、管理受託契約変更契約を締結しようとするときに、全ての事項について重要事項説明を行うことが必要です。

　なお、形式的な変更（契約の同一性を保ったままで契約期間のみを延長することや、組織運営に変更のない商号または名称等の変更など）の場合は、重要事項説明を行う必要はありません。

3 賃貸人の変更に際しての管理受託契約重要事項説明　　重要度 ★★

　管理受託契約が締結されている賃貸住宅が、契約期間中に現賃貸人から売却等されることにより、賃貸人たる地位が新たな賃貸人に移転し、従前と同一内容によって当該管理受託契約が承継される場合、賃貸住宅管理業者は、賃貸人たる地位が移転することを認識した後、遅滞なく、新たな賃貸人に当該管理受託契約の内容が分かる書類を交付することが望ましいです。

　なお、管理受託契約において委託者の地位承継にかかる特約が定められておらず、管理受託契約が承継されない場合、新たな賃貸人との管理委託契約は新たな契約と考えられるため、賃貸住宅管理業者は、新たな賃貸人に管理受託契約重要事項説明および管理受託契約締結時書面の交付を行わなければなりません。

4　重要事項説明でのIT活用 　　　　　重要度 ★★★

(1) 電磁的方法による提供

　賃貸人の承諾を得れば、書面に記載すべき事項を電磁的方法（例えば、メールでの送付など）により提供することができます。

> ● 電磁的方法による提供において留意すべき事項
> ① 電磁的方法により重要事項説明書を提供しようとする場合は、相手方がこれを確実に受け取れるように、用いる方法（電子メール、WEBでのダウンロード、CD-ROM等）やファイルへの記録方法（使用ソフトウェアの形式やバージョン等）を示した上で、電子メール、WEBによる方法、CD-ROM等相手方が承諾したことが記録に残る方法で承諾を得ること
> ② 重要事項説明書を電磁的方法で提供する場合、出力して書面を作成でき、改変が行われていないか確認できることが必要であること

　この承諾は、賃貸住宅管理業者が、あらかじめ、賃貸住宅の賃貸人に対し電磁的方法による提供に用いる電磁的方法の種類および内容を示した上で、当該賃貸住宅の賃貸人から書面等によって得る必要があります。

　この承諾を得た場合でも、賃貸住宅の賃貸人から書面等により電磁的方法による提供を受けない旨の申出があったときは、電磁的方法による提供をしてはなりません。ただし、その申出後に再び承諾を得れば、その後は電磁的方法により提供することができます。

(2) テレビ会議等のIT活用

　対面による説明が基本ですが、次のすべての事項を満たしている場合は、テレビ会議等のオンライン形式で説明を行うこともできます。なお、説明の相手方に事前に重要事項説明書等を読んでおくことを推奨するとともに、重要事項説明書等の送付から一定期間後に、説明を実施することが望ましいです。

> ● テレビ会議等により説明を実施する場合の要件
> ① 説明者および重要事項の説明を受けようとする者が、図面等の書類および説明の内容について十分に理解できる程度に映像が視認でき、かつ、双方が発する音声を十分に聞き取ることができるとともに、双方向でやりとりできる環境において実施していること

② 重要事項の説明を受けようとする者が承諾した場合を除き、重要事項説明書および添付書類をあらかじめ送付していること

③ 重要事項の説明を受けようとする者が、重要事項説明書および添付書類を確認しながら説明を受けることができる状態にあること、ならびに映像および音声の状況について、説明者が説明を開始する前に確認していること

▼テレビ会議等による説明

説明

重要事項
説明書

(3) 電話による説明（変更契約の場合に限る）

　原則として、対面または(2)に記載するITの活用による説明が望ましいですが、管理受託契約変更契約の重要事項説明については、次に掲げるすべての事項を満たしている場合は、電話で説明を行うこともできます。

● 電話により説明を実施する場合の要件

① 事前に管理受託契約変更契約の重要事項説明書等を送付し、その送付から一定期間後に説明を実施するなどして、賃貸人が変更契約締結の判断を行うまでに十分な時間をとること

② 賃貸人から賃貸住宅管理業者に対し、電話により管理受託契約変更契約の重要事項説明を行ってほしいとの依頼があること

③ 賃貸人が、管理受託契約変更契約の重要事項説明書等を確認しながら説明を受けることができる状態にあることについて、賃貸住宅管理業者が重要事項説明を開始する前に確認していること

④ 賃貸人が、電話による説明をもって当該管理受託契約変更契約の重要事項説明の内容を理解したことについて、賃貸住宅管理業者が重要事項説明を行った後に確認していること

　なお、賃貸人から賃貸住宅管理業者に対し、電話により管理受託契約変更契約の重要事項説明を行ってほしいとの依頼があった場合でも、その後、賃貸人

から、対面または (2) に記載するITの活用による説明を希望する旨の申出があったときは、当該方法により説明しなければなりません。

▼管理受託契約重要事項説明のポイント

説明書の交付	重要事項の説明は、書面を交付して行わなければなりません。もっとも、賃貸人の承諾を得れば、電磁的方法による提供もできます。
説明の時期	重要事項の説明は、管理受託契約を締結するまでに (契約締結前に) 行わなければなりません。 重要事項の説明は、説明から契約締結までに1週間程度の期間をおくことが望ましいです (※)。
説明者の資格	業務管理者または一定の実務経験を有する者など専門的な知識および経験を有する者によって行われることが望ましいです。業務管理者によって行われることは必ずしも必要ありませんが、業務管理者の管理および監督の下に行われる必要があります。

※説明から契約締結までの期間を短くせざるを得ない場合には、事前に管理受託契約重要事項説明書等を送付し、その送付から一定期間後に、説明を実施するなどして、管理受託契約を委託しようとする者が契約締結の判断を行うまでに十分な時間をとることが望ましいです。

練習問題(○×問題)

① 賃貸人が管理受託契約について一定の知識や経験があった場合、賃貸人の承諾を得れば、重要事項の説明を省略することができる。

② 組織運営を変更することなく商号又は名称を変更する場合、管理受託契約重要事項説明は不要である。

解答

① × 賃貸人が一定の知識や経験がある場合でも、賃貸人の承諾を得た場合でも、賃貸人が賃貸住宅管理業者等でない限り、説明は必要です。

② ○ 形式的な変更であれば、管理受託契約重要事項説明は不要です。

■ポイント

・相手方が賃貸住宅管理業者、特定転貸事業者、宅地建物取引業者などであれば、その者に対して説明は必要ない。

・管理受託契約を変更する場合、形式的な変更を除きその変更部分について重要事項説明が必要となる。

契約締結後に契約内容を確認できるよう、賃貸住宅管理業者に対し、契約締結時に相手方に必要な事項を記載した書面を交付することを義務づけています。ここでは、管理受託契約締結時書面について学びます。

1 管理受託契約締結時書面　　　　　　　　　　重要度 ★★★

　賃貸住宅管理業者は、管理受託契約を締結したときは、次の事項を記載した書面を交付しなければなりません。

●管理受託契約締結時書面に記載すべき事項
① 管理業務の対象となる賃貸住宅
② 管理業務の実施方法
③ 契約期間に関する事項
④ 報酬に関する事項
⑤ 契約の更新または解除に関する定めがあるときは、その内容
⑥ 管理受託契約を締結する賃貸住宅管理業者の商号、名称または氏名ならびに登録年月日および登録番号
⑦ 管理業務の内容
⑧ 管理業務の一部の再委託に関する定めがあるときは、その内容
⑨ 責任および免責に関する定めがあるときは、その内容
⑩ 法第20条の規定による委託者への報告に関する事項
⑪ 賃貸住宅の入居者に対する周知に関する事項

　上記事項が記載された契約書であれば、管理受託契約書をもって管理受託契約締結時書面とすることができます。国土交通省が別途定める「賃貸住宅標準管理受託契約契約書」(→P74) には、これらの事項が記載されています。
　管理受託契約の重要事項説明書は、契約締結に先立って交付する書面であり、管理受託契約の締結時の書面は交付するタイミングが異なる書面であることから、管理受託契約重要事項説明書と管理受託契約締結時書面を一体で交付することはできません。

② 管理受託契約を変更する場合　　　重要度 ★★

　管理受託契約変更契約を締結する場合にも、管理受託契約締結時書面の交付が必要ですが、変更のあった事項について賃貸人に対して書面の交付をすれば足ります。ただし、法施行前に締結された管理受託契約で、法施行後に前述の①～⑪の全ての事項について管理受託契約締結時書面の交付を行っていない場合は、管理受託契約変更契約を締結したときに、全ての事項について管理受託契約締結時書面の交付を行うことが必要です。

　なお、形式的な変更（契約の同一性を保ったままで契約期間のみを延長することや、組織運営に変更のない商号または名称等の変更など）の場合は、管理受託契約締結時書面の交付を行う必要はありません。

③ 契約締結時の書面交付にITを活用する場合　　　重要度 ★★★

　あらかじめ相手方の承諾を得れば、管理受託契約締結時書面に記載すべき事項を電磁的方法により提供することができます。

　「電磁的方法による提供において留意すべき事項」は、管理受託契約重要事項説明書を電磁的方法で提供する場合（→P55）と同じです。

練習問題（○×問題）

① 管理受託契約締結時書面に記載すべき事項を電磁的方法により提供する場合、賃貸住宅の賃貸人の承諾が必要である。

② 管理受託契約締結時書面を電磁的方法により提供する場合、出力して書面を作成でき、改変が行われていないか確認できる方法でなければならない。

解答

① ○ 設問の通りです。

② ○ 設問の通りです。

■ポイント

・契約を変更する場合、形式的な変更を除き、書面の交付が必要となる。

・電磁的方法により提供する場合、あらかじめ相手方の承諾が必要となる。

2-9 財産の分別管理

賃貸住宅管理業者が入居者から徴収した家賃・敷金等の金銭を、確実にオーナーに渡すことができるように、厳格に分別管理することが必要です。
ここでは、財産の分別管理の方法を学びます。

1 財産の分別管理　　　　　　　　　　　　重要度 ★★★

賃貸住宅管理業者は、「管理受託契約に基づく管理業務において受領する家賃、敷金、共益費その他の金銭」を、「自己の固有財産」および「他の管理受託契約に基づく管理業務において受領する家賃、敷金、共益費その他の金銭」と分別して管理しなければなりません。

具体的には、①管理受託契約に基づく管理業務において受領する家賃、敷金、共益費その他の金銭を管理するための口座を自己の固有財産を管理するための口座と明確に区分し、かつ、②当該金銭がいずれの管理受託契約に基づく管理業務に係るものであるかが自己の帳簿（その作成に代えて電磁的記録の作成がされている場合における当該電磁的記録を含む。）により直ちに判別できる状態で管理することが求められます。

> ●財産の分別管理に必要な要件（①②両方の要件を満たす必要がある）
> ① 「管理業務において受領する金銭を管理するための口座」を「自己の固有財産を管理するための口座」と分別して管理する方法
> ② 受領した金銭がいずれの管理受託契約に基づく管理業務に係るものであるかが帳簿や会計ソフト上で、直ちに判別できる状態で管理する方法

①の口座分別については、少なくとも、家賃等を管理する口座を同一口座として、賃貸住宅管理業者の固有財産を管理する口座と分別すれば足ります。管理受託契約ごと、賃貸人ごと、物件ごとに口座を分ける必要はありません。

▼②の図解

② 一時的に同一口座に預入　　　　重要度 ★★★

　家賃等を管理する口座と賃貸住宅管理業者の固有財産を管理する口座のいずれか一方に家賃等および賃貸住宅管理業者の固有財産が同時に預入されている状態が生じることは差し支えありません。この場合は、家賃等または賃貸住宅管理業者の固有財産を、速やかに家賃等を管理する口座または賃貸住宅管理業者の固有財産を管理する口座に移し替えることになります。

▼同一口座への預入が認められる例

・家賃等を管理する口座にその月分の家賃をいったん全額預入し、当該口座から賃貸住宅管理業者の固有財産を管理する口座に管理報酬分の金額を移し替える
・賃貸住宅管理業者の固有財産を管理する口座にその月分の家賃をいったん全額預入し、当該口座から家賃等を管理する口座に管理報酬分の金額を控除した金額を移し替える

　なお、賃貸人に家賃等を確実に引き渡すことを目的として、適切な範囲において、管理業者の固有財産のうちの一定額を、家賃等を管理する口座に残しておくことはできます。

練習問題（○×問題）

① 管理業務において受領する金銭を管理するための口座を、自己の固有財産を管理するための口座と分別していれば、帳簿等による分別管理は必要ない。
② 管理受託契約を委託した賃貸人ごとに口座を分ける必要がある。

解答 ・・・・・・・・・・・・・・・・・・・・・・・・・・・・・・・・・・・・・・・

① × 口座の分別と帳簿等による分別の両方が必要となります。
② × 固有財産口座と分別すれば足り、賃貸人ごとに口座を分ける必要はありません。

■ポイント

・財産の分別管理は、①口座の分別（家賃等専用口座と賃貸住宅管理業者固有財産専用口座に分ける）、かつ、②帳簿等による勘定上の分別（契約毎に金銭の出入を区別する）により行う。

2-10 標識・帳簿

賃貸住宅管理業者は、営業所または事務所ごとに、標識を掲示し、帳簿を備え、業務管理者を置かなければなりません。
ここでは、標識と帳簿について学びます。

1 標識 重要度 ★★★

　賃貸住宅管理業者は、その営業所または事務所ごとに、公衆の見やすい場所に、標識を掲げなければなりません。

　標識は営業所または事務所に掲示しなければならず、営業所または事務所への掲示に代えてインターネットのホームページに掲示することはできません。

　賃貸住宅管理業の登録を受けていない者は、「賃貸住宅管理業者」ではないため、登録を受けるまでは下記の標識を掲げてはなりません。

▼標識

賃貸住宅管理業者登録票	
登　録　番　号	国土交通大臣（00）第000000号
登　録　年　月　日	令和　5年　4月28日
登　録　の　有　効　期　間	令和　5年　4月29日から 令和　5年　4月28日まで
商　号、名称又は氏名	株式会社○○○○
主たる営業所又は 事務所の所在地	東京都○○区○○ 1-1-1 　　　　電話番号03-0000-0000

※登録の有効期間の始期は、登録年月日の翌日からになります。

2 帳簿 重要度 ★★★

（1）帳簿の作成、保存

　賃貸住宅管理業者は、その営業所または事務所ごとに、その業務に関する帳簿を備え付け、委託者ごとに管理受託契約について契約年月日等の事項を記載し、これを保存しなければなりません。

● **帳簿の記載事項**
- 管理受託契約を締結した委託者の商号、名称または氏名
- 管理受託契約を締結した年月日
- 契約の対象となる賃貸住宅
- 受託した賃貸住宅管理業務の内容
- 報酬の額
- 管理受託契約における特約その他参考となる事項

上記の事項が電磁的に記録されているときは、当該記録をもって帳簿への記載に代えることができます。

(2) 帳簿の閉鎖・保存期間

賃貸住宅管理業者は、帳簿を各事業年度の末日をもって閉鎖するものとし、閉鎖後5年間当該帳簿を保存しなければなりません。

● **営業所または事務所ごとの遵守事項（まとめ）**
① 業務管理者の配置（→P50）
② 標識の掲示
③ 帳簿の保存・作成

練習問題（○×問題）

① 賃貸住宅管理業者は、その営業所または事務所ごとに、公衆の見やすい場所に、標識を掲げなければならない。
② 賃貸住宅管理業者は、帳簿を各事業年度の末日をもって閉鎖するものとし、閉鎖後10年間当該帳簿を保存しなければならない。

解答 ・・・

① ○ 設問の通りです。
② × 帳簿の保存期間は閉鎖後5年間です。

■ポイント

- 標識は、営業所または事務所ごとに、公衆の見やすい場所に掲げる。
- 帳簿は、営業所または事務所ごとに備え、閉鎖後5年間保存する。

2-11 委託者への定期報告

賃貸住宅管理業者には、委託者への定期的な報告が義務づけられています。
ここでは、報告すべき事項や報告の方法について学びます。

1 委託者への定期報告　　　　　　　　重要度 ★★

　賃貸住宅管理業者は、管理業務の実施状況その他の事項について、管理業務報告書を作成し、これを委託者に交付して説明しなければなりません。

> ●**委託者への報告事項**
> ① 報告の対象となる期間
> ② 管理業務の実施状況
> ③ 管理業務の対象となる賃貸住宅の入居者からの苦情の発生状況および対応状況

※ ②については、賃貸住宅管理業法に基づく「管理業務」に限らず、賃貸人と賃貸住宅管理業者が締結する管理受託契約における委託業務の全てについて報告することが望ましいとされています。

※ ③については、苦情の発生した日時、苦情を申し出た者の属性、苦情内容、苦情への対応状況等について、把握可能な限り記録し、報告する必要があります。また、単純な問い合わせについて、記録および報告の義務はないが、苦情を伴う問合せについては、記録し、対処状況も含めて報告する必要があります。

2 報告の頻度　　　　　　　　　　　重要度 ★★

　委託者への報告を行うときは、管理受託契約を締結した日から1年を超えない期間ごとに、および管理受託契約の期間の満了後遅滞なく、報告を行う必要があります。また、報告する事項によっては、それ以上の頻度で報告を行うことが望ましいとされています。

　ただし、新たに管理受託契約を締結した日から1年を超えない期間ごとに遅滞なく報告が行われている期間内において、管理受託契約の期間の満了に伴う更新を行う場合、当該更新時における契約の期間の満了に伴う報告は不要です。

3 電磁的方法による提供 重要度 ★★

　賃貸住宅管理業者は、委託者の承諾を得て、管理業務報告書に記載すべき事項を電磁的方法により提供することもできます。

　「電磁的方法による提供において留意すべき事項」は、管理受託契約重要事項説明書を電磁的方法で提供する場合（→P55）と同じです。

　電磁的方法には、次のようなものがあります。

> ●電磁的方法の例
> ① 電子メールを利用して必要な事項を交付する方法
> ② WEBサイト上に表示された記載事項を委託者がダウンロードする方法
> ③ 賃貸住宅管理業者が設置する委託者専用のインターネットのページ上で記載事項を閲覧させる方法
> ④ CD-ROM等の記録メディアを送付する方法

4 管理業務報告書の説明方法 重要度 ★★

　管理業務報告書に係る説明方法は問いません。賃貸人と説明方法について協議の上、双方向でやりとりできる環境を整え、賃貸人が管理業務報告書の内容を理解したことを確認することが必要です。

> **練習問題**（○×問題）
> ① 賃貸住宅管理業者は、管理業務の実施状況その他の事項について、管理業務報告書を作成し、これを委託者に交付して説明しなければならない。
> ② 委託者への定期報告は、毎月行うことが必要である。
>
> 解答
> ① ○ 設問の通りです。
> ② × 毎月、定期報告を行うことまでは求められていません。

■ポイント

・委託者への定期報告は、書面または電磁的方法により行う。
・委託者への定期報告は、1年を超えない期間ごと、および契約期間満了後遅滞なく行う。

2-12 禁止事項

賃貸住宅管理業における禁止事項について学びます。どのような行為が禁止され、どのような場合に許されるのかを、意識して読み進めましょう。

1 名義貸しの禁止　　　重要度 ★★★

　賃貸住宅管理業者は、自己の名義をもって、他人に賃貸住宅管理業を営ませてはなりません。これに違反した場合、監督処分や罰則の対象になります。

2 再委託の禁止　　　重要度 ★★★

(1) 再委託

　賃貸住宅管理業者は、委託者から委託を受けた管理業務の「全部」を他の者に対し、再委託してはなりません。例えば、管理業務の全てについて他者に再委託（管理業務を複数の者に分割して再委託することを含む。）して自ら管理業務を一切行わないことは、禁止されています。

　もっとも、管理受託契約に管理業務の一部の再委託に関する定めがあるときは、自らで再委託先の指導監督を行うことにより、「一部」の再委託を行うことができます。

▼管理業務の再委託

一括（全部）再委託	管理業務を複数の者に分割して再委託する場合でも、不可
一部再委託	管理受託契約に一部再委託の定めがあれば、可

※契約によらずに管理業務を自らの名義で他者に行わせる場合、名義貸しに該当する場合があります。そのため、再委託は契約を締結して行うことが必要です。

(2) 一部再委託における責任

　再委託先は賃貸住宅管理業者である必要はありません。賃貸住宅の賃貸人と管理受託契約を締結した賃貸住宅管理業者が、再委託先の業務の実施について責任を負います。

3 秘密保持義務　　　　　　　　　　　　　　重要度　★★★

(1) 賃貸住宅管理業者の守秘義務

　賃貸住宅管理業者は、正当な理由がある場合でなければ、その業務上取り扱ったことについて知り得た秘密を他に漏らしてはなりません（守秘義務）。賃貸住宅管理業を営まなくなった後も、守秘義務を負います。

(2) 賃貸住宅管理業者の従業者等の守秘義務

　賃貸住宅管理業者の代理人、使用人その他の「従業者」は、正当な理由がある場合でなければ、賃貸住宅管理業の業務を補助したことについて知り得た秘密を他に漏らしてはなりません。賃貸住宅管理業者の代理人、使用人その他の従業者でなくなった後も、守秘義務を負います。

　「従業者」とは、賃貸住宅管理業者の指揮命令に服しその業務に従事する者をいい、再委託契約に基づき管理業務の一部の再委託を受ける者など、賃貸住宅管理業者と直接の雇用関係にない者も含まれます。

●**正当な理由**（例）

　次の場合は正当な理由があるため、秘密を第三者に提供することができます。

① 本人の同意がある場合

② 法令上の提供義務がある場合

練習問題（○×問題）

① 賃貸住宅管理業者は、再委託先が賃貸住宅管理業者であれば、管理業務の全部を複数の者に分割して再委託することができる。

② 賃貸住宅管理業者でなくなった後は、守秘義務を負わない。

解答

① × 管理業務の全部を複数の者に分割して再委託することもできません。このことは、再委託先が賃貸住宅管理業者であっても同じです。

② × 賃貸住宅管理業者でなくなった後も、守秘義務を負います。

■**ポイント**

・禁止されているのは、全部再委託（分割による再委託を含む。）である。

・賃貸住宅管理に携わらなくなった後も守秘義務を負う。

2-13 賃貸住宅管理業者に対する監督

賃貸住宅管理業者に違反行為などがあった場合には、登録の取消し、または業務停止命令といった監督処分がなされます。ここでは、賃貸住宅管理業登録制度における監督について学びます。

1 登録の取消し・命令（任意的）　重要度 ★★★

（1）業務改善命令

国土交通大臣は、賃貸住宅管理業の適正な運営を確保するため必要があると認める場合、必要の限度で、賃貸住宅管理業者に対し、業務の方法の変更その他業務の運営の改善に必要な措置をとるべきことを命ずることができます。

（2）登録の取消し・業務停止命令

国土交通大臣は、賃貸住宅管理業者が次のいずれかに該当するときは、その登録を取り消し、または1年以内の期間を定めてその業務の全部もしくは一部の停止を命ずることができます。

- 登録拒否事由（→P42〜44）のいずれかに該当することとなったとき
- 不正の手段により賃貸住宅管理業の登録を受けたとき
- その営む賃貸住宅管理業に関し法令または業務改善命令もしくは業務停止命令に違反したとき

また、国土交通大臣は、賃貸住宅管理業者が登録を受けてから1年以内に業務を開始せず、または引き続き1年以上業務を行っていないと認めるときにも、その登録を取り消すことができます。

国土交通大臣は、登録を取消し、または業務停止命令を行った場合、遅滞なく、理由を示して、その旨を賃貸住宅管理業者に通知しなければなりません。

2 登録の抹消（必要的）　重要度 ★★

国土交通大臣は、登録の有効期間の経過もしくは廃業等の届出事由に該当することにより登録がその効力を失ったとき、または登録を取り消したときは、当該登録を抹消しなければなりません。

③　監督処分等の公告（必要的）　　重要度　★★

　国土交通大臣は、登録を取消し、または業務停止命令を行ったときは、その旨を公告しなければなりません。これにより、広く一般の人に知らされます。

④　報告徴収および立入検査　　重要度　★★

　国土交通大臣は、賃貸住宅管理業の適正な運営を確保するため必要があると認める場合、賃貸住宅管理業者に対し報告を求め、またはその職員に、賃貸住宅管理業者の営業所等の施設に立ち入り、業務状況もしくは設備、帳簿書類その他の物件を検査させ、もしくは関係者に質問させることができます。

⑤　登録の取消し等に伴う業務の結了　　重要度　★★

　登録の更新をしなかったとき、廃業等の届出事由に該当して登録が効力を失ったとき、または登録が取り消されたときは、賃貸住宅管理業者であった者またはその一般承継人は、当該賃貸住宅管理業者が締結した管理受託契約に基づく業務を結了する目的の範囲内で、なお賃貸住宅管理業者とみなされます。

練習問題（○×問題）

① 賃貸住宅管理業者が、その営む賃貸住宅管理業に関し法令に違反した場合、国土交通大臣は、その登録を取り消すことができる。

② 賃貸住宅管理業者が引き続き6か月以上業務を行っていない場合、登録取消しの対象となる。

解答

① ○　設問の通りです。

② ×　引き続き「1年以上」業務を行っていない場合に取消しの対象となります。

■ポイント

・賃貸住宅管理業者への監督処分には、業務改善・業務停止・登録取消がある。

・1年以上業務を行っていない場合、登録が取り消されることがある。

2-14 賃貸住宅管理業登録制度における罰則

法令に違反した場合、監督処分の対象となるほか、刑罰を受けることがある。ここでは、罰則について学びます。これまで学習してきたことを思い出しながら、重い刑罰が科せられるものから順におさえていきましょう。

1 用語説明　　　　重要度 ★★

(1) 併科（へいか）

併科とは、一つの犯罪行為に対して複数の刑罰が定められている場合に、複数の刑をあわせて科することをいいます。例えば、「1年以下の懲役もしくは100万円以下の罰金に処し、またはこれを併科する」と定められている場合には、1年以下の懲役刑と100万円以下の罰金刑をあわせて科すことができます。

(2) 両罰規定（りょうばつきてい）

事業主（賃貸住宅管理業を営む者など）の従業員や代表者等が一定の違法行為をした場合には、その従業員や法人の代表者等に刑罰が科せられますが、さらに事業主（事業主が法人であればその法人、事業主が個人であればその個人）も刑罰を科せられることがあります。このように行為者を処罰するほか、事業主を処罰する規定を両罰規定といいます。

2 罰則の内容　　　　重要度 ★★

(1) 懲役刑・罰金刑が科せられるもの

◎1年以下の懲役もしくは100万円以下の罰金、またはこれを併科

- 賃貸住宅管理業法に違反して無登録で賃貸住宅管理業を営んだとき
- 不正の手段により賃貸住宅管理業の登録を受けたとき
- 名義貸しの禁止に違反して他人に賃貸住宅管理業を営ませたとき

※ 両罰規定により、事業主に対しても100万円以下の罰金刑が科せられます。

◎6月以下の懲役もしくは50万円以下の罰金、またはこれを併科

- 業務停止命令違反

※ 両罰規定により、事業主に対しても50万円以下の罰金刑が科せられます。

(2) 罰金刑だけがあるもの

◎30万円以下の罰金

- 変更の届出義務違反、虚偽届出
- 業務管理者の選任義務違反（選任せずに管理受託契約を締結した場合を含む）
- 契約締結時の書面の交付義務違反、必要事項記載義務違反、虚偽記載
- 従業者証明書の携帯・提示義務違反
- 標識の掲示義務違反
- 帳簿の備付け義務違反、必要事項記載義務違反、虚偽記載、保存義務違反
- 守秘義務違反
- 業務改善命令違反
- 報告徴収に関して提出義務違反、虚偽報告等

※ 両罰規定により、事業主に対しても30円以下の罰金刑が科せられます。ただし、守秘義務違反は両罰規定の対象ではありません。

(3) 過料となるもの

◎20万円以下の過料

- 廃業等の届出義務違反、虚偽届出

練習問題（○×問題）

① 賃貸住宅管理業者が管理受託契約締結時書面の交付を怠った場合、30万円以下の罰金に処される場合がある。

② 賃貸住宅管理業者が管理受託契約締結前に行う重要事項説明およびその書面の交付を怠った場合、30万円以下の罰金に処される場合がある。

解答

① ○ 設問の通りです。

② × 管理受託契約重要事項説明およびその書面の交付義務に違反した場合、監督処分を受けることはありますが、罰則の適用はありません。

■ポイント

- 行為者だけではなく、事業主が罰金に処される場合がある（両罰規定）。
- 罰則の学習は、これまでの学習のまとめになる。

2-15 賃貸住宅標準管理受託契約書

賃貸住宅標準管理受託契約書（以下、「標準管理受託契約書」という。）は、賃貸住宅管理業者が賃貸住宅管理業務を賃貸住宅の所有者から受託する場合の契約書です。ここでは、主に契約上の義務について学びます。

1 標準管理受託契約書　　　　重要度 ★★★

　標準管理受託契約書は、賃貸人たる委託者と賃貸住宅管理業者との契約です。

　賃貸住宅管理業法第14条の規定により、賃貸住宅管理業者は、管理受託契約を締結したときは、当該管理受託契約の相手方に対し、遅滞なく、一定の事項を記載した書面を交付しなければなりません（管理受託契約締結時書面の交付義務→P58）。管理受託契約締結時書面に記載すべき事項については標準管理受託契約書に記載されているため、賃貸住宅管理業者は標準管理受託契約書を交付することで、当該書面を交付したものとすることができます。

　もっとも、標準管理受託契約書を用いて管理受託契約を締結しなければならないわけではありません。標準管理受託契約書は、賃貸住宅に共通する管理事務に関する標準的な契約内容を定めたものであり、実際の契約書作成の際は、個々の状況や必要性に応じて内容の加除、修正を行い活用されるべきものです。

※ 標準管理受託契約書では、「賃貸人」という表現ではなく、「委託者」という表現になっていますが、試験問題に合わせて本書では、委託者のことを「賃貸人」という表現にしています。

2 各契約内容　　　　重要度 ★★★

(1) 家賃及び敷金等の引渡し

　賃貸住宅管理業者は、入居者から代理受領した敷金等を、振込先に振り込むことにより、速やかに、賃貸人に引き渡さなければなりません。

(2) 鍵の管理・保管

　鍵の管理（保管・設置、交換および費用負担を含む）に関する事項は、賃貸人が行います。

(3) 第三者への再委託

　業務の一部再委託はできますが、一括再委託は禁止されています。

(4) 管理業務の情報提供等

　賃貸人は、賃貸住宅管理業者が管理業務を行うために必要な情報を提供しなければなりません。

(5) 住戸への立入調査

　賃貸住宅管理業者は、管理業務を行うため必要があるときは、住戸に立ち入ることができますが、あらかじめ入居者に通知し、その承諾を得なければなりません。ただし、防災等の緊急を要するときは、通知・承諾は不要です。

(6) 契約終了時の処理

　契約が終了した場合、賃貸住宅管理業者は、賃貸人に対し、保管している金員や関係書類を引き渡すとともに、家賃等の滞納状況を報告しなければなりません。

(7) 入居者への対応

　賃貸住宅管理業者は、管理受託契約を締結したときは、入居者に対し、遅滞なく、管理業務の内容・実施方法および連絡先を記載した書面または電磁的方法により通知しなければなりません。また、管理受託契約が終了したときは、賃貸人および賃貸住宅管理業者は、入居者に対し、遅滞なく、管理業務が終了したことを通知しなければなりません。

練習問題（○×問題）

① 標準管理受託契約書では、契約で定めた管理業務を賃貸住宅管理業者が一括して再委託することは禁止されている。
② 標準管理受託契約書では、賃貸住宅管理業者が管理業務を行うために必要な情報を提供することは、賃貸人の義務とされている。

解答 ・・
① ○ 設問の通りです。
② ○ 設問の通りです。

■ポイント

・標準管理受託契約書は、賃貸住宅管理業法に沿った内容となっている。実際の標準管理受託契約書を読んで、標準管理受託契約書に特有の記載事項についても、確認しておこう（→P74 〜）。

賃貸住宅標準管理受託契約書

委託者 （甲）	氏名	
	住所	
	連絡先	
賃貸住宅管理業者 （乙）	商号（名称）	
	代表者	
	住所	
	連絡先	
	登録年月日	
	登録番号	
業務管理者	氏名	
	事務所住所	
	連絡先	
	証明番号又は 登録番号	

頭書

（1）管理業務の対象となる賃貸住宅

建物の 名称・ 所在地等	名　称		
	所在地		
	構造等	造　　階建　　戸	
	面　積	敷地面積 建築面積 延べ面積	㎡ ㎡ ㎡
住戸部分		別紙「住戸明細表」に記載の通り	
その他の部分		廊下、階段、エントランス	
建物設備		ガ　　ス 上　水　道 下　水　道 共聴アンテナ	都市ガス 水道本管より直結 公共下水 BS
附属施設等		駐　車　場 自転車置場	有（本契約の対象に含む） 有（本契約の対象に含む）

(2) 契約期間

契約期間	(始期) 令和　年　月　日から (終期) 令和　年　月　日まで	年　　月間

(3) 管理業務の内容及び実施方法・第三者への再委託項目

実施箇所等		内容・頻度等	乙	委託	委託先
点検・清掃等			☐	☐	
			☐	☐	
			☐	☐	
			☐	☐	
			☐	☐	
			☐	☐	
			☐	☐	
			☐	☐	
修繕等			☐	☐	
家賃等の徴収等			☐	☐	
			☐	☐	
			☐	☐	
			☐	☐	
			☐	☐	
			☐	☐	
その他			☐	☐	

(4) 管理報酬

金　額		支　払　期　限	支　払　方　法	
管理報酬	家賃及び共益費(管理費)の○% (別途、消費税) 　　　　　　円	当月分・翌月分を 毎月　　日まで	振込又は持参	振込先金融機関名： 預金：普通・当座 口座番号： 口座名義人： 持参先：

(5) 管理業務に要する費用

(6) 家賃及び敷金等の引渡し

金　　額		支　払　期　限	支　払　方　法	
家賃	円	当月分・翌月分を 毎月　　　日まで	振込又は持参	振込先金融機関名： 預金：普通・当座 口座番号： 口座名義人：
				持参先：
敷金	家賃　　　か月相当分 　　　　　　　円		振込又は持参	振込先金融機関名： 預金：普通・当座 口座番号： 口座名義人：
				持参先：

(7) 家賃、敷金、共益費その他の金銭における分別管理の方法

(8) 甲への定期報告の内容及び頻度

(9) 入居者への対応に関する事項

入居者へ周知する内容	入居者への周知方法

(10) 管轄裁判所

地方（簡易）裁判所

(11) 特約

住戸明細表

(1) 賃貸借の目的物

建物名称	
建物所在地	

(2) 住戸内の設備

設　備	有無	備　　考
エアコン一基	有・無	
バルコニー（1階は除く）	有・無	
オートロック	有・無	
システムキッチン	有・無	
フローリング床	有・無	
床暖房	有・無	
追焚き機能付風呂	有・無	
浴室乾燥機	有・無	
独立洗面所	有・無	
クローゼット又は1間収納	有・無	
大型下足入れ	有・無	
電話2回線以上	有・無	
宅配ボックス	有・無	
	有・無	
	有・無	
	有・無	

(3) 住戸内訳

部屋番号	面積		間取り	家賃	備　　考
	壁芯・内法	m²		円	
	壁芯・内法	m²		円	
	壁芯・内法	m²		円	
	壁芯・内法	m²		円	
	壁芯・内法	m²		円	
	壁芯・内法	m²		円	
	壁芯・内法	m²		円	
	壁芯・内法	m²		円	
	壁芯・内法	m²		円	

（契約の締結）

第1条　委託者（以下「甲」という。）及び賃貸住宅管理業者（以下「乙」という。）は、頭書（1）に記載する甲の委託の対象となる賃貸住宅（以下「本物件」という。）について、以下の条項により、甲が管理業務を委託することを目的とする管理受託契約（以下「本契約」という。）を締結した。

（契約期間）

第2条　本契約の契約期間は、頭書（2）に定めるとおりとする。

（更新）

第3条　本契約の期間は、甲及び乙の合意に基づき、更新することができる。

2　前項の更新をしようとするときは、甲又は乙は、契約期間が満了する日までに、相手方に対し、文書でその旨を申し出るものとする。

3　前二項による契約期間の更新に当たり、甲乙間で契約の内容について別段の合意がなされなかったときは、従前の契約と同一内容の契約が成立したものとみなす。

（管理報酬の支払い）

第4条　甲は、乙に対して、管理業務に関して、頭書（4）の記載に従い、管理報酬を支払わなければならない。

2　甲は、甲の責めに帰することができない事由によって乙が管理業務を行うことができなくなったとき、又は、乙の管理業務が中途で終了したときには、既にした履行の割合に応じて、前項の報酬を支払わなければならない。

（管理業務に要する費用）

第5条　甲は、前条の報酬のほか、頭書（5）の記載に従い、乙が管理業務を実施するのに伴い必要となる費用を負担するものとする。

2　前項の費用は、乙からその明細を示した請求書を甲に提示し、その請求書を受領した日の翌月末日限り乙の指定する銀行口座に振り込む方法により支払う。但し、振込手数料は甲の負担とする。

（乙が立て替えた費用の償還）

第6条　乙が管理業務を遂行する上でやむを得ず立て替えた費用については、甲は、乙に、速やかに、償還しなければならない。

2　前項において、1件当たりの金額が甲及び乙の協議の上で別途、頭書（11）で定めた記載の金額を超えないものについては、甲の承諾を要しないものとし、超えるものについては、予め甲と協議しなければならない。

（家賃及び敷金等の引渡し）

第7条　乙は、入居者から代理受領した敷金等を、頭書（6）に記載する振込先に振り込むことにより、速やかに、甲に引き渡さなければならない。

2　乙は、入居者から徴収した当月分の家賃等を、毎月、頭書（6）に記載する振込先に、頭書（6）に記載する期日までに振り込むことにより、甲に引き渡さなければならない。

3　前項の場合において、乙は、当月分の管理報酬で家賃等から差し引くことについてあらかじめ甲の承諾を得ているものを差し引くことができる。

（反社会的勢力の排除）

第8条　甲及び乙は、それぞれ相手方に対し、次の各号の事項を確約する。

一　自らが、暴力団、暴力団関係企業、総会屋若しくはこれらに準ずる者又はその構成員（以下総称して「反社会的勢力」という。）ではないこと。

二　自らの役員（業務を執行する社員、取締役、執行役又はこれらに準ずる者をいう）が反社会的勢力ではないこと。

三　反社会的勢力に自己の名義を利用させ、この契約を締結するものでないこと。

四　自ら又は第三者を利用して、次の行為をしないこと。

　　ア　相手方に対する脅迫的な言動又は暴力を用いる行為

　　イ　偽計又は威力を用いて相手方の業務を妨害し、又は信用を毀損する行為

（管理業務の内容）

第9条　乙は、頭書（3）に記載する内容及び方法により管理業務を行わなければならない。

（財産の分別管理）

第10条　乙は、入居者から受領した家賃、敷金、共益費その他の金銭について、頭書 (7) の記載に従い甲に引き渡すまで、自己の固有財産及び他の甲の財産と分別して管理しなければならない。

（緊急時の業務）

第11条　乙は、第9条のほか、災害又は事故等の事由により、緊急に行う必要がある業務で、甲の承認を受ける時間的な余裕がないものについては、甲の承認を受けないで実施することができる。この場合において、乙は、速やかに書面をもって、その業務の内容及びその実施に要した費用の額を甲に通知しなければならない。

2　前項により通知を受けた費用については、甲は、第5条に準じて支払うものとする。ただし、乙の責めによる事故等の場合はこの限りではない。

（鍵の管理・保管）

第12条　鍵の管理（保管・設置、交換及び費用負担含む）に関する事項は甲が行う。

2　乙は、入居者への鍵の引渡し時のほか、本契約に基づく入居者との解約、明け渡し業務に付随して鍵を一時的に預かることができる。

（第三者への再委託）

第13条　乙は、頭書 (3) に記載する業務の一部を、頭書 (3) に従って、他の者に再委託することができる。

2　乙は、頭書 (3) に記載する業務を、一括して他の者に委託してはならない。

3　乙は、第一項によって再委託した業務の処理について、甲に対して、自らなしたと同等の責任を負うものとする。

（代理権の授与）

第14条　乙は、管理業務のうち次の各号に掲げる業務について、甲を代理するものとする。ただし、乙は、第四号から第六号までに掲げる業務を実施する場合には、その内容について事前に甲と協議し、承諾を求めなければならない。

一　敷金、その他一時金、家賃、共益費（管理費）及び附属施設使用料の徴収

二　未収金の督促

三　賃貸借契約に基づいて行われる入居者から甲への通知の受領

四　賃貸借契約の更新

五　修繕の費用負担についての入居者との協議

六　賃貸借契約の終了に伴う原状回復についての入居者との協議

（管理業務に関する報告等）

第15条　乙は、頭書（8）の記載に従い、甲と合意に基づき定めた期日に、甲と合意した頻度に基づき定期に、甲に対し、管理業務に関する報告をするものとする。

2　前項の規定による報告のほか、甲は、必要があると認めるときは、乙に対し、管理業務の実施状況に関して報告を求めることができる。

3　前二項の場合において、甲は、乙に対し、管理業務の実施状況に係る関係書類の提示を求めることができる。

4　甲又は乙は、必要があると認めるときは、管理業務の実施状況に関して相互に意見を述べ、又は協議を求めることができる。

（管理業務の情報提供等）

第16条　甲は、乙が管理業務を行うために必要な情報を提供しなければならない。

2　甲は、乙から要請があった場合には、乙に対して、委任状の交付その他管理業務を委託したことを証明するために必要な措置を採らなければならない。

3　甲が、第1項に定める必要な情報を提供せず、又は、前項に定める必要な措置をとらず、そのために生じた乙の損害は、甲が負担するものとする。

4　甲は、本物件の住宅総合保険、施設所有者賠償責任保険等の損害保険の加入状況を乙に通知しなければならない。

（住戸への立入調査）

第17条　乙は、管理業務を行うため必要があるときは、住戸に立ち入ることができる。

2　前項の場合において、乙は、あらかじめその旨を本物件の入居者に通知し、その承諾を得なければならない。ただし、防災等の緊急を要するときは、この限りではない。

（善管注意義務）
第18条　乙は、善良なる管理者の注意をもって、管理業務を行わなければならない。
2　乙は、乙又はその従業員が、管理業務の実施に関し、甲又は第三者に損害を及ぼしたときは、甲又は第三者に対し、賠償の責任を負う。
3　前項にかかわらず、乙は、乙の責めに帰することができない事由によって生じた損害については、その責を負わないものとする。

（個人情報保護法等の遵守）
第19条　甲及び乙は、本物件の管理業務を行うに際しては、個人情報の保護に関する法律（平成15年法律第57号）及び行政手続における特定の個人を識別するための番号の利用等に関する法律（平成25年法律第27号）を遵守し、個人情報及び個人番号について適切な対処をすることができるように、互いに協力するものとする。

（契約の解除）
第20条　甲又は乙がこの契約に定める義務の履行に関してその本旨に従った履行をしない場合には、その相手方は、相当の期間を定めて履行を催告し、その期間内に履行がないときは、この契約を解除することができる。
2　甲又は乙の一方について、次のいずれかに該当した場合には、その相手方は、何らの催告も要せずして、本契約を解除することができる。
一　第8条第1項各号の確約に反する事実が判明した場合
二　契約締結後に自ら又は役員が反社会的勢力に該当した場合
三　相手方に信頼関係を破壊する特段の事情があった場合

（解約の申し入れ）
第21条　甲又は乙は、その相手方に対して、少なくとも〇か月前に文書により解約の申入れを行うことにより、この契約を終了させることができる。

2　前項の規定にかかわらず、甲は、〇か月分の管理報酬相当額の金員を乙に
　支払うことにより、随時にこの契約を終了させることができる。

（契約終了時の処理）
第22条　本契約が終了したときは、乙は、甲に対し、本物件に関する書類及
　びこの契約に関して乙が保管する金員を引き渡すとともに、家賃等の滞納状
　況を報告しなければならない。

（入居者への対応）
第23条　乙は、本物件について本契約を締結したときは、入居者に対し、遅
　滞なく、頭書（9）の記載に従い、頭書（3）に記載する管理業務の内容・実施
　方法及び乙の連絡先を記載した書面又は電磁的方法により通知するものとす
　る。
2　本契約が終了したときは、甲及び乙は、入居者に対し、遅滞なく、乙によ
　る本物件の管理業務が終了したことを通知しなければならない。

（協議）
第24条　甲及び乙は、本契約書に定めがない事項及び本契約書の条項の解釈
　について疑義が生じた場合は、民法その他の法令及び慣行に従い、誠意をも
　って協議し、解決するものとする。

（合意管轄裁判所）
第25条　本契約に起因する紛争が生じたときは、頭書（10）に記載する地方（簡
　易）裁判所を管轄裁判所とする。

（特約）
第26条　本契約の特約については、頭書（11）のとおりとする。

演習問題2

■問1　　　　　　　　　　　　　　【令和3年問29】　

　賃貸住宅の管理業務等の適正化に関する法律（以下、各問において「管理業法」という。）における賃貸住宅に関する次の記述のうち、誤っているものはどれか。

1　賃貸住宅とは、賃貸借契約を締結し賃借することを目的とした、人の居住の用に供する家屋又は家屋の部分をいう。

2　建築中の家屋は、竣工後に賃借人を募集する予定で、居住の用に供することが明らかな場合であっても、賃貸住宅に該当しない。

3　未入居の住宅は、賃貸借契約の締結が予定され、賃借することを目的とする場合、賃借人の募集前であっても、賃貸住宅に該当する。

4　マンションのように通常居住の用に供される一棟の家屋の一室について賃貸借契約を締結し、事務所としてのみ賃借されている場合、その一室は賃貸住宅に該当しない。

■問2　　　　　　　　　　　　　　【令和3年問30】　

管理業法における管理業務に関する次の記述のうち、誤っているものはどれか。

1　管理業務には、賃貸住宅の居室及びその他の部分について、点検、清掃その他の維持を行い、及び必要な修繕を行うことが含まれる。

2　管理業務には、賃貸住宅の維持保全に係る契約の締結の媒介、取次ぎ又は代理を行う業務が含まれるが、当該契約は賃貸人が当事者となるものに限られる。

3　賃貸住宅に係る維持から修繕までを一貫して行う場合であっても、賃貸住宅の居室以外の部分のみについて行うときは、賃貸住宅の維持保全には該当しない。

4　管理業務には、賃貸住宅に係る家賃、敷金、共益費その他の金銭の管理を行う業務が含まれるが、維持保全と併せて行うものに限られる。

■問3 【令和4年問33】

管理業法第2条第2項の「賃貸住宅管理業」に関する次の記述のうち、誤っているものの組合せはどれか。

ア 賃貸人から委託を受けて、入居者からの苦情対応のみを行う業務については、賃貸住宅の維持及び修繕（維持・修繕業者への発注を含む。）を行わない場合であっても、「賃貸住宅管理業」に該当する。

イ 賃貸人から委託を受けて、金銭の管理のみを行う業務については、賃貸住宅の維持及び修繕（維持・修繕業者への発注を含む。）を行わない場合には、「賃貸住宅管理業」には該当しない。

ウ 賃貸人から委託を受けて、分譲マンションの一室のみの維持保全を行う業務については、共用部分の管理が別のマンション管理業者によって行われている場合には、「賃貸住宅管理業」には該当しない。

エ 賃貸人から委託を受けて、マンスリーマンションの維持保全を行う業務については、利用者の滞在時間が長期に及び、生活の本拠として使用される場合には、「賃貸住宅管理業」に該当する。

1　ア、イ
2　ア、ウ
3　イ、エ
4　ウ、エ

■問4 【令和4年問34】

賃貸住宅管理業の登録に関する次の記述のうち、誤っているものの組合せはどれか。

ア 現に賃貸住宅管理業を営んでいなくても登録を行うことはできるが、登録を受けてから1年以内に業務を開始しないときは、登録の取消しの対象となる。

イ 賃貸住宅管理業者が法人の場合、登録は法人単位でなされ、支社・支店ごとに登録を受けることはできない。

ウ 負債の合計額が資産の合計額を超えている場合には、直前2年の各事業年度において当期純利益が生じている場合であっても、「財産的基礎を有しない者」として登録は拒否される。

エ　賃貸住宅管理業者である法人は、役員に変更があったときは、その日から3か月以内に、その旨を国土交通大臣に届け出なければならない。

1　ア、イ
2　ア、ウ
3　イ、エ
4　ウ、エ

問5　【令和3年問32】

管理業法における登録及び業務に関する次の記述のうち、正しいものはどれか。

1　賃貸住宅管理業者である個人が死亡したときは、その相続人は、死亡日から30日以内に国土交通大臣に届け出なければならない。
2　賃貸住宅管理業者である法人が合併により消滅したときは、その法人の代表役員であった者が国土交通大臣に届け出なくても、賃貸住宅管理業の登録は効力を失う。
3　破産手続開始の決定を受けて復権を得ない者は、賃貸住宅管理業者の役員となることはできないが、業務管理者となることができる。
4　賃貸住宅管理業者は、営業所又は事務所ごとに掲示しなければならない標識について公衆の見やすい場所を確保できない場合、インターネットのホームページに掲示することができる。

問6　【令和4年問30】

管理業法における業務管理者に関する次の記述のうち、正しいものはいくつあるか。

ア　禁錮以上の刑に処せられ、又は管理業法の規定により罰金の刑に処せられ、その執行を終わり、又は執行を受けることがなくなった日から起算して5年を経過しない者は、業務管理者になることができない。
イ　賃貸住宅管理業者は、従業者証明書の携帯に関し、業務管理者に管理及び監督に関する事務を行わせなければならない。
ウ　賃貸住宅管理業者は、その業務上取り扱ったことについて知り得た秘密の保持に関し、業務管理者に管理及び監督に関する事務を行わせなければなら

ない。

エ　賃貸住宅管理業者は、その営業所又は事務所の業務管理者として選任した者のすべてが欠けるに至ったときは、新たに業務管理者を選任するまでの間は、その営業所又は事務所において賃貸住宅管理業を行ってはならない。

1　1つ
2　2つ
3　3つ
4　4つ

■問7

【令和3年問1】

　管理業法に定める賃貸住宅管理業者が管理受託契約締結前に行う重要事項の説明（以下、各問において「管理受託契約重要事項説明」という。）に関する次の記述のうち、適切なものはどれか。

1　管理受託契約重要事項説明は、管理受託契約の締結とできるだけ近接した時期に行うことが望ましい。
2　管理受託契約重要事項説明は、業務管理者が行わなければならない。
3　賃貸住宅管理業者は、賃貸人が管理受託契約重要事項説明の対象となる場合は、その者が管理受託契約について一定の知識や経験があったとしても、書面にて十分な説明をしなければならない。
4　管理受託契約に定める報酬額を契約期間中に変更する場合は、事前説明をせずに変更契約を締結することができる。

■問8

【令和3年問2】

　次の記述のうち、賃貸住宅管理業者が管理受託契約重要事項説明において説明しなければならない事項として適切なものはいくつあるか。

ア　管理業務の内容及び実施方法
イ　報酬並びにその支払の時期及び方法
ウ　管理業務の一部の再委託に関する事項
エ　管理受託契約の更新及び解除に関する事項

1　1つ

2　2つ

3　3つ

4　4つ

■問9　【令和4年問1】

　管理受託契約重要事項説明の内容に関する次の記述のうち、適切なものはいくつあるか。

ア　管理業務の内容について、回数や頻度を明示して具体的に記載し、説明しなければならない。

イ　管理業務の実施に伴い必要となる水道光熱費や、空室管理費等の費用について説明しなければならない。

ウ　管理業務の一部を第三者に再委託する際には、再委託する業務の内容、再委託予定者を説明しなければならない。

エ　賃貸住宅管理業者が行う管理業務の内容、実施方法に関して、賃貸住宅の入居者に周知する方法を説明しなければならない。

1　1つ

2　2つ

3　3つ

4　4つ

■問10　【令和4年問2】

　管理受託契約重要事項説明に係る書面（以下、各問において「管理受託契約重要事項説明書」という。）に記載すべき事項の電磁的方法による提供に関する次の記述のうち、最も不適切なものはどれか。

1　賃貸住宅管理業者は、賃貸人の承諾を得た場合に限り、管理受託契約重要事項説明書について書面の交付に代え、書面に記載すべき事項を電磁的記録により提供することができる。

2　管理受託契約重要事項説明書を電磁的方法で提供する場合、その提供方法や使用するソフトウェアの形式等、いかなる方法で提供するかは賃貸住宅管

理業者の裁量に委ねられている。

3　管理受託契約重要事項説明書を電磁的方法で提供する場合、出力して書面を作成することができ、改変が行われていないか確認できることが必要である。

4　賃貸住宅管理業者は、賃貸人から電磁的方法による提供を受けない旨の申出があったときであっても、その後改めて承諾を得れば、その後は電磁的方法により提供してもよい。

■問11 【令和3年問3】

管理受託契約重要事項説明におけるITの活用に関する次の記述のうち、誤っているものはどれか。

1　管理受託契約重要事項説明に係る書面（以下、本問において「管理受託契約重要事項説明書」という。）に記載すべき事項を電磁的方法により提供する場合、賃貸住宅の賃貸人の承諾が必要である。

2　管理受託契約重要事項説明書を電磁的方法で提供する場合、出力して書面を作成できる方法でなければならない。

3　管理受託契約重要事項説明をテレビ会議等のITを活用して行う場合、管理受託契約重要事項説明書の送付から一定期間後に説明を実施することが望ましい。

4　管理受託契約重要事項説明は、賃貸住宅の賃貸人の承諾があれば、音声のみによる通信の方法で行うことができる。

■問12 【令和4年問4】

管理受託契約の締結時に交付する書面に関する次の記述のうち、正しいものはどれか。

1　管理受託契約を、契約の同一性を保ったまま契約期間のみ延長する内容で更新する場合には、更新時に管理受託契約の書面の交付は不要である。

2　管理受託契約重要事項説明書と管理受託契約の締結時に交付する書面は、一体の書面とすることができる。

3　管理受託契約は、標準管理受託契約書を用いて締結しなければならず、内容の加除や修正をしてはならない。

4　管理受託契約締結時の交付書面は、電磁的方法により提供することはでき

ない。

■問13 【令和4年問21】 ✓ ✓ ✓

管理業法における管理受託契約に基づく管理業務で受領する家賃、敷金、共益費その他の金銭（以下、本問において「家賃等」という。）に関する次の記述のうち、不適切なものはどれか。

1 家賃等を管理する口座と賃貸住宅管理業者の固有財産を管理する口座の分別については、少なくとも、家賃等を管理する口座を同一口座として賃貸住宅管理業者の固有財産を管理する口座と分別すれば足りる。

2 家賃等を管理する帳簿と賃貸住宅管理業者の固有財産を管理する帳簿の分別については、少なくとも、家賃等を管理する帳簿を同一帳簿として賃貸住宅管理業者の固有財産を管理する帳簿と分別すれば足りる。

3 家賃等を管理する口座にその月分の家賃をいったん全額預入れし、当該口座から賃貸住宅管理業者の固有財産を管理する口座に管理報酬分の金額を移し替えることは差し支えない。

4 賃貸住宅管理業者の固有財産を管理するための口座にその月分の家賃をいったん全額預入れし、当該口座から家賃等を管理する口座に管理報酬分を控除した金額を移し替えることは差し支えない。

■問14 【令和3年問31】 ✓ ✓ ✓

管理業法における賃貸住宅管理業者の業務に関する次の記述のうち、誤っているものはどれか。

1 賃貸住宅管理業者は、使用人その他の従業者に、その従業者であることを証する証明書を携帯させなければならない。

2 賃貸住宅管理業者は、管理受託契約に基づく管理業務において受領する家賃、敷金、共益費その他の金銭を、自己の固有財産及び他の管理受託契約に基づく管理業務において受領する家賃、敷金、共益費その他の金銭と分別して管理しなければならない。

3 賃貸住宅管理業者は、営業所又は事務所ごとに、業務に関する帳簿を備え付け、委託者ごとに管理受託契約について契約年月日等の事項を記載して保存しなければならない。

4　賃貸住宅管理業者は、再委託先が賃貸住宅管理業者であれば、管理業務の全部を複数の者に分割して再委託することができる。

■問15　　　　【令和4年問6】

次の記述のうち、管理業法上、賃貸住宅管理業者が、委託者の承諾を得て行うことが可能な管理業務報告の方法として正しいものはいくつあるか。

ア　賃貸住宅管理業者から委託者に管理業務報告書をメールで送信する方法

イ　賃貸住宅管理業者から委託者へ管理業務報告書をCD-ROMに記録して郵送する方法

ウ　賃貸住宅管理業者が設置する委託者専用のインターネット上のページで、委託者が管理業務報告書を閲覧できるようにする方法

エ　賃貸住宅管理業者から委託者に管理業務報告書の内容を電話で伝える方法

1　1つ
2　2つ
3　3つ
4　4つ

■問16　　　　【令和4年問8】

管理業法に規定する秘密を守る義務に関する次の記述のうち、正しいものの組合せはどれか。

ア　秘密を守る義務は、管理受託契約が終了した後は賃貸住宅管理業を廃業するまで存続する。

イ　賃貸住宅管理業者の従業者として秘密を守る義務を負う者には、アルバイトも含まれる。

ウ　賃貸住宅管理業者の従業者として秘密を守る義務を負う者には、再委託を受けた者も含まれる。

エ　株式会社たる賃貸住宅管理業者の従業者が会社の命令により秘密を漏らしたときは、会社のみが30万円以下の罰金に処せられる。

1　ア、イ
2　イ、ウ
3　ウ、エ
4　ア、エ

問17

【令和4年問3】

　賃貸住宅標準管理受託契約書（国土交通省不動産・建設経済局令和3年4月23日公表。以下、各問において「標準管理受託契約書」という。）に関する次の記述のうち、最も不適切なものはどれか。

1　鍵の管理（保管・設置、交換及びその費用負担）に関する事項は、賃貸住宅管理業者が行うこととされている。

2　入居者から代理受領した敷金等は、速やかに賃貸人に引き渡すこととされている。

3　賃貸住宅管理業者は、あらかじめ入居者に通知し、承諾を得なければ住戸に立ち入ることができないものとされている。

4　賃貸住宅管理業者は、賃貸人との間で管理受託契約を締結したときは、入居者に対し、遅滞なく連絡先等を通知しなければならず、同契約が終了したときにも、管理業務が終了したことを通知しなければならないものとされている。

問18

【令和3年問5】

　次の記述のうち、標準管理受託契約書にて賃貸住宅管理業者に代理権が授与されている事項に含まれないものはどれか。

1　未収金回収の紛争対応

2　賃貸借契約の更新

3　修繕の費用負担についての入居者との協議

4　原状回復についての入居者との協議

解 答 ・ 解 説

■問1 【解答 2】

1、3、4は、設問の通りであり、正しい記述です。

家屋等が建築中である場合も、竣工後に賃借人を募集する予定であり、居住の用に供することが明らかな場合は、賃貸住宅に該当します。よって、2は誤りです。 「2-1 賃貸住宅管理業法の概要と定義」参照

■問2 【解答 2】

管理業務には、「賃貸住宅の維持保全」が含まれます。そして、「賃貸住宅の維持保全」とは、住宅の居室及びその他の部分について、点検、清掃その他の維持を行い、及び必要な修繕を行うことをいいます。よって、1は正しい記述です。

管理業務の一つである「賃貸住宅の維持保全」には、賃貸住宅の賃貸人のために当該維持保全に係る契約の締結の媒介、取次ぎまたは代理を行う業務も含まれます。当該契約は賃貸人が当事者となるものに限られてはいないため、2は誤りです。

3、4は設問の通りであり、正しい記述です。

「2-1 賃貸住宅管理業法の概要と定義」参照

■問3 【解答 2】

「賃貸住宅管理業」とは、賃貸住宅の賃貸人から委託を受けて、「管理業務」を行う事業をいいます。そのため、賃貸人から委託を受けて「管理業務」を行う事例であれば「賃貸住宅管理業」に該当し、「管理業務」に該当しない場合であれば「賃貸住宅管理業」に該当しないと判断します。

入居者からの苦情対応のみを行い維持及び修繕（維持・修繕業者への発注等を含む。）を行っていない場合は、「賃貸住宅の維持保全」には該当しないため、「管理業務」に該当しません。よって、「賃貸住宅管理業」に該当せず、アは誤りです。

イ、エは、設問の通りであり、正しい記述です。

分譲マンションの一室のみの専有部分の維持保全を行う場合であっても、「賃貸住宅の維持保全」を行う業務に該当します。よって、これを賃貸人の委託を

受けて行う場合は「賃貸住宅管理業」に該当し、ウは誤りです。

「2-1 賃貸住宅管理業法の概要と定義」参照

■問4 【解答 4】

ア、イは、設問の通りであり、正しい記述です。

財産及び損益の状況が良好でなければ、賃貸住宅管理業を遂行するための「財産的基礎を有しない者」に該当し、登録を拒否されます。負債の合計額が資産の合計額を超えている場合でも、登録申請日を含む事業年度の直前2年の各事業年度において当期純利益が生じている場合には「財産及び損益の状況が良好である」と認めて差し支えないとされているため、この場合には登録は拒否されません。よって、ウは誤りです。

賃貸住宅管理業者は、賃貸住宅管理業の登録事項に変更があったときは、その日から「30日以内」に、その旨を国土交通大臣に届け出なければなりません。役員の氏名は登録事項であるため、変更があれば30日以内の届出が必要です。よって、エは誤りです。

「2-2 登録制度の登録の申請と更新」、「2-13 賃貸住宅管理業者に対する監督」、

「2-3 賃貸住宅管理業の登録の拒否」、「2-4 登録簿、変更・廃業等の届出」参照

■問5 【解答 2】

賃貸住宅管理業者である個人が死亡したときは、その相続人は、「死亡を知った日」から30日以内に国土交通大臣に届け出なければなりません。よって、1は誤りです。

2は、設問の通りであり、正しい記述です。

破産手続開始の決定を受けて復権を得ない者は、賃貸住宅管理業者の役員にとなることはできず、業務管理者となることもできません。よって、3は誤りです。

貸住宅管理業者は、その営業所または事務所ごとに、公衆の見やすい場所に、標識を掲げなければならず、インターネットのホームページに標識を掲示することはできません。よって、4は誤りです。

「2-4 登録簿、変更・廃業等の届出」、「2-6 業務管理者の選任・事務」、

「2-10 標識・帳簿」参照

■ 問6　　　　　　　　　　　　　　　　　　【解答　2】

　ア、ウは、設問の通りであり、正しい記述です。

　業務管理者に管理・監督させなればならない事項に、従業者証明書の携帯は含まれません。よって、イは誤りです。

　賃貸住宅管理業者は、その営業所もしくは事務所の業務管理者として選任した者の全てが登録拒否事由に該当し、または選任した者の全てが欠けるに至ったときは、新たに業務管理者を選任するまでの間は、その営業所または事務所において「管理受託契約を締結して」はなりません。もっとも、管理受託契約の締結以外の賃貸住宅管理業については禁止されているわけではありません。よって、エは誤りです。　　　　　　　　「2-6 業務管理者の選任・事務」参照

■ 問7　　　　　　　　　　　　　　　　　　【解答　3】

　管理受託契約重要事項説明については、賃貸人が契約内容を十分に理解した上で契約を締結できるよう、説明から契約締結までに1週間程度の期間をおくことが望ましいとされています。よって、1は、「近接した時期に行う」としている点が誤りです。

　管理受託契約重要事項説明は、業務管理者によって行われることは必ずしも必要ではありません。よって、2は、誤りです。

　3は、設問の通りであり、正しい記述です。

　管理受託契約変更契約を締結しようとする場合、変更のあった事項について、賃貸人に対して書面の交付等を行った上で説明する必要があります。よって、報酬額を変更する場合にはその事項について事前説明が必要であり、4は誤りです。　　　　　　　　「2-7 管理受託契約における重要事項説明、書面交付」参照

■ 問8　　　　　　　　　　　　　　　　　　【解答　4】

　ア〜エはすべて、賃貸住宅管理業者が管理受託契約重要事項説明において説明しなければならない事項です。

　　　　　　　　「2-7 管理受託契約における重要事項説明、書面交付」参照

■ 問9　　　　　　　　　　　　　　　　　　【解答　4】

　ア〜エはすべて、設問の通りであり、正しい記述です。

　　　　　　　　「2-7 管理受託契約における重要事項説明、書面交付」参照

2

賃貸住宅管理業登録制度

演習問題

■問10　　　　　　　　　　　　　　　　　　　　　　　　　　　【解答　2】

1、3、4は、設問の通りであり、正しい記述です。

電磁的方法での提供は、法令に定める基準に適合するものでなければなりません。また、事前に賃貸人に対して電磁的方法による提供に用いる電磁的方法の種類及び内容を示した上で、賃貸人から承諾を得る必要があります。よって、賃貸住宅管理業者の裁量に委ねられているわけではなく、2は誤りです。

「2-7 管理受託契約における重要事項説明、書面交付」参照

■問11　　　　　　　　　　　　　　　　　　　　　　　　　　　【解答　4】

1～3は、設問の通りであり、正しい記述です。

変更契約の重要事項説明については、一定の要件を満たせば電話による説明も可能です。しかし、変更契約でない通常の場合は、音声のみによる通信だけでは足りず、4は誤りです。

「2-7 管理受託契約における重要事項説明、書面交付」参照

■問12　　　　　　　　　　　　　　　　　　　　　　　　　　　【解答　1】

1は、設問の通りであり、正しい記述です。

管理受託契約の重要事項説明書は、契約締結に先立って交付する書面であり、管理受託契約の締結時の書面は交付するタイミングが異なる書面であることから、両書面を一体で交付することはできません。よって、2は誤りです。

標準管理受託契約書を用いるかどうかは任意であり、標準管理受託契約書を用いて締結しなければならないというものではありません。また、標準管理受託契約書を用いる場合でも、個々の状況や必要性に応じて内容の加除、修正を行い活用されるべきとされています。よって、3は誤りです。

賃貸人の承諾を得れば、管理受託契約締結時の交付書面に記載すべき事項を電磁的方法により提供することができます。よって、4は誤りです。

「2-8 管理受託契約締結時書面の交付」「2-15 賃貸住宅標準管理受託契約書」参照

■問13　　　　　　　　　　　　　　　　　　　　　　　　　　　【解答　2】

1、3、4は、設問の通りであり、正しい記述です。

受領する家賃等を管理する口座と賃貸住宅管理業者の固有財産を管理する口座を別とした上で、「管理受託契約毎に」金銭の出入を区別した帳簿を作成する

等により「勘定上も分別管理」する必要があります。よって、家賃等を管理する帳簿を同一帳簿とすることはできず、2は誤りです。

「2-9 財産の分別管理」参照

■問14　　　　　　　　　　　　　　　　　　　　　【解答　4】

1～3は、設問の通りであり、正しい記述です。

管理業務の全てについて他者に再委託（管理業務を複数の者に分割して再委託することを含む。）することはできません。このことは、再委託先が賃貸住宅管理業者であっても同じです。よって、4は誤りです。

「2-5 業務処理の原則、従業者証明書」、「2-9 財産の分別管理」、
「2-10 標識・帳簿」、「2-12 禁止事項」参照

■問15　　　　　　　　　　　　　　　　　　　　　【解答　3】

ア～ウは、設問の通りであり、正しい記述です。

賃貸住宅管理業者は、委託者の承諾を得れば、管理業務報告書に記載すべき事項を「電磁的方法（メール送信、WEBでの閲覧・ダウンロード、CD-ROM等）」により提供することもできますが、電話で伝えることはできません。よって、正しいものはア～ウの3つであり、エは誤りです。

「2-11 委託者への定期報告」参照

■問16　　　　　　　　　　　　　　　　　　　　　【解答　2】

秘密を守る義務は、賃貸住宅管理業を廃業した後も存続します。アは、「廃業まで」存続するとしており、廃業後のことについては直接触れていませんが、「廃業まで存続する」という言葉は、反対解釈により「廃業後は存続しない」という意味を含んでいると考えられるため、誤りです。

イ、ウは、設問の通りであり、正しい記述です。

秘密を守る義務の規定に違反して、秘密を漏らした者は、30万円以下の罰金に処せられます。秘密を漏らした従業者は罰金に処せられますが、守秘義務違反については両罰規定の対象ではないため、会社は罰金に処せられません。よって、エは誤りです。

「2-12 禁止事項」、「2-14 賃貸住宅管理業登録制度における罰則」参照

■問17 【解答　1】

　鍵の管理（保管・設置、交換及びその費用負担）に関する事項は、委託者である賃貸人が行うこととされています。よって、1は誤りです。

　2～4は、設問の通りであり、正しい記述です。

「2-15 賃貸住宅標準管理受託契約書」参照

■問18 【解答　1】

　委託を受けて法的な紛争に対応することは、弁護士等が行うべきものです。そのため、1の「未収金回収の紛争対応」については、賃貸住宅管理業者に代理権が授与されている事項に含まれていません。

　2～4は、賃貸住宅管理業者に代理権が授与されている事項に含まれます。

「賃貸住宅標準管理受託契約書　第14条」(P80・81) 参照

解答			
問1：2	問2：2	問3：2	問4：4
問5：2	問6：2	問7：3	問8：4
問9：4	問10：2	問11：4	問12：1
問13：2	問14：4	問15：3	問16：2
問17：1	問18：1		

第**3**章

特定賃貸借契約の適正化のための措置等

3-1 特定賃貸借契約・特定転貸事業者

サブリースでは、サブリース業者が物件を借り上げ、借り上げた物件を入居者に転貸します。ここでは、サブリースの概要、および賃貸住宅管理業法における特定賃貸借契約・特定転貸事業者について学びます。

1 サブリースの概要　　　　　　　　重要度 ★★★

(1) サブリースの仕組み

　サブリースでは、まず、①サブリース業者が建物の所有者（オーナー）から物件を借りる契約を締結します。次に、②サブリース業者がオーナーから借りた物件を入居者に貸す契約を締結します。

　①の契約も、②の契約も、賃貸借契約ですが、①と②の契約を区別するために、賃貸住宅管理業法では、①を「特定賃貸借契約」（マスターリース契約）、②を「転貸借契約」（サブリース契約）と呼んでいます。

▼賃貸住宅管理業法におけるサブリース方式の仕組み

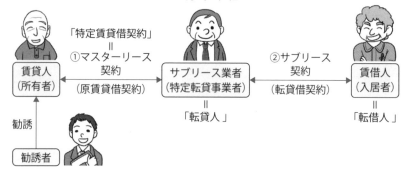

　特定賃貸借契約においては、オーナーは賃貸人であり、サブリース業者（特定転貸事業者）は賃借人ですが、サブリース業者が入居する目的で借りるわけではなく、転貸する目的で借ります。一方、転貸借契約においては、サブリース業者（特定転貸事業者）は賃貸人（転貸人）であり、入居者が賃借人（転借人）となります。

※ 賃貸人（所有者）、転貸人（特定転貸事業者）、転借人（入居者）の権利関係については、「転貸借契約（サブリース方式）」の項目（→P204）で説明します。

(2) 特定賃貸借契約に対する借地借家法の適用

　転貸借契約だけではなく、特定賃貸借契約にも、借地借家法が適用されます。したがって、「借地借家法の規定によりオーナーからの解約には正当事由が必要である」「借地借家法に基づきサブリース業者からの家賃減額請求が可能である」など、特定賃貸借契約では、賃貸人であるオーナーよりも、賃借人であるサブリース業者の方が保護される場合があります。

2　特定賃貸借契約　　　　　　　　　　　　重要度　★★★

(1) 特定賃貸借契約

　「特定賃貸借契約」とは、賃貸住宅の賃貸借契約（賃借人が人的関係、資本関係その他の関係において賃貸人と密接な関係を有する者を除く。）であって、賃借人が当該賃貸住宅を第三者に転貸する事業を営むことを目的として締結されるものをいいます。

　ここで、事業を営むとは、営利の意思を持って反復継続的に転貸することをいいます。営利の意思の有無については、客観的に判断されます。このため、個人が賃借した賃貸住宅について、事情により、一時的に第三者に転貸するような場合は、特定賃貸借契約に該当しません。

　賃貸住宅の原賃貸人との間で特定賃貸借契約を締結した特定転貸事業者から当該賃貸住宅を借り上げ、第三者への再転貸を行う場合、当該特定転貸事業者と、当該再転貸を行うことを目的とする事業者（転借人）との間で締結された賃貸借契約についても、特定賃貸借契約に該当します。

(2) 賃借人が賃貸人と密接な関係を有する場合

　賃借人が「人的関係、資本関係その他の関係において賃貸人と密接な関係を有する者」である場合、当該賃貸借契約は、特定賃貸借契約に該当しません。

　「人的関係、資本関係その他の関係において賃貸人と密接な関係を有する者」とは、次のような者をいいます。

3

特定賃貸借契約の適正化のための措置等

●**賃貸人と密接な関係を有する者**（例）
① 賃貸人が個人である場合における次に掲げる者
・当該賃貸人の親族　　・当該賃貸人またはその親族が役員である法人
②賃貸人が会社である場合における次に掲げる会社等（関係会社）
・当該賃貸人の親会社　・当該賃貸人の子会社　・当該賃貸人の関連会社
・当該賃貸人が他の会社等の関連会社である場合における当該他の会社等
・当該賃貸人の親会社の子会社（当該賃貸人を除く。）

　したがって、例えば、賃借人が賃貸人の親族である場合、転貸する事業を営むことを目的として締結される賃貸借契約であっても、当該契約は特定賃貸借契約に該当しません。

▼**特定賃貸借契約に該当しない例**

③ 特定転貸事業者　　　　　　　　　　　　　　重要度 ★★

（1）特定転貸事業者

　「特定転貸事業者」とは、特定賃貸借契約に基づき賃借した賃貸住宅を第三者に転貸する事業を営む者をいいます。

　特定転貸事業者の登録制度はありませんし、賃貸住宅管理業の登録を受けなくとも特定賃貸借契約を締結することはできます。

　もっとも、特定転貸事業者は、一般に、本来賃貸人が行うべき賃貸住宅の維持保全を、賃貸人からの依頼により賃貸人に代わって行っており、この場合における特定転貸事業者は賃貸住宅管理業を営んでいるものと解されます。この場合、管理戸数が200戸以上であれば賃貸住宅管理業の登録を受けなければなりません。

（2）借上社宅

　社宅代行業者（転貸人）が企業（転借人）との間で賃貸借契約を締結し、当該

企業が、転貸人から賃借した賃貸住宅にその従業員等を入居させる場合、社内規定等に基づき従業員等に利用させることが一般的であり、この場合の企業は「転貸する事業を営む者」に該当せず、特定転貸事業者に該当しません。

また、企業と従業員等との間で賃貸借契約が締結されている場合も、相場よりも低廉な金額を利用料として徴収するときは、従業員等への転貸により利益を上げることを目的とするものではないことから、この場合の企業も同様に「転貸する事業を営む者」には該当せず、特定転貸事業者には該当しません。

なお、この場合の社宅代行業者は、賃貸住宅の所有者（賃貸人）に支払う家賃と企業から支払われる家賃が同額でも、企業から手数料等何らかの名目で収益を得ることが一般的であるため、営利の意思を持っているということができ、「転貸する事業を営む者」に該当することから、特定転貸事業者に該当します。

❹ 特定転貸事業者に対する規制の概要　重要度 ★★

特定転貸事業者には下記のような行為規制が設けられています。

> ●**特定転貸事業者に対する行為規制**
> ① 誇大広告等の禁止（法第28条）
> ② 不当な勧誘等の禁止（法第29条）
> ③ 特定賃貸借契約締結前の重要事項説明および書面交付（法第30条）
> ④ 特定賃貸借契約締結時における書面交付（法第31条）
> ⑤ 書類（業務状況調書等）の閲覧（法第32条）
> ※ ①②については、勧誘者も規制を受けます。

練習問題（○×問題）

① サブリース事業の適正化を図るための規定の適用対象は、特定転貸事業者に限定されない。

解答 ···
① ○　特定転貸事業者のほか、勧誘者も適用対象です。

■ポイント

・特定賃貸借契約または転貸借契約において、サブリース業者は、賃貸人、賃借人のどちらなのかを考えながら、テキストや問題文を読みましょう。

3-2 勧誘者

賃貸住宅管理業法は、特定転貸事業者が特定賃貸借契約の締結についての勧誘を行わせる者を「勧誘者」と位置づけ、勧誘者に対して「誇大広告等の禁止」および「不当な勧誘等の禁止」を義務づけています。

1 勧誘者 重要度 ★★★

(1) 勧誘者

勧誘者とは、「特定転貸事業者（サブリース業者）が特定賃貸借契約（マスターリース契約）の締結についての勧誘を行わせる者」であり、次の2つの条件をすべて満たす者を指します。

> **●勧誘者の条件**
> ① 特定の特定転貸事業者と特定の関係性を有する者
> ② 当該特定転貸事業者の特定賃貸借契約の締結に向けた勧誘を行う者

①「特定の特定転貸事業者と特定の関係性を有する者」とは、特定転貸事業者から委託を受けて勧誘を行う者だけではなく、明確に勧誘を委託されていなくても、特定転貸事業者から勧誘を行うよう依頼されている者や、勧誘を任されている者も該当します。依頼の形式は問わず、資本関係も問いません。

例えば、次の者は「特定の関係性を有する者」に該当します。

> **●特定の関係性を有する者（例）**
> ・ 特定の特定転貸事業者から特定賃貸借契約の勧誘を行うことについて委託を受けている者
> ・ 親会社、子会社、関連会社の特定転貸事業者の特定賃貸借契約ついて勧誘を行う者
> ・ 特定の特定転貸事業者が顧客を勧誘する目的で作成した資料を用いて特定賃貸借契約の内容や条件等を説明し、当該契約の勧誘を行っている者
> ・ 特定の特定転貸事業者から、勧誘の謝礼として紹介料等の利益を得ている者
> ・ 特定の特定転貸事業者が、自社の特定賃貸借契約の勧誘の際に渡すことができるよう、自社名の入った名刺の利用を認めている者

　特定の関係性を有する者であるかどうかは、客観的に判断すべきものであり、たとえ勧誘者が、自分は自発的に勧誘を行っており、特定転貸事業者が勧誘を行わせている者でないと主張したとしても、勧誘者に係る規制の適用を免れるものではありません。また、勧誘者が勧誘行為を第三者に再委託した場合、再委託を受けた第三者も勧誘者に該当します。

▼第三者への再委託

特定転貸事業者　　　　　　勧誘者　　　　　　　第三者
　　　　　　　　　　　　　　　　　　　　　　　　＝
　　　　　　　　　　　　　　　　　　　　　　勧誘者に該当

(2) 勧誘者の具体例

　例えば、次のような場合には、通常は勧誘者に該当すると考えられています。ただ、実際に勧誘者に該当するかどうかは、例示されていないものも含めて、それぞれ客観的に判断されることに留意しましょう。

> ●**勧誘者の具体例**
> ・ 建設会社、不動産業者、金融機関等の法人やファイナンシャルプランナー、コンサルタント等の個人が、特定転貸事業者から勧誘の委託を受けて、当該事業者との特定賃貸借契約の内容や条件等を前提とした資産運用の企画提案を行ったり、当該特定賃貸借契約を締結することを勧めたりする場合
> ・ 建設業者や不動産業者が、自社の親会社、子会社、関連会社の特定転貸事業者の特定賃貸借契約の内容や条件等を説明したり、当該特定賃貸借契約を結ぶことを勧めたりする場合
> ・ 建設業者が賃貸住宅のオーナーとなろうとする者に対し、当該者が保有する土地や購入しようとしている土地にアパート等の賃貸住宅の建設を行う企画提案をする際に、建設請負契約を結ぶ対象となる賃貸住宅に関して、顧客を勧誘する目的で特定転貸事業者が作成した特定賃貸借契約の内容や条件等を説明する資料等を使って、賃貸事業計画を説明したり、当該特定賃貸借契約を結ぶことを勧めたりする場合

3

特定賃貸借契約の適正化のための措置等

- 不動産業者が賃貸住宅のオーナーとなろうとする者に対し、ワンルームマンションやアパート等の賃貸住宅やその土地等の購入を勧誘する際に、売買契約を結ぶ対象となる賃貸住宅に関して、顧客を勧誘する目的で特定転貸事業者が作成した特定賃貸借契約の内容や条件等を説明する資料等を使って、賃貸事業計画を説明したり、当該特定賃貸借契約を結ぶことを勧めたりする場合
- 賃貸住宅のオーナーが賃貸住宅のオーナーとなろうとする者に対し、自己の物件について特定賃貸借契約を結んでいる特定転貸事業者等特定の特定転貸事業者から、勧誘の対価として紹介料等の金銭を受け取り、当該特定転貸事業者と特定賃貸借契約を結ぶことを勧めたり、当該特定賃貸借契約の内容や条件等を説明したりする場合

❷ 勧誘　　　　　　　　　　　　　　　　　重要度　★★

　ここでいう「勧誘」とは、特定賃貸借契約の相手方となろうとする者の特定賃貸借契約を締結する意思の形成に影響を与える程度の勧め方をいい、個別事案ごとに客観的に判断されます。

　例えば、特定の特定転貸事業者との特定賃貸借契約を締結することを直接勧める場合のほか、特定の特定転貸事業者との特定賃貸借契約のメリットを強調して締結の意欲を高めるなど、客観的に見て特定賃貸借契約の相手方となろうとする者の意思の形成に影響を与えていると考えられる場合も勧誘に含まれます。一方で、契約の内容や条件等に触れずに単に事業者を紹介する行為は、勧誘に含まれません。

▼勧誘の例

特定転貸事業者
A

勧誘者

Aと特定賃貸借契約を締結することのメリットを強調

それならAと契約します！

相手方

③ 勧誘者に対する規制　　　重要度 ★★★

　勧誘者に対する規制としては、「誇大広告等の禁止」（法第28条）および「不当な勧誘等の禁止」（法第29条）の2つのみが適用されます。

　勧誘者が「誇大広告等の禁止」または「不当な勧誘等の禁止」に違反した場合、勧誘者だけではなく、勧誘を行わせた特定転貸事業者も監督処分を受けることがあります（→P128）。

▼勧誘者が賃貸住宅管理業法に違反した場合

勧誘者が
「誇大広告等の禁止」違反
「不当な勧誘等の禁止」違反

直接違反行為を
していないのに…

勧誘者 ← 監督処分 → 特定転貸事業者

練習問題（○×問題）

① 勧誘者には不当な勧誘等が禁止されるが、誇大広告等の禁止は適用されない。
② 勧誘者が不当な勧誘等の禁止に違反した場合、特定転貸事業者が監督処分を受けることがある。

解答

① ×　勧誘者には「不当な勧誘等の禁止」のほか、「誇大広告等の禁止」も適用されます。
② ○　勧誘者が「誇大広告等の禁止」または「不当な勧誘等の禁止」に違反した場合、特定転貸事業者も監督処分を受けることがあります。

■ポイント

・勧誘者には、誇大広告等の禁止および不当な勧誘等の禁止が適用される。
・勧誘者が賃貸住宅管理業法に違反した場合、勧誘者が監督処分や刑罰の対象となるだけではなく、特定転貸事業者も監督処分を受けることがある。

3

特定賃貸借契約の適正化のための措置等

3-3 誇大広告等の禁止

不動産オーナーに対して特定賃貸借契約の広告をする際に、特定転貸事業者や勧誘者が「誇大広告等」をすることは禁止されています。どのような場合に誇大広告等となるのか、具体例を学習します。

1 誇大広告等の禁止　　　　　　　　　　　重要度 ★★★

(1) 誇大広告等の禁止の概要

　特定転貸事業者または勧誘者は、特定賃貸借契約の条件について広告をするときは、次の事項について、「著しく事実に相違する表示」や、「実際のものよりも著しく優良であり、もしくは有利であると人を誤認させるような表示」をしてはなりません。

> ●誇大広告等の禁止の対象事項
> ① 特定賃貸借契約の相手方に支払う家賃の額、支払期日および支払方法等の賃貸の条件ならびにその変更に関する事項
> ② 賃貸住宅の維持保全の実施方法
> ③ 賃貸住宅の維持保全に要する費用の分担に関する事項
> ④ 特定賃貸借契約の解除に関する事項

(2)「誇大広告等」について

　「誇大広告等」とは、実際よりも優良であると見せかけて相手を誤認させる「誇大広告」に加え、虚偽の表示により相手を欺く「虚偽広告」も含まれます。広告の媒体は、新聞、雑誌、テレビ、インターネット等種類を問いません。

(3)「著しく事実に相違する表示」について

　「事実に相違する」とは、広告に記載されている内容が実際の特定賃貸借契約（以下、「マスターリース契約」という。）の内容と異なることを指します。具体的に何が「著しく」に該当するかの判断は、個々の広告の表示に即してなされるべきですが、オーナーとなろうとする者が、広告に記載されていることと事実との相違を知っていれば通常、そのマスターリース契約に誘引されないと判断される場合は「著しく」に該当し、単に、事実と当該表示との相違すること

の度合いが大きいことのみで判断されるものではありません。

　なお、「著しく事実に相違する表示」であるか否かの判断に当たっては、広告に記載された一つ一つの文言等のみからではなく、表示内容全体からオーナーとなろうとする者が受ける印象・認識により総合的に判断されます。

(4)「実際のものよりも著しく優良であり、もしくは著しく有利であると人を誤認させるような表示」について

　「実際のものよりも著しく優良であり、もしくは有利であると人を誤認させるような表示」と認められるものとは、マスターリース契約の内容等についての専門的知識や情報を有していないオーナーを誤認させる程度のものをいいます。

　なお、「実際のものよりも著しく優良であり、もしくは有利であると人を誤認させる表示」であるか否かの判断に当たっては、広告に記載された一つ一つの文言等のみからではなく、表示内容全体からオーナーとなろうとする者が受ける印象・認識により総合的に判断されます。

② 誇大広告等に該当しないための留意事項　重要度　★★★

　明瞭かつ正確な表示による情報提供が、適正な勧誘を確保するために重要です。そのために、以下の点に特に留意が必要です。

- 広告において「家賃保証」「空室保証」など、空室の状況にかかわらず一定期間、一定の家賃を支払うことを約束する旨等の表示を行う場合は、「家賃保証」等の文言に隣接する箇所に、定期的な家賃の見直しがある場合にはその旨および借地借家法第32条の規定により減額されることがあることを表示すること。表示に当たっては、文字の大きさのバランス、色、背景等から、オーナー等が一体として認識できるよう表示されているかに留意する
- マスターリース契約に係る賃貸経営により、確実に利益を得られるかのように誤解させて、投資意欲を不当に刺激するような表示をしていないこと。特に、実際にはマスターリース契約において利回りを保証するわけではないにもかかわらず、「利回り○%」とのみ記載し、利回りの保証がされると誤解させるような表示をしていないこと

- 実際には実施しない維持保全の内容の表示をしていないこと
- 実施しない場合があるにもかかわらず、当然にそれらの内容が実施されると誤解させるような表示をしていないこと
- オーナーが支払うべき維持保全の費用について、実際のものよりも著しく低額であるかのように誤解させるような表示をしていないこと
- 契約期間中であっても業者から解約することが可能であるにも関わらず、契約期間中に解約されることはないと誤解させるような表示をしていないこと。特に、広告において、「○年間借り上げ保証」など、表示された期間に解約しないことを約束する旨の表示を行う場合は、当該期間中であっても、業者から解約をする可能性があることや、オーナーからの中途解約条項がある場合であっても、オーナーから解約する場合には、借地借家法第28条に基づき、正当な事由があると認められる場合でなければすることができないことを表示すること
- また、オーナーが更新を拒絶する場合には、借地借家法第28条が適用され、オーナーからは正当事由がなければ解約できないにもかかわらず、オーナーから自由に更新を拒絶できると誤解させるような表示をしていないこと

③ 広告の表示に関する留意事項　　重要度 ★★★

（1）強調表示に対する打消し表示について

　マスターリース契約の長所に係る表示のみを強調し、短所に係る表示が目立ちにくい表示を行っていないかについても留意が必要です。

　例えば、マスターリース契約のオーナーとなろうとする者に対し、契約内容等のマスターリース契約に関する取引条件に訴求する方法として、断定的表現や目立つ表現などを使ってマスターリース契約の内容等の取引条件を強調する表示（強調表示）が使われる場面があります。強調表示は、無条件、無制約に当てはまるものとオーナー等に受け止められるため、仮に例外などがあるときは、強調表示からは一般のオーナーとなろうとする者が通常は予期できない事項であって、マスターリース契約を選択するに当たって重要な考慮要素となるものに関する表示（打消し表示）を分かりやすく適切に行わなければなりません。

（2）体験談について

　体験談を用いる場合は、賃貸住宅経営は、賃貸住宅の立地等の個別の条件が大きな影響を与えるにも関わらず、体験談を含めた表示全体から、「大多数の人がマスターリース契約を締結することで同じようなメリットを得ることができる」という認識を抱いてしまいます。そのため、体験談とは異なる賃貸住宅経営の実績となっている事例が一定数存在する場合等には、「個人の感想です。経営実績を保証するものではありません」といった打消し表示が明瞭に記載されていたとしても、体験談を用いることは、「誇大広告等の禁止」違反となる可能性があります。

④ 誇大広告等の具体例　　　　　　　　　　　重要度 ★★★

　以下に、著しく事実に相違する表示または実際のものよりも著しく優良であり、もしくは有利であると人を誤認させるような表示に該当すると考えられる場合を例示します。

---

① サブリース業者がオーナーに支払う家賃の額、支払期日および支払方法等の賃貸の条件ならびにその変更に関する事項の具体例

- 契約期間内に定期的な家賃の見直しや借地借家法に基づきサブリース業者からの減額請求が可能であるにもかかわらず、その旨を表示せず、「○年家賃保証！」「支払い家賃は契約期間内確実に保証！　一切収入が下がりません！」といった表示をして、当該期間家賃収入が保証されているかのように誤解されるような表示をしている
- 「○年家賃保証」という記載に隣接する箇所に、定期的な見直しがあること等のリスク情報について表示せず、離れた箇所に表示している
- 実際は記載された期間より短い期間毎に家賃の見直しがあり、収支シミュレーション通りの収入を得られるわけではないにも関わらず、その旨や収支シミュレーションの前提となる仮定（稼働率、家賃変動等）を表示せず、○年間の賃貸経営の収支シミュレーションを表示している
- 実際は記載の期間より短い期間で家賃の改定があるにもかかわらず、オーナーの声として○年間家賃収入が保証されるような経験談を表示している
- 広告に記載された利回りが実際の利回りを大きく上回っている

- 利回りを表示する際に、表面利回りか実質利回りかが明確にされていなかったり、表面利回りの場合に、その旨および諸経費を考慮する必要がある旨を表示していない
- 根拠を示さず、「ローン返済期間は実質負担0」といった表示をしている
- 根拠のない算出基準で算出した家賃をもとに、「周辺相場よりも当社は高く借り上げます」と表示している
- 「一般的な賃貸経営は2年毎の更新や空室リスクがあるが、サブリースなら不動産会社が家賃保証するので安定した家賃収入を得られます。」といった、サブリース契約のメリットのみを表示している

② 賃貸住宅の維持保全の実施方法の具体例
- 実際にはサブリース業者が実施しない維持保全の業務を実施するかのような表示をしている
- 実際は休日や深夜は受付業務のみ、または全く対応されないにもかかわらず、「弊社では入居者専用フリーダイヤルコールセンターを設け、入居者様に万が一のトラブルも24時間対応しスピーディーに解決します」といった表示をしている

③ 賃貸住宅の維持保全の費用の分担に関する事項の具体例
- 実際には毎月オーナーから一定の費用を徴収して原状回復費用に当てているにも関わらず、「原状回復費負担なし」といった表示をしている
- 実際には、大規模修繕など一部の修繕費はオーナーが負担するにも関わらず、「修繕費負担なし」といった表示をしている
- 修繕費の大半がオーナー負担にもかかわらず、「オーナーによる維持保全は費用負担を含め一切不要！」といった表示をし、オーナー負担の表示がない
- 維持保全の費用について、一定の上限額を超えるとオーナー負担になるにもかかわらず、「維持保全費用ゼロ」といった表示をしている
- 維持保全の費用について、実際には、他社でより低い利率の例があるにもかかわらず「月々の家賃総額のわずか○％という業界随一のお得なシステムです」といった表示をしている
- 実際には客観的な根拠がないにもかかわらず、「維持保全の費用は他社の

半分程度で済みます」といった表示をしている
- 月額費用がかかるにもかかわらず、「当社で建築、サブリース契約を結ばれた場合、全ての住戸に家具家電を設置！　入居者の負担が減るので空室リスクを減らせます！」と表示し、月額費用の表示がない

④ マスターリース契約の解除に関する事項の具体例
- 契約期間中であっても業者から解約することが可能であるにも関わらずその旨を記載せずに、「30 年一括借り上げ」「契約期間中、借り上げ続けます」「建物がある限り借り続けます」といった表示をしている
- 実際には借地借家法が適用され、オーナーからは正当事由がなければ解約できないにもかかわらず、「いつでも自由に解約できます」と表示している
- 実際には、契約を解除する場合は、月額家賃の数ヵ月を支払う必要があるにもかかわらずその旨を記載せずに、「いつでも借り上げ契約は解除できます」と表示している

練習問題（○×問題）

① 借地借家法上の賃料減額請求が可能であるにもかかわらず、その旨を表示せず、「10 年家賃保証」と表示した。これは「誇大広告等」に該当する。
② 契約を解除する場合には、月額家賃の数か月を支払う必要があるにもかかわらず、その旨を記載せずに、「いつでも借り上げ契約は解除できます」と表示した。これは「誇大広告等」に該当する。

解答
① ○　設問の通りです。
② ○　設問の通りです。

■ポイント

- 「強調表示」に対しては、「打消し表示」を適切に行う必要がある。
- 「○年家賃保証（一切収入が下がらない）」「修繕費用負担ゼロ（一切負担不要）」「いつでも自由に契約解除できる」といった表示は、誇大広告等に該当する。

不当な勧誘等の禁止

不動産オーナーに対して特定賃貸借契約の勧誘をする際に、特定転貸事業者や勧誘者が「不当な勧誘等」をすることは禁止されています。どのような場合に不当な勧誘等となるのか、具体例を学習します。

① 不当な勧誘等の禁止　　　　　重要度 ★★★

特定転貸事業者または勧誘者は、次の行為をしてはなりません。

> ●**不当な勧誘等**
> ① 特定賃貸借契約の締結の勧誘をするに際し、またはその解除を妨げるため、特定賃貸借契約の相手方または相手方となろうとする者に対し、当該特定賃貸借契約に関する事項であって特定賃貸借契約の相手方または相手方となろうとする者の判断に影響を及ぼすこととなる重要なものにつき、「故意に事実を告げず、または故意に不実のことを告げる行為」(事実不告知・不実告知)
> ② 特定賃貸借契約に関する行為であって、「特定賃貸借契約の相手方または相手方となろうとする者の保護に欠けるもの」

※ ①については、相手方の判断に影響を及ぼすこととなる重要なものについて事実不告知・不実告知があれば足り、実際に契約を締結したか否か、実際に契約解除が妨げられたか否かは問われません。

② 事実不告知・不実告知の具体例　　重要度 ★★★

　以下に、「故意に事実を告げない行為」(事実不告知) および「故意に不実のことを告げる行為」(不実告知) を例示します。

> ① **故意に事実を告げない行為 (事実不告知) の具体例**
> ・ 将来の家賃減額リスクがあること、契約期間中であってもサブリース業者から契約解除の可能性があることや借地借家法の規定によりオーナーからの解約には正当事由が必要であること、オーナーの維持保全、原状回復、大規模修繕等の費用負担があること等 (デメリット) について、あ

えて伝えず、サブリース事業のメリットのみ伝えるような勧誘行為
・ 家賃見直しの協議で合意できなければ契約が終了する条項や、一定期間
経過ごとの修繕に応じない場合には契約を更新しない条項がありそれを
勧誘時に告げない（サブリース業者側に有利な条項があり、これに応じな
い場合には一方的に契約を解除される）
・ サブリース契約における新築当初の数ヵ月間の借り上げ家賃の支払い免
責期間があることについてオーナーとなろうとする者に説明しない

② 故意に不実のことを告げる行為（不実告知）の具体例
・ 借地借家法により、オーナーに支払われる家賃が減額される場合がある
にもかかわらず、断定的に「都心の物件なら需要が下がらないのでサブリ
ース家賃も下がることはない」「当社のサブリース方式なら入居率は確実
であり、絶対に家賃保証できる」「サブリース事業であれば家賃100%保
証で、絶対に損はしない」「家賃収入は将来にわたって確実に保証される」
といったことを伝える行為
・ 原状回復費用をオーナーが負担する場合もあるにもかかわらず、「原状回
復費用はサブリース会社が全て負担するので、入退去で大家さんが負担
することはない」といったことを伝える行為
・ 大規模な修繕費用はオーナー負担であるにもかかわらず、「維持修繕費用
は全て事業者負担である」といったことを伝える行為
・ 近傍同種の家賃よりも明らかに高い家賃設定で、持続的にサブリース事
業を行うことができないにもかかわらず、「周辺相場よりも当社は高く借
り上げることができる」といったことを伝える行為
・ 近傍同種の家賃よりも著しく低い家賃であるにもかかわらず、「周辺相場
を考慮すると、当社の借り上げ家賃は高い」といったことを伝える行為

3 相手方の保護に欠けるものの具体例 重要度 ★★★

　以下に、「特定賃貸借契約の相手方または相手方となろうとする者の保護に
欠けるもの」を例示します。

① マスターリース契約を締結もしくは更新させ、またはマスターリース契約の申込みの撤回もしくは解除を妨げるため、オーナー等を威迫する行為
・ 威迫する行為とは、脅迫とは異なり、相手方に恐怖心を生じさせるまでは要しませんが、相手方に不安の念を抱かせる行為が該当します。例えば、相手方に対して、「なぜ会わないのか」、「契約しないと帰さない」などと声を荒げ、面会を強要したり、拘束するなどして相手方を動揺させるような行為が該当する

② マスターリース契約の締結または更新についてオーナー等に迷惑を覚えさせるような時間に電話または訪問により勧誘する行為
・ 「迷惑を覚えさせるような時間」については、オーナー等の職業や生活習慣等に応じ、個別に判断されるものですが、一般的には、オーナー等に承諾を得ている場合を除き、特段の理由が無く、午後9時から午前8時までの時間帯に電話勧誘または訪問勧誘を行うことは、「迷惑を覚えさせるような時間」の勧誘に該当する
※ 電話勧誘または訪問勧誘を禁止しているものであることから、例えば、オーナー等が事務所に訪問した場合など、これら以外の勧誘を「迷惑を覚えさせるような時間」に行ったとしても禁止行為の対象とはなりません

③ マスターリース契約の締結または更新について深夜または長時間の勧誘その他の私生活または業務の平穏を害するような方法によりオーナー等を困惑させる行為
・ 「オーナー等を困惑させる行為」については、個別の事例ごとに判断がなされるものですが、深夜勧誘や長時間勧誘のほか、例えば、オーナー等が勤務時間中であることを知りながら執ような勧誘を行ってオーナー等を困惑させることや面会を強要してオーナー等を困惑させることなどが該当する

④ マスターリース契約の締結または更新をしない旨の意思（当該契約の締結または更新の勧誘を受けることを希望しない旨の意思を含む。）を表示したオーナー等に対して執ように勧誘する行為

- 「契約の締結または更新をしない旨の意思」は、口頭であるか、書面であるかを問わず、契約の締結または更新の意思がないことを明示的に示すものが該当する。具体的には、オーナー等が「お断りします」、「必要ありません」、「結構です」、「関心ありません」、「更新しません」など明示的に契約の締結または更新意思がないことを示した場合が該当するほか、「(当該勧誘行為が)迷惑です」など、勧誘行為そのものを拒否した場合も当然該当する
- オーナー等がマスターリース契約を締結しない旨の意思表示を行った場合には、引き続き勧誘を行うことのみならず、その後、改めて勧誘を行うことも「勧誘を継続すること」に該当するので禁止される。同一のサブリース業者の他の担当者による勧誘も同様に禁止される
- 電話勧誘または訪問勧誘などの勧誘方法、自宅または会社などの勧誘場所の如何にかかわらず、オーナー等が「契約を締結しない旨の意思」を表示した場合には、意思表示後に再度勧誘する行為は禁止され、1度でも再勧誘行為を行えば違反する

練習問題(○×問題)

① 勧誘の際に、サブリース契約における新築当初の数か月間の借り上げ家賃の支払い免責期間があることについてオーナーとなろうとする者に説明しなかった。これは「不当な勧誘等」に該当する。

② オーナー等が「契約を締結しない旨の意思」を表示した場合に、1度だけ再勧誘行為を行った。これは「不当な勧誘等」に該当する。

解答

① ○　設問の通りです。事実不告知に該当します。

② ○　設問の通りです。

■ポイント

- 勧誘の際、または解除を妨げる目的で、相手方の判断に影響を与える重要なものについての事実不告知・不実告知は、不当な勧誘等に該当する。
- 深夜勧誘・長時間勧誘、拒否された後の再勧誘は、不当な勧誘等に該当する。

特定賃貸借契約における重要事項説明、書面交付

契約内容を正しく理解した上で契約を締結することができるように、特定転貸事業者に対し、契約締結前に、書面を交付して説明することを義務づけています。ここでは、特定賃貸借契約における重要事項説明について学びます。

1 特定賃貸借契約での重要事項説明　　　重要度 ★★★

（1）特定賃貸借契約重要事項説明

　特定転貸事業者は、特定賃貸借契約を締結しようとするときは、特定賃貸借契約の相手方となろうとする者（特定賃貸借契約に係る専門的知識および経験を有すると認められる一定の者を除く。）に対し、当該特定賃貸借契約を締結するまでに、特定賃貸借契約の内容およびその履行に関する事項について、書面を交付して説明しなければなりません。

● **特定賃貸借契約重要事項説明において説明すべき事項**

① **特定賃貸借契約を締結する特定転貸事業者の商号、名称または氏名および住所**

② **特定賃貸借契約の対象となる賃貸住宅**

　契約の対象となる賃貸住宅の所在地、物件の名称、構造、面積、住戸部分、その他の部分、建物設備、附属設備等について記載し、説明します。

③ **特定賃貸借契約の相手方に支払う家賃の額、支払期日および支払方法等の賃貸の条件ならびにその変更に関する事項**

　特定転貸事業者が賃貸人に支払う家賃の額、家賃の設定根拠、支払期限、支払い方法、家賃改定日等について記載し、説明します（家賃の他、敷金がある場合も同様とする）。なお、家賃の設定根拠については、近傍同種の家賃相場を示すなどして記載の上、説明します。特に、契約期間が長期である場合などにおいて、賃貸人が当初の家賃が契約期間中変更されることがないと誤認しないよう、家賃改定のタイミングについて説明し、当初の家賃が減額される場合があることを記載し、説明します。また、契約において、家賃改定日が定められていても、その日以外でも、借地借家法に基づく減額請求が可能であることについて記載し、説明します。

入居者の新規募集や入居者退去後の募集に一定の時間がかかるといった理由から、特定転貸事業者が賃貸人に支払う家賃の支払いの免責期間を設定する場合は、その旨を記載し、説明します。

④ **特定転貸事業者が行う賃貸住宅の維持保全の実施方法**

特定転貸事業者が行う維持保全の内容について、回数や頻度を明示して可能な限り具体的に記載し、説明します。賃貸住宅の維持保全と併せて、入居者からの苦情や問い合わせへの対応を行う場合は、その内容についても可能な限り具体的に記載し、説明します。

なお、維持または修繕のいずれか一方のみを行う場合や入居者からの苦情対応のみを行い維持および修繕（維持・修繕業者への発注等を含む。）を行っていない場合でも、その内容を記載し、説明することが望ましい。

⑤ **特定転貸事業者が行う賃貸住宅の維持保全に要する費用の分担に関する事項**

特定転貸事業者が行う維持保全の具体的な内容や設備毎に、賃貸人と特定転貸事業者のどちらが、それぞれの維持や修繕に要する費用を負担するかについて記載し、説明します。特に、賃貸人が費用を負担する事項について誤認しないよう、例えば、設備毎に費用負担者が変わる場合や、賃貸人負担となる経年劣化や通常損耗の修繕費用など、どのような費用が賃貸人負担になるかについて具体的に記載し、説明します。また、修繕等の際に、特定転貸事業者が指定する業者が施工するといった条件を定める場合は、必ずその旨を記載し、説明します。

⑥ **特定賃貸借契約の相手方に対する維持保全の実施状況の報告に関する事項**

特定転貸事業者が行う維持保全の実施状況について、賃貸人へ報告する内容やその頻度について記載し、説明します。

⑦ **損害賠償額の予定または違約金に関する事項**

引渡日に物件を引き渡さない場合や家賃が支払われない場合等の債務不履行や契約の解約の場合等の損害賠償額の予定または違約金を定める場合はその内容を記載し、説明します。

⑧ **責任および免責に関する事項**

天災等による損害等、特定転貸業者が責任を負わないこととする場合は、その旨を記載し、説明します。また、賃貸人が賠償責任保険等への加入を

することや、その保険に対応する損害については特定転貸事業者が責任を
負わないこととする場合は、その旨を記載し、説明します。

⑨ **契約期間に関する事項**

契約の始期、終期、期間および契約の類型（普通借家契約、定期借家契約）
を記載し、説明します。特に、契約期間は、家賃が固定される期間ではな
いことを記載し、説明します。

⑩ **転借人の資格その他の転貸の条件に関する事項**

反社会的勢力への転貸の禁止や、学生限定等の転貸の条件を定める場合
は、その内容について記載し、説明します。

⑪ **転借人に対する④の内容の周知に関する事項**

特定転貸事業者が行う維持保全の内容についてどのような方法（対面での
説明、書類の郵送、メール送付等）で周知するかについて記載し、説明します。

⑫ **特定賃貸借契約の更新および解除に関する事項**

賃貸人と特定転貸事業者間における契約の更新の方法（両者の協議の上、
更新することができる等）、契約の解除の場合の定めを設ける場合はその内
容および⑦について記載し、説明します。

賃貸人または特定転貸事業者が契約に定める義務に関してその本旨に従
った履行をしない場合には、その相手方は、相当の期間を定めて履行を催
告し、その期間内に履行がないときは契約を解除することができる旨を記
載し、説明します。また、契約の更新拒絶等に関する借地借家法の規定の
概要については、⑭の内容を記載し、説明します。

⑬ **特定賃貸借契約が終了した場合における特定転貸事業者の権利義務の承
継に関する事項**

特定賃貸借契約が終了した場合、賃貸人が特定転貸事業者の転貸人の地
位を承継することとする定めを設け、その旨を記載し、説明します。特に、
転貸人の地位を承継した場合に、正当な事由なく入居者の契約更新を拒む
ことはできないこと、特定転貸事業者の敷金返還債務を承継すること等に
ついて賃貸人が認識できるようにします。

⑭ **借地借家法その他特定賃貸借契約に係る法令に関する事項の概要**

・ 借地借家法第32条第1項（借賃増減請求権）について
・ 借地借家法第28条（更新拒絶等の要件）について
・ 借地借家法第38条（定期建物賃貸借）について

　管理受託契約と特定賃貸借契約を1つの契約として締結しようとする場合、管理受託契約重要事項説明書と特定賃貸借契約重要事項説明書を1つにまとめることは可能です。

(2) 重要事項説明が不要となる場合

　相手方が特定賃貸借契約について一定の知識や経験があったとしても、書面にて十分な説明をすることが必要です。もっとも、特定賃貸借契約の相手方となろうとする者が次のいずれかに該当する場合には、その者に対しては、説明は不要です（→P54と同じ）。

●**説明が不要となる相手方（専門的知識および経験を有すると認められる者）**
① 特定転貸事業者
② 賃貸住宅管理業者
③ 宅地建物取引業者
④ 特定目的会社
⑤ 組合
⑥ 賃貸住宅に係る信託の受託者（委託者等が①から④までのいずれかに該当する場合に限る）
⑦ 独立行政法人都市再生機構
⑧ 地方住宅供給公社

---

❷ 特定賃貸借契約を変更する場合　　重要度 ★★★

　特定賃貸借契約変更契約を締結しようとする場合、当該変更契約を締結するまでに、説明が必要です。変更のあった事項について、賃貸人に対して書面の交付等を行った上で説明すれば足ります。ただし、法施行前に締結された特定賃貸借契約で、法施行後に賃貸人に対して特定賃貸借契約重要事項説明を行っていない場合は、特定賃貸借契約変更契約を締結しようとするときに、全ての事項について特定賃貸借契約重要事項説明を行うことが必要です。

　なお、形式的な変更（契約の同一性を保ったままで契約期間のみを延長することや、組織運営に変更のない商号または名称等の変更など）の場合は、特定賃貸借契約重要事項説明を行う必要はありません。

③ 賃貸人の変更に際しての特定賃貸借契約重要事項説明
重要度 ★★

特定賃貸借契約が締結されている家屋等が、契約期間中現賃貸人から売却等されることにより、賃貸人たる地位が新たな賃貸人に移転し、従前と同一内容によって当該特定賃貸借契約が承継される場合、特定転貸事業者は、賃貸人たる地位が移転することを認識した後、遅滞なく、**新たな賃貸人に当該特定賃貸借契約の内容が分かる書類を交付すること**が望ましいです。

④ 重要事項説明でのIT活用
重要度 ★★★

特定賃貸借契約の**相手方となろうとする者の承諾を得て、書面に記載すべき事項を電磁的方法により提供することができます**。また、テレビ会議等のオンライン形式で説明を行うこともできます。さらに、特定賃貸借契約変更契約の重要事項説明については、電話で説明を行うこともできます。

「電磁的方法による提供において留意すべき事項」や「テレビ会議等により説明を実施する場合の要件」、「電話により説明を実施する場合の要件」は、管理受託契約重要事項説明の場合（→P55・56）と同様です。

▼特定賃貸借契約重要事項説明のポイント

説明書の交付	重要事項の説明は、書面を交付して行わなければなりません。もっとも、賃貸人の承諾を得れば、電磁的方法による提供もできます。
説明の時期	重要事項の説明は、特定賃貸借契約を締結するまでに（契約締結前に）行わなければなりません。 重要事項の説明は、説明から契約締結までに1週間程度の期間をおくことが望ましいです（※）。
説明者の資格	特定転貸事業者自らが行う必要があります。 一定の実務経験を有する者や賃貸不動産経営管理士など専門的な知識および経験を有する者によって行われることが望ましいです。

※説明から契約締結までの期間を短くせざるを得ない場合には、事前に特定賃貸借契約重要事項説明書等を送付し、その送付から一定期間後に、説明を実施するなどして、特定賃貸借契約の相手方となろうとする者が契約締結の判断を行うまでに十分な時間をとることが望ましいです。

練習問題（○×問題）

① 特定賃貸借契約の相手方が特定転貸事業者である場合、特定賃貸借契約重要事項説明は省略してもよい。

② 特定賃貸借契約重要事項説明をテレビ会議等のITを活用して行う場合、特定賃貸借契約重要事項説明書の送付から一定期間後に説明を実施することが望ましい。

解答

① ○ 相手方が、賃貸住宅管理業者、特定転貸事業者などであれば、特定賃貸借契約重要事項説明は省略できます。

② ○ 設問の通りです。

■**ポイント**

・ 管理受託契約重要事項説明と特定賃貸借契約重要事項説明とでは、説明すべき事項は異なるが、説明時期や説明方法などは同じである。

3-6 特定賃貸借契約締結時書面の交付

契約締結後に契約内容を確認できるよう、特定転貸事業者に対し、契約締結時に相手方に必要な事項を記載した書面を交付することを義務づけています。ここでは、特定賃貸借契約締結時書面について学びます。

1 特定賃貸借契約締結時書面　　　　　　重要度 ★★★

　特定転貸事業者は、特定賃貸借契約を締結したときは、当該特定賃貸借契約の相手方に対し、遅滞なく、一定の事項を記載した書面を交付しなければなりません。

● **特定賃貸借契約締結時書面に記載すべき事項**

① 特定賃貸借契約を締結する特定転貸事業者の商号、名称、氏名および住所

② 特定賃貸借契約の対象となる賃貸住宅

③ 契約期間に関する事項

④ 特定賃貸借契約の相手方に支払う家賃その他賃貸の条件に関する事項

⑤ 特定転貸事業者が行う賃貸住宅の維持保全の実施方法

⑥ 特定転貸事業者が行う賃貸住宅の維持保全に要する費用の分担に関する事項

⑦ 特定賃貸借契約の相手方に対する維持保全の実施状況の報告に関する事項

⑧ 損害賠償額の予定または違約金に関する定めがあるときは、その内容

⑨ 責任および免責に関する定めがあるときは、その内容

⑩ 転借人の資格その他の転貸の条件に関する事項

⑪ 転借人に対する特定転貸事業者が行う賃貸住宅の維持保全の実施方法の周知に関する事項

⑫ 契約の更新または解除に関する定めがあるときは、その内容

⑬ 特定賃貸借契約が終了した場合における特定転貸事業者の権利義務の承継に関する事項

　上記事項が記載された契約書であれば、特定賃貸借契約書をもって特定賃貸借契約締結時書面とすることができます。国土交通省が別途定める「特定賃貸借標準契約書」(→P136〜) には、これらの事項が記載されています。

特定賃貸借契約（マスターリース契約）の締結前の書面（重要事項説明書）と特定賃貸借契約の締結時の書面は交付するタイミングが異なる書面であるため、両書面を一体で交付することはできません。

特定賃貸借契約と管理受託契約を1つの契約として締結する場合、管理受託契約締結時書面と特定賃貸借契約締結時書面を1つにまとめることは可能です。

2 特定賃貸借契約を変更する場合　　重要度 ★★★

特定賃貸借契約変更契約を締結した場合にも、遅滞なく、特定賃貸借契約締結時書面の交付が必要です。変更のあった事項について、賃貸人に対して書面の交付をすれば足ります。

形式的な変更（契約の同一性を保ったままで契約期間のみを延長することや、組織運営に変更のない商号または名称等の変更など）の場合は、特定賃貸借契約締結時書面の交付を行う必要はありません。

3 契約締結時の書面交付にITを活用する場合　　重要度 ★★★

あらかじめ相手方の承諾を得れば、特定賃貸借契約締結時書面に記載すべき事項を電磁的方法により提供することができます。

「電磁的方法による提供において留意すべき事項」は、管理受託契約重要事項説明書を電磁的方法で提供する場合（→P55）と同じです。

練習問題（○×問題）

① 特定賃貸借契約の更新の際に、賃貸人に支払う家賃のみを変更する場合、特定賃貸借契約締結時書面の交付は不要である。
② 特定賃貸借契約締結時書面に記載すべき事項を電磁的方法により提供する場合、あらかじめ相手方の承諾を得なければならない。

解答

① × 家賃のみを変更する場合でも、特定賃貸借契約締結時書面の交付は必要です。
② ○ 設問の通りです。

■ポイント

・契約を変更する場合、形式的な変更を除き、書面の交付が必要となる。
・電磁的方法により提供する場合、あらかじめ相手方の承諾が必要となる。

特定賃貸借契約の適正化のための措置等

3-7 業務状況調書等の閲覧

特定転貸事業者は、業務および財産の状況を記載した書類を、特定賃貸借契約の相手方等に閲覧させることを義務づけられています。
ここでは、業務状況調書等の備え置き、および、閲覧について学びます。

① 書類の閲覧　重要度 ★★★

　特定転貸事業者は、当該特定転貸事業者の業務および財産の状況を記載した書類を、特定賃貸借契約に関する業務を行う営業所または事務所に備え置き、営業時間中は特定賃貸借契約の相手方または相手方となろうとする者の求めに応じ、閲覧させなければなりません。

> ●備え置きが必要な書類
> ① 業務状況調書
> ② 貸借対照表および損益計算書
> ③ またはこれらに代わる書面
> ※ 上記書類は出力できる形であれば電子データとして保管しておくことも可能です。

② 電子データとして記録・保管する場合　重要度 ★★★

　業務状況調書等が、電子計算機に備えられたファイルまたは磁気ディスク等に記録され、必要に応じ営業所または事務所ごとに電子計算機その他の機器を用いて明確に紙面に表示されるときは、当該記録をもって当該書類への記載に代えることができます。

　この場合における閲覧は、当該業務状況調書等を紙面または当該営業所または事務所に設置された入出力装置の映像面に表示する方法で行います。

※ 電子計算機とは、コンピューターのことです。業務状況調書等を電子データで保管し、必要に応じてプリントアウトしたり、パソコンやタブレットの画面に表示したりすることができる状態にしておくこともできるということです。

③ 作成期限　　　　　　　　　　　　　　　重要度 ★★

　特定転貸借事業者は、事業年度ごとに当該事業年度経過後3月以内に作成し、遅滞なく営業所または事務所ごとに備え置く必要があります。

④ 保管期間　　　　　　　　　　　　　　　重要度 ★★

　営業所または事務所に据え置かれた日から起算して3年を経過するまでの間は、営業所または事務所に備え置く必要があります。

練習問題（○×問題）

① 特定転貸事業者は、業務状況調書等の書類を、事業年度ごとに、その事業年度経過後3か月以内に作成し、遅滞なく営業所又は事務所ごとに備え置かなければならない。

② 特定転貸事業者は、当該営業所又は事務所の営業時間中、特定賃貸借契約の相手方又は相手方となろうとする者の求めに応じて、業務状況調書等の書類を閲覧させなければならない。

解答

① ○ 設問の通りです。

② ○ 設問の通りです。

■ポイント

・ 業務状況調書等は営業所または事務所ごとに備え置き、特定賃貸借契約の相手方または相手方となろうとする者の求めに応じて閲覧させなければならない。

・ 業務状況調書等を備え置く義務や、閲覧させる義務を負うのは、特定転貸事業者である。

3-8 特定転貸事業者・勧誘者に対する監督・罰則

特定転貸事業者や勧誘者に違反行為があった場合、監督処分（指示や業務停止命令等）がなされ、刑罰を受けることがあります。
ここでは、特定転貸事業者・勧誘者に対する監督・罰則について学びます。

1 特定転貸事業者に対する指示・命令　重要度 ★★★

（1）特定転貸事業者に対する指示

　国土交通大臣は、次の場合において特定賃貸借契約の適正化を図るため必要があると認めるときは、その特定転貸事業者に対し、当該違反の是正のための措置その他の必要な措置をとるべきことを指示することができます。

> ●特定転貸事業者に対する指示事由
> ① 特定転貸事業者または勧誘者が「誇大広告等の禁止」に違反したとき
> ② 特定転貸事業者または勧誘者が「不当な勧誘等の禁止」に違反したとき
> ③ 特定転貸事業者が「特定賃貸借契約締結前の書面の交付」に違反したとき
> ④ 特定転貸事業者が「特定賃貸借契約締結時の書面の交付」に違反したとき
> ⑤ 特定転貸事業者が「業務および財産の状況を記載した書類の閲覧」に違反したとき

（2）特定転貸事業者に対する業務停止命令・勧誘停止命令

　国土交通大臣は、上記①〜⑤の場合において特定賃貸借契約の適正化を図るため特に必要があると認めるとき、または特定転貸事業者が指示に従わないときは、その特定転貸事業者に対し、1年以内の期間を限り、特定賃貸借契約の締結について勧誘を行いもしくは勧誘者に勧誘を行わせることを停止し、またはその行う特定賃貸借契約に関する業務の「全部」もしくは「一部」を停止すべきことを命ずることができます。

▼特定転貸事業者に対する命令

| ①〜⑤違反で特に必要な場合 |
| または |
| 指示に従わない場合 |

特定転貸事業者

レッドカード
勧誘停止命令
業務停止命令

国土交通大臣

2　勧誘者に対する指示・命令　　　重要度　★★★

（1）勧誘者に対する指示

　国土交通大臣は、次の場合において特定賃貸借契約の適正化を図るため必要があると認めるときは、その勧誘者に対し、当該違反の是正のための措置その他の必要な措置をとるべきことを指示することができます。

> ●勧誘者に対する指示事由
> ① 勧誘者が「誇大広告等の禁止」に違反したとき
> ② 勧誘者が「不当な勧誘等の禁止」に違反したとき

（2）勧誘者に対する勧誘停止命令

　国土交通大臣は、上記①または②の場合において特定賃貸借契約の適正化を図るため特に必要があると認めるとき、または勧誘者が指示に従わないときは、その勧誘者に対し、1年以内の期間を限り、特定賃貸借契約の締結について勧誘を行うことを停止すべきことを命ずることができます。

3　公表　　　重要度　★★★

　国土交通大臣は、指示または命令をしたときは、その旨を公表しなければなりません。

4　国土交通大臣に対する申出　　　重要度　★★★

（1）申出

　何人も、特定賃貸借契約の適正化を図るため必要があると認めるときは、国土交通大臣に対し、その旨を申し出て、適当な措置をとるべきことを求めることができます。この申し出は、直接の利害関係者に限らず、また、個人、法人、団体を問わず、誰でも申出ができます。

　この申出制度は、賃貸住宅管理業法に規定される「誇大広告等の禁止」、「不当な勧誘等の禁止」、「契約締結前の重要事項説明義務」などに違反したサブリース業者についての情報を国に提供し、適切な措置を求めることができる制度です。

●**申出書の記載事項**

① 申出人の氏名または名称、住所、電話番号

② 申出に係る事業者の所在地、名称

③ 申出の趣旨（具体的事実：誰が、いつ、どこで、いかなる方法で、何をしたか等）

④ その他参考となる事項

⑤ 申出に係る事業者への氏名または名称、住所および申出内容の開示可否

（2）申出の方法

申出の方法は、申出書を添付の上、原則、電子メールを送付する方法により行います。

（3）申出への対応

国土交通大臣は、申出があったときは、必要な調査を行い、その申出の内容が事実であると認めるときは、賃貸住宅管理業法に基づく措置その他適当な措置をとらなければなりません。寄せられた情報のうち、法令違反の疑いがある特定転貸事業者（サブリース業者）には、必要に応じ立入検査等を実施し、違反行為があれば監督処分等により対応します。

5 報告徴収および立入検査　　　　重要度 ★★

国土交通大臣は、特定賃貸借契約の適正化を図るため必要があると認めるときは、特定転貸事業者または勧誘者に対し、その業務に関し報告を求め、またはその職員に、特定転貸事業者または勧誘者の営業所、事務所その他の施設に立ち入り、その業務の状況もしくは設備、帳簿書類その他の物件を検査させ、もしくは関係者に質問させることができます。

6 罰則　　　　重要度 ★★

特定転貸事業者または勧誘者が賃貸住宅管理業法に違反した場合、刑罰を受けることがあります。

●**6月以下の懲役もしくは50万円以下の罰金、またはこれを併科**

・ 不当な勧誘等の禁止に違反（事実不告知・不実告知に限る）

・ 特定転貸事業者に対する業務停止命令・勧誘停止命令に違反

・勧誘者に対する勧誘停止命令に違反

※ 両罰規定により、事業主に対しても 50 万円以下の罰金刑が科せられます。

●50万円以下の罰金
・特定賃貸借契約締結前の書面の交付義務違反
・特定賃貸借契約締結時の書面の交付義務違反

※ 両罰規定により、事業主に対しても 50 万円以下の罰金刑が科せられます。

●30万円以下の罰金
・誇大広告等の禁止に違反
・業務状況調査等を備え付け、閲覧させる義務に違反、虚偽記載
・国土交通大臣の指示に違反
・国土交通大臣による報告徴収に関して提出義務違反、虚偽報告、立入検査拒否等

※ 両罰規定により、事業主に対しても 30 円以下の罰金刑が科せられます。

練習問題（○×問題）

① 国土交通大臣は、特定転貸事業者が国土交通大臣の指示に従わない場合、1年以内の期間を限り、特定賃貸借契約に関する業務の全部もしくは一部を停止すべきことを命ずることができる。
② 賃貸住宅管理業法に基づく申出は、直接の利害関係者に限り、行うことができる。
③ 国土交通大臣は、特定転貸事業者に対し業務停止の命令をしたときは、その旨を公表しなければならない。

解答
① ○　設問の通りです。
② ×　賃貸住宅管理業法に基づく申出は、直接の利害関係者に限らず、また、個人、法人、団体を問わず、誰でも申出ができます。
③ ○　設問の通りです。

■ポイント
・特定転貸事業者に対する監督処分として、指示・業務停止命令・勧誘停止命令がある。勧誘者に対する監督処分として、指示・勧誘停止命令がある。
・指示・命令については、公表される。

3-9 特定賃貸借標準契約書

特定賃貸借標準契約書は、サブリース業者が借主となり、オーナー（貸主）との間でサブリース契約を締結する際に利用されるものです。貸主・借主・転借人といった登場人物を意識して読み進めましょう。

1 特定賃貸借標準契約書　　　　　重要度 ★★★

特定賃貸借標準契約書は、転貸借を目的とした原賃貸借契約です。

賃貸住宅管理業法第31条により、特定転貸事業者は、特定賃貸借契約を締結したときは、当該特定賃貸借契約の相手方に対し、遅滞なく、一定の事項を記載した書面を交付しなければならないとされています（特定賃貸借契約締結時書面の交付義務→P124）。特定賃貸借契約締結時書面に記載すべき事項については特定賃貸借標準契約書に記載されているため、特定転貸事業者は特定賃貸借標準契約書を交付することによって、当該書面を交付したものとすることができます。

※特定賃貸借標準契約書において「借主」という言葉がでてきた場合、「借主」とは特定転貸事業者（サブリース業者）のことであると考えてかまいません。「借主」が賃貸住宅の維持保全を行ったり、転貸したりすることになります。

2 各契約内容　　　　　重要度 ★★★

（1）転貸の条件

転貸借契約を普通賃貸借契約に限る、または、定期賃貸借契約に限るなど、転貸の条件を貸主と借主との合意により本契約書において定めます。

反社会的勢力に賃貸住宅を転貸することは禁止されています。また、借主は、転借人が反社会的勢力の事務所その他の活動の拠点に供するなどの場合、催告することなく、転貸借契約を解除することができるとすることを転貸条件としなければなりません。

住宅宿泊事業法に基づく住宅宿泊事業や国家戦略特区法に基づく外国人滞在施設経営事業を目的として転貸することができるか否か（民泊の可否）については、頭書（8）「転貸の条件」の欄に明記します。特約事項欄に記載するわけではありません。

　借主は、転貸借契約から生じる転借人の債務の担保として転借人から交付された敷金について、整然と管理する方法により、自己の固有財産および他の賃貸人の財産と分別して管理しなければなりません。例えば、転貸借契約から転借料は借主の固有財産であるため、転借人から交付された敷金と転借料は、分別して管理しなければならず、まとめて管理することはできません。

(2) 再委託

　借主は、借主が行う維持保全の業務の「一部」を他の者に再委託することができます。維持保全の業務を一括して他の者に委託することは禁止されています（一括再委託の禁止）。

(3) 管理業務を行うために必要な情報の提供

　貸主は、借主が管理業務を行うために必要な情報を提供しなければなりません。貸主が、必要な情報を提供せず、または、必要な措置をとらず、そのために生じた借主の損害は、「貸主」が負担します。

(4) 維持保全に要する費用の分担

　貸主は、借主が賃貸住宅を使用するために必要な修繕を行わなければなりません。その費用は貸主が負担します。

　ただし、「本契約書で借主が実施するとされている修繕」と、「借主の責めに帰すべき事由（転借人の責めに帰すべき事由を含む。）によって必要となった修繕」は、貸主は修繕義務を負いません。そして、「本契約書で借主が費用を負担するとしているもの」のほか、「借主の責めに帰すべき事由（転借人の責めに帰すべき事由を含む。）によって必要となった修繕」は、借主がその費用を負担します。

(5) 修繕・業務を行う際の通知・承諾・協議

　貸主が修繕を行う場合は、貸主は、あらかじめ「借主」を通じて、その旨を転借人に通知しなければならない。この場合において、貸主は、転借人が拒否する正当な理由がある場合を除き、当該修繕を行うことができます。

　借主は、修繕が必要な箇所を発見した場合には、その旨を速やかに貸主に通知し、修繕の必要性を協議します。その通知が遅れて貸主に損害が生じたときは、借主はこれを賠償しなければなりません。

　借主が、修繕が必要な箇所を発見しその旨の通知を貸主に行った場合におい

て、修繕の必要が認められ、貸主が修繕しなければならないにもかかわらず、貸主が正当な理由なく修繕を実施しないときは、借主は自ら修繕することができます。

　災害または事故等の事由により、緊急に行う必要がある業務で、貸主の承認を受ける時間的な余裕がないものについては、貸主の承認を受けないで実施することができます。この場合、借主は、速やかに書面をもって、その業務の内容およびその実施に要した費用の額を貸主に通知しなければなりません。

　借主が本契約書に定められている修繕を行うに際しては、「その内容および方法」についてあらかじめ貸主と協議して行います。

(6) 維持保全の内容等の転借人に対する周知

　借主は、賃貸住宅について自らを転貸人とする転貸借契約を締結したときは、転借人に対し、遅滞なく、借主自らが行う賃貸住宅の「維持保全の内容」および「借主の連絡先」を記載した書面または電磁的方法により通知しなければなりません。

(7) 維持保全の実施状況の報告

　借主は、貸主と合意に基づき定めた期日に、貸主と合意した頻度に基づき定期に、貸主に対し、維持保全の実施状況の報告をしなければなりません（定期報告）。この場合の報告の対象には、転貸の条件の遵守状況を含まれます。この報告は、書面によることは求められていません。

　合意に基づき定めた期日における定期報告のほか、貸主は、必要があると認めるときは、借主に対し、維持保全の実施状況に関して報告を求めることができます。

　これらの報告の際に、貸主は、借主に対し、維持保全の実施状況に係る関係書類の提示を求めることができます。

(8) 契約の解除

　借主が家賃支払義務を3ヵ月分以上怠った場合や維持保全に要する費用負担義務に違反した場合などであれば、貸主は、履行を催告した上で、契約を解除することができます。一方、借主が反社会的勢力に該当した場合などであれば、貸主は、催告をせずに、契約を解除することができます。

(9) 権利義務の承継

　特定賃貸借契約が終了した場合（賃貸住宅の使用不能により契約が終了した

場合を除く。)、貸主は、転貸借契約における借主の「転貸人の地位」を当然に承継します。この場合、借主は、転借人から交付されている敷金、賃貸借契約書、その他地位の承継に際し必要な書類を貸主に引き渡さなければなりません。

▼特定賃貸借契約が終了した場合

借主
（サブリース業者）

← サブリース契約 →
（転貸借契約）

転借人（入居者）

特定賃貸借契約終了後
も居住し続けることが
できる

「転貸人の地位」
移転

特定賃貸借契約
終了

貸主（所有者）

3

特定賃貸借契約の適正化のための措置等

練習問題（○×問題）

① 特定賃貸借標準契約書によれば、借主は、修繕が必要な箇所を発見した場合には、その旨を速やかに貸主に通知し、修繕の必要性を協議する。

② 特定賃貸借標準契約書によれば、特定賃貸借契約が終了した場合には、転貸借契約は終了する。

解答

① ○　設問の通りです。

② ×　特定賃貸借契約が終了した場合（賃貸住宅の使用不能により契約が終了した場合を除く。）には、貸主は、転貸借契約における借主の転貸人の地位を当然に承継します。

■ポイント

・特定賃貸借標準契約書は、賃貸住宅管理業法に沿った内容となっている。実際の特定賃貸借標準契約書を読んで、特定賃貸借標準契約書に特有の記載事項についても、確認しておこう（→P136～）。

特定賃貸借標準契約書

貸主 (甲)	氏名	
	住所	
	連絡先	
借主 (乙)	商号（名称）	
	代表者	
	住所	
	連絡先	
	登録年月日	
	登録番号	
業務管理者	氏名	
	事務所住所	
	連絡先	
	証明番号又は 登録番号	

頭書

(1) 賃貸借の目的物

<table>
<tr><td rowspan="5">建物の名称・所在地等</td><td>名称</td><td colspan="2"></td></tr>
<tr><td>所在地</td><td colspan="2"></td></tr>
<tr><td>所在地</td><td colspan="2"></td></tr>
<tr><td>構造等</td><td colspan="2">造　　　階建　　　戸</td></tr>
<tr><td>面　積</td><td>敷地面積
建築面積
延べ面積</td><td>㎡
㎡
㎡</td></tr>
<tr><td colspan="2">住戸部分</td><td colspan="2">別紙「住戸明細表」に記載の通り</td></tr>
<tr><td colspan="2">その他の部分</td><td colspan="2">廊下、階段、エントランス</td></tr>
<tr><td colspan="2">建物設備</td><td>ガス
上水道
下水道
エレベーター
共聴アンテナ
管理人室</td><td>有（都市ガス・プロパンガス）・無
水道本管より直結・受水槽・井戸水
公共下水・浄化槽
有・無
有（BS・CS・CATV）・無
有・無
有・無
有・無</td></tr>
<tr><td colspan="2">附属施設等</td><td>駐車場
自転車置場
物置</td><td>有（本契約の対象に含む・含まない）・無
有（本契約の対象に含む・含まない）・無
有（本契約の対象に含む・含まない）・無
有（本契約の対象に含む・含まない）・無
有（本契約の対象に含む・含まない）・無</td></tr>
</table>

(2) 契約期間

始期	年　　月　　日から	
終期	年　　月　　日から	年　　月間

(3) 引渡日

年　　月　　日

(4) 家賃等

	金　額	支　払　期　限	支　払　方　法	
家賃	円	当月分・翌月分を 毎月　　　日まで	振込又は持参	振込先金融機関名： 預金：普通・当座 口座番号： 口座名義人： 持参先：
	初回の家賃改定日	本契約の始期から　　　年を経過した日の属する日の翌月1日		
	2回目以降の 家賃改定日	初回の家賃改定日経過後　　　年毎		

・上記の家賃改定日における見直しにより、本契約第5条第3項に基づき家賃が減額又は増額の改定となる場合がある。

・本契約には、借地借家法第32条第1項（借賃増減請求権）が適用されるため、上記の家賃改定日以外の日であっても、乙から甲に支払う家賃が、上記記載の家賃額決定の要素とした事情等を総合的に考慮した上で、

①土地又は建物に対する租税その他の負担の増減により不相当となったとき

②土地又は建物の価格の上昇又は低下その他の経済事情の変動により不相当となったとき

③近傍同種の建物の借賃に比較して不相当となったとき

は、本契約の条件にかかわらず、乙は家賃を相当な家賃に減額することを請求することができる。

・ただし、空室の増加や乙の経営状況の悪化等が生じたとしても、上記①〜③のいずれかの要件を充足しない限りは、同条に基づく減額請求はできない。

・また、借地借家法に基づく、乙からの減額請求について、甲は必ずその請求を受け入れなければならないわけでなく、乙との間で、変更前の家賃決定の要素とした事情を総合的に考慮した上で、協議（協議が整わないときは調停・裁判手続）により相当家賃額が決定される。

	金　額	支　払　期　限	支　払　方　法	
敷金	家賃　　　か月相当分 円	当月分・翌月分を 毎月　　　日まで	振込又は持参	振込先金融機関名： 預金：普通・当座 口座番号： 口座名義人： 持参先：

(5) 家賃支払義務発生日

支払い免責期間	引渡日から　　　　　　か月	
家賃支払義務発生日	年　　　月　　　日	

(6) 管理業務の内容及び実施方法・第三者への再委託項目

実施箇所等		内容・頻度等	乙	委託	委託先
点検・清掃等			☐	☐	
			☐	☐	
			☐	☐	
			☐	☐	
			☐	☐	
修繕等			☐	☐	
			☐	☐	
			☐	☐	
その他			☐	☐	
			☐	☐	
			☐	☐	

(7) 賃貸住宅の維持保全の費用分担

実施箇所等		費用負担者		内　　容
		乙	委託	
点検・清掃等		☐	☐	
		☐	☐	
		☐	☐	
		☐	☐	
		☐	☐	
		☐	☐	
修繕等		☐	☐	
		☐	☐	
		☐	☐	
		☐	☐	
		☐	☐	
		☐	☐	
その他		☐	☐	
		☐	☐	
		☐	☐	

・本契約第11条第2項に基づき、乙の責めに帰すべき事由（転借人の責めに帰すべき事由を含む。）によって必要となった修繕については、上記の費用負担者の記載にかかわらず、甲はその費用を負担しない。

(8) 転貸の条件

条件項目	条件の有無	条件の内容
転貸借契約において定めるべき事項	有	乙は、転借人（入居者）との間で転貸借契約を締結するに際し、当該契約が転貸借契約であることを転借人に開示するとともに、本契約第9条第2項、第12条及び第21条に規定する内容を契約条項とすること。
契約態様	有・無	普通賃貸借契約に限る・定期賃貸借契約に限る
契約期間	有・無	
家　　賃	有・無	
共　益　費	有・無	
敷　　金	有・無	
転　借　人	有・無	
民泊（住宅に人を宿泊させるサービス）の可否	可・否	☐　住宅宿泊事業法に基づく住宅宿泊事業 ☐　国家戦略特区法に基づく外国人滞在施設経営事業
そ　の　他	有	

(9) 転貸に関する敷金の分別管理の方法

(10) 合意管轄裁判所

地方（簡易）裁判所

(11) 特約

住戸明細表

(1) 賃貸借の目的物

建物名称	
建物所在地	

(2) 住戸内の設備

設　備	有無	備　　考
エアコン一基	有・無	
バルコニー（1階は除く）	有・無	
オートロック	有・無	
システムキッチン	有・無	
フローリング床	有・無	
床暖房	有・無	
追焚き機能付風呂	有・無	
浴室乾燥機	有・無	
独立洗面所	有・無	
クローゼット又は1間収納	有・無	
大型下足入れ	有・無	
電話2回線以上	有・無	
宅配ボックス	有・無	
	有・無	
	有・無	
	有・無	

(3) 住戸内訳

部屋番号	面積		間取り	家賃	備　　考
	壁芯・内法	㎡		円	
	壁芯・内法	㎡		円	
	壁芯・内法	㎡		円	
	壁芯・内法	㎡		円	
	壁芯・内法	㎡		円	
	壁芯・内法	㎡		円	
	壁芯・内法	㎡		円	
	壁芯・内法	㎡		円	
	壁芯・内法	㎡		円	

（契約の締結）

第1条　貸主（以下「甲」という。）及び借主（以下「乙」という。）は、頭書（1）に
　　　記載する賃貸借の目的物（以下「本物件」という。）について、以下の条項によ
　　　り、乙が転貸することを目的とする賃貸借契約（以下「本契約」という。）を締
　　　結した。

（契約期間）

第2条　契約期間は、頭書（2）に記載するとおりとする。

2　甲及び乙は、協議の上、本契約を更新することができる。

3　甲又は乙は、本契約の更新を希望しない場合には、契約期間の満了の1年
　　前から6か月前までの間に相手方に対して更新をしない旨の通知（以下「更新
　　拒絶通知」という。）をするものとする。ただし、甲による更新拒絶通知は、
　　借地借家法（平成3年法律第90号）第28条に規定する正当の事由がなければ
　　することができない。

（引渡し）

第3条　甲は、頭書（3）に記載する引渡日（以下「引渡日」という。）までに、乙
　　　に対し、本物件を引き渡さなければならない。

2　甲は、乙が本物件の適切な維持保全を行うために必要な情報を提供しなけ
　　ればならない。

3　甲が、引渡日に本物件を引き渡さず、又は、前項に定める情報を提供せず、
　　そのために生じた乙の損害は、甲が負担するものとする。

（使用目的）

第4条　乙は、専ら住宅として使用することを目的として本物件を転貸するも
　　　のとする。甲は、乙が本物件を借り受け、これを専ら住宅として使用するこ
　　　とを目的として第三者に転貸することを承諾する。

2　乙が住宅宿泊事業法に基づく住宅宿泊事業又は国家戦略特区法に基づく外
　　国人滞在施設経営事業を目的として転貸することができるか否かについては、
　　頭書（8）記載のとおりとする。

（家賃）

第5条　乙は、頭書（4）の記載に従い、家賃を甲に支払わなければならない。

2　1か月に満たない期間の家賃は、1か月を30日として日割計算した額とする。

3　甲及び乙は、頭書（4）に記載する家賃改定日において、頭書（4）記載の家賃額決定の要素とした事情等を総合的に考慮した上で、次の各号の一に該当する場合には、協議の上、家賃を改定することができる。

　　一　土地又は建物に対する租税その他の負担の増減により家賃が不相当となった場合

　　二　土地又は建物の価格の上昇又は低下その他の経済事情の変動により家賃が不相当となった場合

　　三　近傍同種の建物の家賃に比較して家賃が不相当となった場合

（家賃支払義務発生日）

第6条　乙は、頭書（5）に記載する支払い免責期間においては家賃支払い義務を負わないものとする。

2　乙は、頭書（5）に記載する家賃支払義務発生日から家賃を甲に支払わなければならない。

（敷金）

第7条　乙は、本契約から生じる債務の担保として頭書（4）に記載する敷金を甲に交付するものとする。

2　甲は、乙が本契約から生じる債務を履行しないときは、敷金をその債務の弁済に充てることができる。この場合において、乙は、本物件を返還するまでの間、敷金をもって当該債務の弁済に充てることを請求することができない。

3　甲は、本契約が終了し、本物件の返還があったときは、遅滞なく、敷金の全額を乙に返還しなければならない。ただし、本物件の返還時に、家賃の滞納その他の本契約から生じる乙の債務の不履行が存在する場合には、甲は、当該債務の額を敷金から差し引いた額を返還するものとする。

4　前項ただし書の場合には、甲は、敷金から差し引く債務の内訳を乙に明示しなければならない。

（反社会的勢力の排除）

第8条　甲及び乙は、それぞれ相手方に対し、次の各号の事項を確約する。

　　一　自らが暴力団、暴力団関係企業、総会屋若しくはこれらに準ずる者又は
　　　　その構成員（以下総称して「反社会的勢力」という。）ではないこと。

　　二　自らの役員（業務を執行する社員、取締役、執行役又はこれらに準ずる
　　　　者をいう。以下同じ。）が反社会的勢力ではないこと。

　　三　反社会的勢力に自己の名義を利用させ、この契約を締結するものでない
　　　　こと。

　　四　自ら又は第三者を利用して、次の行為をしないこと。

　　　イ　相手方に対する脅迫的な言動又は暴力を用いる行為

　　　ロ　偽計又は威力を用いて相手方の業務を妨害し、又は信用を毀損する行
　　　　　為

2　乙は、甲の承諾の有無にかかわらず、本物件の全部又は一部につき、反社
　会的勢力に賃借権を譲渡してはならない。

（転貸の条件等）

第9条　甲は、頭書（8）に記載する転貸の条件に従い乙が本物件を転貸するこ
　　とを承諾する。ただし、乙は、反社会的勢力に本物件を転貸してはならない。

2　乙は、前項に定める条件のほか、次の各号に定める内容を転貸条件としな
　ければならない。

　　一　乙及び転借人は、それぞれ相手方に対し、次のイからニまでに定める事
　　　　項を確約すること。

　　　イ　自らが反社会的勢力でないこと。

　　　ロ　自らの役員が反社会的勢力ではないこと。

　　　ハ　反社会的勢力に自己の名義を利用させ、この契約を締結するものでな
　　　　　いこと。

　　　ニ　自ら又は第三者を利用して、次の行為をしないこと。

　　　　（1）　相手方に対する脅迫的な言動又は暴力を用いる行為

　　　　（2）　偽計又は威力を用いて相手方の業務を妨害し、又は信用を毀損す
　　　　　　　る行為

　　二　転借人は、乙の承諾の有無にかかわらず、本物件の全部又は一部につき、
　　　　反社会的勢力に転借権を譲渡し、又は再転貸してはならないとすること。

　三　転借人は、本物件の使用にあたり、次のイからハまでに掲げる行為を行ってはならないとすること。
　　イ　本物件を反社会的勢力の事務所その他の活動の拠点に供すること。
　　ロ　本物件又は本物件の周辺において、著しく粗野若しくは乱暴な言動を行い、又は威勢を示すことにより、付近の住民又は通行人に不安を覚えさせること。
　　ハ　本物件に反社会的勢力を居住させ、又は反復継続して反社会的勢力を出入りさせること。
　四　乙又は転借人の一方について、次のいずれかに該当した場合には、その相手方は、何らの催告も要せずして、転貸借契約を解除することができるとすること。
　　イ　第一号の確約に反する事実が判明した場合
　　ロ　契約締結後に自ら又は役員が反社会的勢力に該当した場合
　五　乙は、転借人が第二号に規定する義務に違反した場合又は第三号イからハまでに掲げる行為を行った場合には、何らの催告も要せずして、転貸借契約を解除することができるとすること。
3　乙は、転貸借契約から生じる転借人の債務の担保として転借人から交付された敷金について、頭書 (9) に記載するとおり、整然と管理する方法により、自己の固有財産及び他の賃貸人の財産と分別して管理しなければならない。

（乙が行う維持保全の実施方法）
第10条　乙は、頭書 (6) に記載する維持保全を行わなければならない。
2　乙は、頭書 (6) に記載する業務の一部を、頭書 (6) に従って、他の者に再委託することができる。
3　乙は、頭書 (6) に記載する業務を、一括して他の者に委託してはならない。
4　乙は、第一項によって再委託した業務の処理について、甲に対して、自らなしたと同等の責任を負うものとする。
5　甲は、乙が管理業務を行うために必要な情報を提供しなければならない。
6　甲が、第5項に定める必要な情報を提供せず、又は、前項に定める必要な措置をとらず、そのために生じた乙の損害は、甲が負担するものとする。

（維持保全に要する費用の分担）

第11条　本物件の点検・清掃等に係る費用は、頭書 (7) に記載するとおり、甲
又は乙が負担するものとする。

2　甲は、乙が本物件を使用するために必要な修繕を行わなければならない。
ただし、頭書 (6) で乙が実施するとされている修繕と、乙の責めに帰すべき
事由（転借人の責めに帰すべき事由を含む。）によって必要となった修繕はそ
の限りではない。

3　甲が、本物件につき乙が使用するために必要な修繕を行った場合、その修
繕に要する費用は、次に掲げる費用を除き、甲が負担する。

　　一　頭書 (7) に掲げる修繕等で乙が費用を負担するとしているもの

　　二　乙の責めに帰すべき事由（転借人の責めに帰すべき事由を含む。）によっ
　　　て必要となった修繕

4　前項の規定に基づき甲が修繕を行う場合は、甲は、あらかじめ乙を通じて、
その旨を転借人に通知しなければならない。この場合において、甲は、転借
人が拒否する正当な理由がある場合をのぞき、当該修繕を行うことができる
ものとする。

5　乙は、修繕が必要な箇所を発見した場合には、その旨を速やかに甲に通知し、
修繕の必要性を協議するものとする。その通知が遅れて甲に損害が生じたと
きは、乙はこれを賠償する。

6　前項の規定による通知が行われた場合において、修繕の必要が認められ、
甲が修繕しなければならないにもかかわらず、甲が正当な理由無く修繕を実
施しないときは、乙は自ら修繕することができる。この場合の修繕に要する
費用の負担は、第3項に準ずるものとする。

7　乙は、第10条のほか、災害又は事故等の事由により、緊急に行う必要があ
る業務で、甲の承認を受ける時間的な余裕がないものについては、甲の承認
を受けないで実施することができる。この場合において、乙は、速やかに書
面をもって、その業務の内容及びその実施に要した費用の額を甲に通知しな
ければならない。

8　前項により通知を受けた費用については、甲は、第3項に準じて支払うも
のとする。ただし、乙の責めによる事故等の場合はこの限りではない。

9　乙が頭書 (6) に定められている修繕を行うに際しては、その内容及び方法

についてあらかじめ甲と協議して行うものとし、その費用は、頭書（7）に記載するとおり、甲又は乙が負担するものとする。

（維持保全の内容等の転借人に対する周知）

第12条　乙は、頭書（1）の賃貸住宅について自らを転貸人とする転貸借契約を締結したときは、転借人に対し、遅滞なく、頭書（6）に記載する維持保全の内容及び乙の連絡先を記載した書面又は電磁的方法により通知するものとする。

（維持保全の実施状況の報告）

第13条　乙は、甲と合意に基づき定めた期日に、甲と合意した頻度に基づき定期に、甲に対し、維持保全の実施状況の報告をするものとする。この場合の報告の対象には、頭書（8）に記載する転貸の条件の遵守状況を含むものとする。

2　前項の規定による報告のほか、甲は、必要があると認めるときは、乙に対し、維持保全の実施状況に関して報告を求めることができる。

3　前二項の場合において、甲は、乙に対し、維持保全の実施状況に係る関係書類の提示を求めることができる。

4　甲又は乙は、必要があると認めるときは、維持保全の実施状況に関して相互に意見を述べ、又は協議を求めることができる。

（善管注意義務）

第14条　乙は、善良な管理者の注意をもって本物件を使用し、維持保全する。

2　乙は、乙又はその従業員が、維持保全の実施に関し、甲又は第三者に損害を及ぼしたときは、甲又は第三者に対し、賠償の責任を負う。

3　前項にかかわらず、乙は、乙の責めに帰することができない事由によって生じた損害については、その責を負わないものとする。

（個人情報保護法等の遵守）

第15条　甲及び乙は、本物件の維持保全を行うに際しては、個人情報の保護に関する法律（平成15年法律第57号）及び行政手続における特定の個人を識別するための番号の利用等に関する法律（平成25年法律第27号）を遵守し、

個人情報及び個人番号について適切な対処をすることができるように、互いに協力するものとする。

（禁止又は制限される行為）
第16条　乙は、事前の甲の書面又は電磁的方法による承諾を得ることなく、本物件の全部又は一部につき賃借権を譲渡してはならない。

2　乙は、事前の甲の書面又は電磁的方法による承諾を得ることなく、本物件の増築、改築、移転、改造又は本物件の敷地内における工作物の設置をしてはならない。

（通知義務等）
第17条　甲は、当該物件の登記内容の変更等、本契約の履行に影響を及ぼすものとして別表第1に掲げる事由が生じた場合には、乙に対して、遅滞なく通知しなければならない。

2　甲は、本物件の住宅総合保険、施設所有者賠償責任保険等の損害保険の加入状況を乙に通知しなければならない。

3　乙は、本契約の履行に影響を及ぼすものとして別表第2に掲げる事由が生じた場合には、甲に対して、遅滞なく通知しなければならない。

（契約の解除）
第18条　甲は、乙が次に掲げる場合において、甲が相当の期間を定めて当該義務の履行を催告したにもかかわらず、その期間内に当該義務が履行されないときは、本契約を解除することができる。
　　一　第5条第1項に規定する家賃支払義務を3か月分以上怠った場合
　　二　第9条第2項に規定する義務に違反した場合
　　三　第11条に規定する乙の費用負担義務に違反した場合

2　甲は、乙が次に掲げる義務に違反した場合において、甲が相当の期間を定めて当該義務の履行を催告したにもかかわらず、その期間内に当該義務が履行されずに当該義務違反により本契約を継続することが困難であると認められるに至ったときは、本契約を解除することができる。
　　一　第4条に規定する本物件の使用目的遵守義務
　　二　第16条各項に規定する義務

三　その他本契約書に規定する乙の義務

3　甲又は乙の一方について、次のいずれかに該当した場合には、その相手方は、何らの催告も要せずして、本契約を解除することができる。

一　第8条第1項各号の確約に反する事実が判明した場合

二　契約締結後に自ら又は役員が反社会的勢力に該当した場合

三　相手方に信頼関係を破壊する特段の事情があった場合

4　甲は、乙が第8条第2項に規定する義務又は第9条第1項ただし書に規定する義務に違反した場合には、何らの催告も要せずして、本契約を解除することができる。

（契約の終了）

第19条　本契約は、本物件の全部が滅失その他の事由により使用できなくなった場合には、これによって終了する。

（本物件の返還）

第20条　乙は、本契約が終了する日までに（第18条の規定に基づき本契約が解除された場合にあっては、直ちに）、頭書（1）に記載する住戸部分のうちの空室及びその他の部分について、転貸借に関する通常の使用に伴い生じた当該部分の損耗及び当該部分の経年変化を除き、乙の責めに帰すべき事由（転借人の責めに帰すべき事由を含む。）によって必要となった修繕を行い、返還日を事前に甲に通知した上で、甲に本物件を返還しなければならない。

2　乙は、前項の返還をするときには、甲又は甲の指定する者に対して、本物件の適切な維持保全を行うために必要な情報を提供しなければならない。

（権利義務の承継）

第21条　本契約が終了した場合（第19条の規定に基づき本契約が終了した場合を除く。）には、甲は、転貸借契約における乙の転貸人の地位を当然に承継する。

2　前項の規定は、転借人について第9条第2項第一号の確約に反する事実が判明した場合又は転借人が同項第二号に規定する義務に違反した場合若しくは同項第三号イからハまでに掲げる行為を行った場合の当該転借人に係る転貸借契約については、適用しない。

3　第1項の規定に基づき甲が転貸借契約における乙の転貸人の地位を承継する場合、乙は、転借人から交付されている敷金、賃貸借契約書、その他地位の承継に際し必要な書類を甲に引き渡さなければならない。

（協議）
第22条　甲及び乙は、本契約書に定めがない事項及び本契約書の条項の解釈について疑義が生じた場合は、民法その他の法令及び慣行に従い、誠意をもって協議し、解決するものとする。

（合意管轄裁判所）
第23条　本契約に起因する紛争が生じたときは、頭書（10）に記載する地方（簡易）裁判所を管轄裁判所とする。

（特約条項）
第24条　本契約の特約については、頭書（11）のとおりとする。

別表第1（第17条関係：甲が乙に、遅滞なく通知しなければならない事由）

別表第2（第17条関係：乙が甲に、遅滞なく通知しなければならない事由）

演習問題3

■問1

【令和4年問31】

令和3年6月15日時点で既に賃貸住宅管理業を営み、管理戸数が200戸以上である管理業者Aに対する管理業法の規制に関する次の記述のうち、正しいものの組合せはどれか。

ア　Aは、賃貸住宅管理業登録をしなくとも、令和4年6月15日以降、それ以前に締結した管理受託契約の履行に必要な限度で、賃貸住宅の維持保全を内容とする管理業務を行うことができる。

イ　Aは、賃貸住宅管理業登録をしなければ、令和4年6月15日以降、賃貸人との間で新たに賃貸住宅の維持保全を内容とする管理受託契約を締結し、管理業務を行うことができない。

ウ　Aは、賃貸住宅管理業登録をしなければ、令和4年6月15日以降、建物所有者との間で特定賃貸借契約を締結することはできない。

エ　Aは、賃貸住宅管理業登録をしなくとも、令和4年6月15日以降、それ以前に締結した特定賃貸借契約に基づき、入居者との間で新たに転貸借契約を締結することができる。

1　ア、イ
2　ア、ウ
3　イ、エ
4　ウ、エ

■ **問2** 　　　　　　　　　　　【令和4年問35】　

特定賃貸借契約に関する次の記述のうち、正しいものはどれか。

1　特定転貸事業者と、再転貸を行うことを目的とする転借人との間で締結された転貸借契約は、特定賃貸借契約に該当する。

2　借主が、1年間の海外留学期間中、第三者に転貸することを可能とする条件でされた貸主と借主との間の賃貸借契約は、特定賃貸借契約に該当する。

3　借主が第三者に転貸する目的で賃貸借契約をする場合、転借人から受領する賃料と貸主に支払う賃料が同額であるときは、特定賃貸借契約に該当しない。

4　社宅として使用する目的で賃貸住宅を借り上げた会社が、その従業員との間で転貸借契約を締結し、転貸料を徴収して従業員を入居させる場合は、転貸料の多寡を問わず、貸主と当該会社との間の賃貸借契約は特定賃貸借契約に該当する。

■ **問3** 　　　　　　　　　　　【令和3年問40】　✓✓✓

特定賃貸借契約の締結について不当な勧誘を禁止される「勧誘者」に関する次の記述のうち、正しいものの組合せはどれか。

ア　勧誘者は、特定転貸事業者から委託料を受け取って勧誘の委託を受けた者に限られない。

イ　勧誘者が勧誘行為を第三者に再委託した場合、再委託を受けた第三者も勧誘者に該当する。

ウ　特定転貸事業者である親会社との間で特定賃貸借契約を結ぶよう勧める場合の子会社は、勧誘者にあたらない。

エ　勧誘者には不当な勧誘等が禁止されるが、誇大広告等の禁止は適用されない。

1　ア、イ

2　イ、ウ

3　ウ、エ

4　ア、エ

問4 【令和4年問36】 ☑☑☑

管理業法の定める誇大広告等の禁止に関する次の記述のうち、誤っているものはどれか。

1 広告の記載と事実との相違が大きくなくても、その相違を知っていれば通常その特定賃貸借契約に誘引されないと判断される程度であれば、虚偽広告に該当する。

2 一定期間一定の額の家賃を支払うことを約束する趣旨で広告に「家賃保証」と表示する場合には、その文言に隣接する箇所に借地借家法第32条の規定により家賃が減額されることがあることを表示しなければ、誇大広告に該当する。

3 広告に「〇年間借上げ保証」と表示する場合には、その期間中であっても特定転貸事業者から解約をする可能性があることを表示しなければ、誇大広告に該当する。

4 良好な経営実績が確保されたとの体験談を用いる広告については、「個人の感想です。経営実績を保証するものではありません。」といった打消し表示を明瞭に記載すれば、誇大広告に該当しない。

問5 【令和3年問39】 ☑☑☑

特定転貸事業者が特定賃貸借契約の条件について広告をする際に禁止される行為に当たるものに関する次の記述のうち、正しいものはいくつあるか。

ア 実際の周辺相場について調査していなかったが、「周辺相場より高い家賃で借り上げ」と表示した。

イ 大規模修繕積立金として月々の家賃から一定額を差し引く一方、日常修繕の費用負担は賃貸人に求めない予定であったため、「修繕費負担なし」と表示した。

ウ 契約を解除する場合には、月額家賃の数か月を支払う必要があるにもかかわらず、その旨を記載せずに、「いつでも借り上げ契約は解除できます」と表示した。

エ 借地借家法上の賃料減額請求が可能であるにもかかわらず、その旨を表示せず、「10年家賃保証」と表示した。

1　1つ

2　2つ

3　3つ

4　4つ

■問6 【令和4年問39】

特定転貸事業者が、特定賃貸借契約を締結しようとする際に行う相手方への説明（以下、各問において「特定賃貸借契約重要事項説明」という。）に関する次の記述のうち、正しいものはどれか。

1　特定賃貸借契約重要事項説明は3年以上の実務経験を有する者によって行わなければならないが、これを満たす従業員がいない場合には、このような実務経験を有する第三者に委託して行わせることができる。

2　特定賃貸借契約重要事項説明から特定賃貸借契約の締結までに、1週間以上の期間をおかなければならない。

3　特定賃貸借契約の相手方が賃貸住宅管理業者である場合、特定賃貸借契約重要事項説明は省略してもよい。

4　特定賃貸借契約期間中に、特定賃貸借契約重要事項説明を行うべき事項に変更があった場合は、契約更新時にその旨の説明を行わなければならない。

■問7 【令和3年問38】

特定賃貸借契約重要事項説明に関する次の記述のうち、最も不適切なものはどれか。

1　説明の前に管理業法第30条に規定する書面（以下、本問において「特定賃貸借契約重要事項説明書」という。）等を送付しておき、送付から一定期間後に説明を実施した上で速やかに契約書を取り交わした。

2　相手方とは、既に別の賃貸住宅について特定賃貸借契約を締結していたため、その契約と同じ内容については特定賃貸借契約重要事項説明書への記載を省略した。

3　相手方への説明を、賃貸不動産経営管理士の資格を有しない従業者に行わせた。

4　賃貸住宅の修繕は、特定転貸事業者が指定した業者に施工させなければな

らないという条件を契約に盛り込むこととし、その旨説明した。

■問8

【令和3年問37】

特定転貸事業者が特定賃貸借契約を締結しようとするときに契約の相手方となろうとする者に説明しなければならない事項に関する次の記述のうち、正しいものはいくつあるか。

ア　特定賃貸借契約の対象となる賃貸住宅の面積

イ　特定賃貸借契約の相手方に支払う家賃の設定根拠

ウ　特定賃貸借契約の相手方に支払う敷金がある場合はその額

エ　特定転貸事業者が賃貸住宅の維持保全を行う回数や頻度

1　1つ
2　2つ
3　3つ
4　4つ

■問9

【令和4年問40】

特定賃貸借契約重要事項説明に関する次の記述のうち、正しいものはどれか。

1　特定賃貸借契約において家賃改定日を定める場合はその旨を説明すればよく、これに加えて借地借家法に基づく減額請求について説明する必要はない。

2　特定賃貸借契約を賃貸人と特定転貸事業者との協議の上で更新することができることとする場合は、その旨を説明すればよく、更新拒絶に正当な事由が必要である旨を説明する必要はない。

3　特定賃貸借契約が終了した場合に賃貸人が特定転貸事業者の転貸人の地位を承継することとする定めを設ける場合は、その旨に加えて、賃貸人が転貸人の地位を承継した場合に正当な事由なく入居者の契約更新を拒むことはできないことを説明しなければならない。

4　特定賃貸借契約を定期建物賃貸借契約によらない建物賃貸借とする場合は、その旨に加えて、契約期間中に家賃の減額はできないとの特約を定めることはできないことを説明しなければならない。

■問10 【令和4年問38】

特定転貸事業者が特定賃貸借契約を締結したときに賃貸人に対して交付しなければならない書面（以下、各問において「特定賃貸借契約締結時書面」という。）に関する次の記述のうち、正しいものはどれか。

1　特定賃貸借契約書をもって特定賃貸借契約締結時書面とすることはできるが、特定賃貸借契約書と、特定転貸事業者が賃貸住宅の維持保全について賃貸人から受託する管理受託契約書を兼ねることはできない。
2　特定賃貸借契約締結時書面は、特定賃貸借契約を締結したときに遅滞なく交付しなければならない。
3　特定賃貸借契約締結時書面は、相手方と契約を締結したときのみならず、相手方との契約を更新したときにも、その都度作成しなければならない。
4　特定賃貸借契約締結時書面を電磁的方法で提供する場合、相手方がこれを確実に受け取ることができるよう、用いる方法について相手方の書面による承諾が必要である。

■問11 【令和3年問36】

特定賃貸借契約締結時書面に関する次の記述のうち、誤っているものはどれか。

1　特定賃貸借契約締結時書面は、特定賃貸借契約書と同時に賃貸人に交付する必要はない。
2　特定転貸事業者が特定賃貸借契約を更新する際、賃貸人に支払う家賃を減額するのみでその他の条件に変更がなければ、特定賃貸借契約締結時書面の交付は不要である。
3　特定賃貸借契約締結時書面に記載すべき事項を電磁的方法により提供する場合、あらかじめ相手方の承諾を得なければならない。
4　特定転貸事業者が特定賃貸借契約締結時書面の交付を怠った場合、50万円以下の罰金に処される場合がある。

問12　【令和4年問37】

　管理業法上の業務状況調書や貸借対照表、損益計算書又はこれらに代わる書面（以下、本問において「業務状況調書等」と総称する。）の閲覧に関する次の記述のうち、正しいものはどれか。

1　特定賃貸借契約の勧誘者は、業務状況調書等の書類を作成・保存し、その勧誘によって特定賃貸借契約を結んだ賃貸人からの求めがあれば、これらを閲覧させなければならない。

2　特定転貸事業者が、業務状況調書等を電磁的方法による記録で保存する場合には、電子計算機その他の機器を用いて明確に紙面に表示される状態に置かなければならない。

3　特定転貸事業者は、業務状況調書等の書類を、事業年度ごとに、その事業年度経過後3か月以内に作成し、主たる事務所にまとめて備え置かなければならない。

4　特定転貸事業者は、特定賃貸借契約の相手方及び入居者（転借人）からの求めがあれば、営業所又は事務所の営業時間中、業務状況調書等の書類を閲覧させなければならない。

問13　【令和3年問41】

　特定賃貸借契約の適正化のための国土交通大臣の監督に関する次の記述のうち、誤っているものはどれか。

1　国土交通大臣は、特定転貸事業者が国土交通大臣の指示に従わない場合でも、特定賃貸借契約に関する業務の全部の停止を命じることはできない。

2　勧誘者が不当な勧誘等の禁止に違反した場合、特定転貸事業者が監督処分を受けることがある。

3　国土交通大臣は、特定転貸事業者が誇大広告等の禁止に違反した場合、違反の是正のための措置をとるべきことを指示できることがある。

4　国土交通大臣は、特定転貸事業者に対し業務停止の命令をしたときは、その旨を公表しなければならない。

■問14 【令和4年問32改題】 ✓✓✓

　勧誘者であるA法人（代表者B）は特定転貸事業者であるC法人から委託を受けて特定賃貸借契約の勧誘を行っている。勧誘者であるA法人の従業員Dが、自己の判断により、特定賃貸借契約の相手方となろうとする者に対し、故意に不実のことを告げるという管理業法第29条第1号に違反する行為を行った場合の罰則（6月以下の懲役若しくは50万円以下の罰金又はこれらの併科）の適用に関する次の記述のうち、正しいものの組合せはどれか。

ア　A法人が罰金に処せられることはない。
イ　代表者Bが懲役又は罰金に処せられることはない。
ウ　C法人が罰金に処せられることはない。
エ　従業員Dが懲役又は罰金に処せられることはない。

1　ア、イ
2　イ、ウ
3　ア、エ
4　ウ、エ

■問15 【令和4年問41】 ✓✓✓

　特定賃貸借標準契約書（国土交通省不動産・建設経済局令和3年4月23日更新。以下、各問において同じ。）に関する次の記述のうち、正しいものはどれか。なお、特約はないものとする。

1　特定賃貸借標準契約書では、貸主は、借主が家賃支払義務を3か月分以上怠っている場合であっても、相当の期間を定めて当該義務の履行を催告することなく契約を解除することはできないとされている。

2　特定賃貸借標準契約書は、賃貸住宅において借主が住宅宿泊事業法に基づく住宅宿泊事業（いわゆる民泊）を目的として転貸することは認めないことが前提とされているため、民泊を認める場合は、特約事項欄に記載する必要がある。

3　特定賃貸借標準契約書によれば、借主は、賃貸住宅の適切な維持保全を行うために必要な事項については、書面により貸主に情報の提供を求めなければならない。

4 　特定賃貸借標準契約書によれば、特定賃貸借契約が終了した場合において借主が転借人から敷金の交付を受けているときは、これを転借人との間で精算し、転借人から貸主に敷金を交付させなければならない。

■問16

特定賃貸借標準契約書に関する次の記述のうち、最も適切なものはどれか。ただし、特約はないものとする。

1 　特定賃貸借標準契約書では、賃貸住宅内の修繕を借主が実施するとしている場合には、転貸借契約終了時の賃貸住宅内の修繕は、貸主と協議をすることなく借主がその内容及び方法を決定することができるとされている。

2 　特定賃貸借標準契約書では、転貸借契約を定期建物賃貸借にするか否かは、借主と転借人との間の合意により自由に決定することができるとされている。

3 　特定賃貸借標準契約書では、転借人が賃貸借の目的物を反社会的勢力の事務所に供していた場合には、借主は、催告をすることなく、転貸借契約を解除することができるとされている。

4 　特定賃貸借標準契約書では、転貸借契約から生じる転借料と転借人から交付された敷金は、借主の固有の財産及び他の貸主の財産と分別したうえで、まとめて管理することができるとされている。

■問17

特定賃貸借標準契約書に関する次の記述のうち、最も不適切なものはどれか。ただし、特約はないものとする。

1 　特定賃貸借標準契約書では、借主が賃貸住宅の維持保全をするに当たり、特定賃貸借契約締結時に貸主から借主に対し必要な情報の提供がなかったことにより借主に損害が生じた場合には、その損害につき貸主に負担を求めることができるとされている。

2 　特定賃貸借標準契約書では、貸主が賃貸住宅の修繕を行う場合は、貸主はあらかじめ自らその旨を転借人に通知しなければならないとされている。

3 　特定賃貸借標準契約書では、賃貸住宅の修繕に係る費用については、借主又は転借人の責めに帰すべき事由によって必要となったもの以外であっても、貸主に請求できないものがあるとされている。

4　特定賃貸借標準契約書では、借主が行う賃貸住宅の維持保全の内容及び借主の連絡先については、転借人に対し、書面又は電磁的方法による通知をしなければならないとされている。

■問18　　　　　　　　　　　　　　　　【令和3年問35】　✓ ✓ ✓

　特定転貸事業者の貸主への報告に関する次の記述のうち、特定賃貸借標準契約書によれば最も適切なものはどれか。ただし、特約はないものとする。

1　貸主との合意に基づき定めた期日において、賃貸住宅の維持保全の実施状況や転貸条件の遵守状況、転借人からの転借料の収納状況について、貸主に対し書面を交付して定期報告を行わなければならない。

2　貸主は、借主との合意に基づき定めた期日以外であっても、必要があると認めるときは、借主に対し、維持保全の実施状況に関して報告を求めることができる。

3　修繕を必要とする箇所を発見した場合、それが緊急を要する状況ではなかったときには、定期報告において貸主に書面を交付して報告を行うことができる。

4　自然災害が発生し緊急に修繕を行う必要が生じたため、貸主の承認を受ける時間的な余裕がなく、承認を受けずに当該業務を実施したときは、貸主への報告をする必要はない。

解 答 ・ 解 説

■問1　　　　　　　　　　　　　　　　　　　　　【解答　3】

　管理戸数が200戸未満である場合を除き、賃貸住宅管理業登録をしなければ賃貸住宅管理業（賃貸住宅の賃貸人から委託を受けて管理業務を行う事業）を営むことはできません。このことは、以前に締結していた管理受託契約に基づいて維持管理を行う場合でも同じです。よって、アは誤りであり、イは正しい記述です。

　賃貸住宅管理業登録と特定賃貸借契約は、直接の関係はありません。そのため、賃貸住宅管理業登録をしなくとも、建物所有者との間で特定賃貸借契約を締結することはできますし、また、特定賃貸借契約に基づいて入居者との間で

新たに転貸借契約を締結することができます。よって、ウは誤りであり、エは正しい記述です。　　　　　　　　　　　「2-2 登録制度の登録の申請と更新」、
「3-1 特定賃貸借契約・特定転貸事業者」参照

■問2　　　　　　　　　　　　　　　　　【解答　1】

1は、設問の通りであり、正しい記述です。

個人が賃借した賃貸住宅について、事情により、一時的に第三者に転貸するような場合は、特定賃貸借契約に該当しません。よって、2は誤りです。

「特定賃貸借契約」とは、賃貸住宅の賃貸借契約であって、賃借人が当該賃貸住宅を第三者に「転貸する事業を営む」ことを目的として締結されるものをいいます。転借人から受領する賃料と賃主に支払う賃料が同額であるときでも、当然にその事業性が否定されて特定賃貸借契約から除かれるわけではありません。よって、3は誤りです。

企業と従業員等との間で賃貸借契約が締結されている場合でも、「相場よりも低廉な金額を利用料として徴収するとき」は、従業員等への転貸により利益を上げることを目的とするものではないことから、「転貸する事業を営む」とはいえず、特定賃貸借契約に該当しません。よって、4は、「転貸料の多寡を問わず」特定賃貸借契約に該当するとしている点が誤りです。

「3-1 特定賃貸借契約・特定転貸事業者」参照

■問3　　　　　　　　　　　　　　　　　【解答　1】

アおよびイは、設問の通りであり、正しい記述です。

特定転貸事業者である親会社との間で特定賃貸借契約を結ぶよう勧める場合の子会社は、勧誘者に該当します。よって、ウは誤りです。

勧誘者には「不当な勧誘等の禁止」および「誇大広告等の禁止」が適用されます。よって、エは誤りです。　　　　　　　　　　　　　　「3-2 勧誘者」参照

■問4　　　　　　　　　　　　　　　　　【解答　4】

1～3は、設問の通りであり、正しい記述です。

体験談とは異なる賃貸住宅経営の実績となっている事例が一定数存在する場合等には、「個人の感想です。経営実績を保証するものではありません」といっ

た打消し表示が明瞭に記載されていたとしても、問題のある表示となるおそれがあるため、体験談を用いることは、法第28条（誇大広告等の禁止）違反となる可能性があります。よって、4は誤りです。

「3-3 誇大広告等の禁止」参照

問5 【解答 4】

ア〜エはすべて、広告をする際に禁止される行為に該当し、正しい記述です。

「3-3 誇大広告等の禁止」参照

問6 【解答 3】

特定賃貸借契約重要事項説明は、一定の実務経験を有する者や賃貸不動産経営管理士など、専門的な知識及び経験を有する者によって行われることが「望ましい」とされています。3年以上の実務経験を有する者によって行われなければならないわけではありません。よって、1は誤りです。

特定賃貸借契約重要事項説明から特定賃貸借契約の締結までに、1週間程度の期間をおくことが「望ましい」とされています。1週間以上の期間を置かなければならないわけではありません。よって、2は誤りです。

3は、設問の通りであり、正しい記述です。

4は、特定賃貸借契約期間中に、特定賃貸借契約重要事項説明を行うべき事項を変更しようとする場合は、変更契約を締結するまでに（変更前に）、その旨の説明を行わなければなりません。4は、「契約更新時に」となっている部分が誤りです。　　　　「3-5 特定賃貸借契約における重要事項説明、書面交付」参照

問7 【解答 2】

1、3、4は、設問の通りであり、正しい記述です。

別の賃貸住宅について特定賃貸借契約を締結していたとしても、その契約と同じ内容について特定賃貸借契約重要事項説明書への記載を省略することはできません。よって、2は誤りです。

「3-5 特定賃貸借契約における重要事項説明、書面交付」参照

演習問題3

3

特定賃貸借契約の適正化のための措置等

演 習 問 題

■問8　　　　　　　　　　　　　　　　　　　　　　　【解答　4】

ア〜エはすべて、特定賃貸借契約を締結しようとするときに契約の相手方となろうとする者に説明しなければならない事項であり、正しい記述です。

「3-5 特定賃貸借契約における重要事項説明、書面交付」参照

■問9　　　　　　　　　　　　　　　　　　　　　　　【解答　3】

契約において、家賃改定日が定められていたとしても、その日以外でも、借地借家法に基づく減額請求ができることについても記載し、説明することが必要です。よって、1は誤りです。

賃貸人からの更新拒絶には正当事由が必要であることを説明する必要があります。このことは、協議の上で更新できるとしていた場合でも同じです。よって、2は誤りです。

3は、設問の通りであり、正しい記述です。

契約の条件にかかわらず、借地借家法に基づき特定転貸事業者は家賃の減額請求をすることができることを説明する必要があります。よって、4は誤りです。

「3-5 特定賃貸借契約における重要事項説明、書面交付」参照

■問10　　　　　　　　　　　　　　　　　　　　　　【解答　2】

特定賃貸借契約書をもって特定賃貸借契約締結時書面とすることはできます。また、特定賃貸借契約書と管理受託契約書を兼ねることはできます。よって、1は後半部分が誤りです。

2は、設問の通りであり、正しい記述です。

特定賃貸借契約変更契約を締結する場合は、変更のあった事項について、特定賃貸借契約締結時書面を交付する必要があります。しかし、更新時に、特定賃貸借契約締結時書面を交付しなければならないというものではありません。契約の同一性を保ったままで契約期間のみを延長する場合は、特定賃貸借契約締結時書面の交付は不要です。よって、3は誤りです。

電磁的方法により提供しようとする場合は、相手方がこれを確実に受け取れるように、用いる方法やファイルへの記録方法を示した上で、「電子メール、WEBによる方法、CD-ROM等」相手方が承諾したことが記録に残る方法で承諾を得ることが必要です。したがって、一定の記録に残る方法で承諾を得ること

163

ができます。よって、4は、「書面による承諾が必要」としている点が誤りです。

「3-6 特定賃貸借契約締結時書面の交付」参照

■問11 【解答　2】

1、3、4は、設問の通りであり、正しい記述です。

特定賃貸借契約変更契約を締結する場合には、変更のあった事項について、賃貸人に対して特定賃貸借契約締結時書面を交付しなければなりません。家賃を減額するのみの変更であっても、当該書面の交付は必要です。よって、2は誤りです。　　　　　　　　　　　　　　「3-6 特定賃貸借契約締結時書面の交付」、

「3-8 特定転貸事業者・勧誘者に対する監督・罰則」参照

■問12 【解答　2】

業務状況調書等の備付け・閲覧の義務を負っているのは、特定転貸事業者です。勧誘者は、業務状況調書等の備付け・閲覧の義務を負いません。よって、1は、「勧誘者は」となっている部分が誤りです。

2は、設問の通りであり、正しい記述です。

業務状況調書等は、営業所または事務所ごとに備え置かなければなりません。よって、3は、「主たる事務所にまとめて」となっている部分が誤りです。

業務状況調書等は、特定転貸事業者の相手方または相手方となろうとする者の求めに応じて閲覧させなければなりません。4は、「入居者（転借人）」となっている部分が誤りです。　　　　　　　　　　「3-7 業務状況調書等の閲覧」参照

■問13 【解答　1】

国土交通大臣は、特定転貸事業者が指示に従わない場合は、特定賃貸借契約に関する業務の全部もしくは一部の停止を命じることができます。よって、1は誤りです。

2～4は、設問の通りであり、正しい記述です。

「3-8 特定転貸事業者・勧誘者に対する監督・罰則」参照

■問14 【解答　2】

法人の従業者が、その法人の業務に関して、賃貸住宅管理業法第29条第1号

に違反した場合、行為者を罰するほか、その法人に対して罰金刑を科します。したがって、違反行為者Dが懲役または罰金に処せられるほか、Dが所属するA法人が罰金に処せられることがあります。

一方、Dは自己の判断で違反行為を行っていることから、A法人の代表者Bや特定転貸事業者C法人が懲役や罰金に処せられることはありません。

以上により、正しいものの組合せは「イとウ」の組合せです。

「3-8 特定転貸事業者・勧誘者に対する監督・罰則」参照

■問15　　　　　　　　　　　　　　　　　　　　　【解答　1】

1は、設問の通りであり、正しい記述です。

民泊の可否は、「転貸の条件」の欄に記載します。よって、2は誤りです。

貸主は、借主が賃貸住宅の適切な維持保全を行うために必要な情報を提供しなければなりません。よって、3は、借主が「書面により貸主に情報の提供を求めなければならない」としている点が、誤りです。

特定賃貸借契約が終了した場合、原則として、貸主は、転貸借契約における借主の転貸人の地位を当然に承継します。そして、借主の転貸人の地位を承継する場合、借主は、転借人から交付されている敷金、賃貸借契約書、その他地位の承継に際し必要な書類を貸主に引き渡さなければならないとされています。よって、「転借人との間で精算」をする必要はなく、また、「転借人から貸主に敷金を交付」する必要もないため、4は誤りです。

「3-9 特定賃貸借標準契約書」参照

■問16　　　　　　　　　　　　　　　　　　　　　【解答　3】

修繕の内容及び方法についてあらかじめ貸主と「協議して」行うものとされています。よって、1は誤りです。

転貸の条件は、貸主と借主との間で締結される特定賃貸借契約で決めます。転貸借契約を定期建物賃貸借にするか否かを、借主と転借人との間で自由に決定できるとはされていません。よって、2は誤りです。

3は、設問の通りであり、正しい記述です。

借主は、転貸借契約から生じる転借人の債務の担保として転借人から交付された敷金について、整然と管理する方法により、「自己の固有財産」および他の賃貸人の財産と分別して管理しなければならないとされています。転貸借契約

から生じる転借料は「自己の固有財産」に含まれるため、転借料と敷金は分別して管理しなければならず、まとめて管理することはできません。よって、4は誤りです。　　　　　　　　　　　　　　　　「3-9 特定賃貸借標準契約書」参照

■問17　　　　　　　　　　　　　　　　　　　　　　【解答　2】

1、3、4は、設問の通りであり、正しい記述です。

貸主が修繕を行う場合は、貸主は、あらかじめ「借主を通じて」、その旨を転借人に通知しなければなりません。2は、貸主が「自ら」転借人に通知しなければならないとしている点が誤りです。　　　　　　「3-9 特定賃貸借標準契約書」参照

■問18　　　　　　　　　　　　　　　　　　　　　　【解答　2】

賃貸住宅の維持保全の実施状況や転貸条件の遵守状況は、定期報告の対象ですが、転借人からの転借料の収納状況は定期報告の対象とはされていません。また、定期報告は書面を交付して行わなければならないとはされていません。よって、1は誤りです。

2は、設問の通りであり、正しい記述です。

借主は、修繕が必要な箇所を発見した場合には、その旨を「速やかに」貸主に通知し、修繕の必要性を協議するものとされています。よって、3は、定期報告において報告を行うことができるとしている点が誤りです。

借主は、災害または事故等の事由により、緊急に行う必要がある業務で、貸主の承認を受ける時間的な余裕がないものについては、貸主の承認を受けないで実施することができるとされています。この場合において、借主は、速やかに書面をもって、その業務の内容およびその実施に要した費用の額を貸主に「通知しなければならない」とされています。よって、4は、「報告をする必要はない」としている点が誤りです。　　　　　　　　　　「3-9 特定賃貸借標準契約書」参照

解答	問 1：3	問 2：1	問 3：1	問 4：4
	問 5：4	問 6：3	問 7：2	問 8：4
	問 9：3	問 10：2	問 11：2	問 12：2
	問 13：1	問 14：2	問 15：1	問 16：3
	問 17：2	問 18：2		

第**4**章

管理受託契約

4-1 民法

民法は、人の財産や身分について定めた基本的な法律です。契約や相続などについて定められています。ここでは、契約の基本的な考え方や、契約がなくても権利義務が発生する制度（不法行為）について学びます。

① 契約 重要度 ★★★

(1) 契約の成立

　通常、契約は、申込みの意思表示と承諾の意思表示の合致（合意）で成立します。例えば、売買契約は、「売る」という意思表示と「買う」という意思表示の合致によって成立します。このように、意思表示の合致のみによって成立する契約を諾成契約といいます。

　これに対して、消費貸借契約（例：お金を借りる契約）は、意思表示の合致のほか、目的物の引渡し（例：お金を渡すこと）によって初めて成立する契約です。このように、意思表示の合致のほか、目的物の授受（目的物の引渡し）がなければ成立しない契約を要物契約といいます。

　賃貸借契約や委任契約は、諾成契約であるため、賃貸物件を引き渡すことなく、契約が成立します。

▼契約の成立（売買契約の場合）

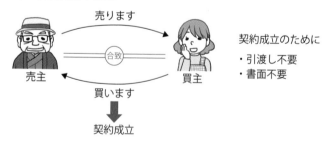

売ります

合致

売主

買います

買主

契約成立のために
・引渡し不要
・書面不要

契約成立

● 諾成契約と要物契約の違い

諾成契約：意思表示の合致→契約成立

要物契約：意思表示の合致＋目的物の引渡し→契約成立

　また、賃貸借契約や委任契約、請負契約は、その成立に書面によるものとはされていないため、契約書を作成しなくとも契約は成立します。なお、契約当事者は、第三者に対して、契約内容を説明しなければならないことがあり、その場合は契約書は重要です。

▼契約の成立と書面の要否

契約の成立に書面が不要となるもの	売買契約、賃貸借契約、委任契約、請負契約など
契約の成立（効力の発生）に書面を必要とするもの	保証契約、定期建物賃貸借、取り壊し予定建物賃貸借、終身建物賃貸借契約など

(2) 契約の効果

　契約が成立すると、その契約の効果として、債権（権利）と債務（義務）が発生します。例えば、売買契約であれば、買主には売主に代金を支払う義務（売主からみれば代金を受け取る権利）が発生し、売主には買主に売買の目的物を引き渡す義務（買主からみれば目的物の引渡しを受ける権利）が発生します。

▼契約に基づく債権・債務の発生

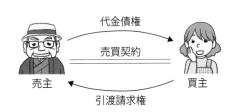

代金債権

売買契約

売主　　　　　買主

引渡請求権

※試験対策としては、
「債権＝権利」「債務＝義務」
と理解しておけば十分です。

(3) 特約

　契約を締結するかどうか、どのような内容の契約を締結するかは自由に決めることができます。これを「契約自由の原則」といいます。

　例えば、法律の定めと異なる内容の契約を締結することができますし、法律に定められていないことを契約の内容とすることができます。

　そのため、特約は、基本的に有効です。ただし、特約が公序良俗に反するときは無効となります。また、消費者契約法や借地借家法などでは、特定の特約（契約の条項）を無効としています。

2 債務不履行・不法行為　　重要度 ★★★

（1）債務不履行

　契約が成立すると、契約の当事者間に権利・義務（債権・債務）が発生します。契約上の義務が履行されない場合、損害賠償請求や契約解除の請求を行うことができます。

　契約上の義務が履行されないこと、つまり契約違反のことを「債務不履行」といいます。例えば、賃貸借契約上、借主は貸主に対して賃料の支払い義務を負いますが、借主が賃料を支払わない状態が長期間続いた場合、貸主は債務不履行に基づき損害賠償の請求や契約の解除（→P200）をすることができます。

　他方、契約関係にない者の間においては、債務不履行に基づく責任は負わず、不法行為責任が成立するかどうかが問題になります。

▼債務不履行責任

（2）不法行為

　不法行為は、故意または過失によって他人の権利または法律上保護された利益を侵害し、これによって他人（被害者）に損害が生じた場合に成立する責任です。不法行為が成立した場合、加害者は被害者に対して損害賠償責任（損害賠償金の支払義務）を負います。

　例えば、管理業者が賃貸物件の管理を怠ったことにより、その賃貸物件を訪問した第三者が怪我をした場合、管理業者は、その第三者に対して、不法行為に基づく損害賠償責任を負います。この場合、管理業者と第三者は契約関係にはないため、債務不履行（契約違反）に基づく責任は負いません。

　このように、不法行為は、契約がなくても、権利（被害者からみれば損害賠償請求権）・義務（加害者から見れば損害賠償義務）が発生する制度といえます。

▼不法行為責任

不法行為責任の追及
契約関係
にない
管理業者

第三者

(3) 契約締結上の過失

　契約成立前は、将来貸主となろうとする者と借主となろうとする者は、いまだ契約関係になく、まだ債権・債務は発生していません。

　そのため、契約成立前に（契約成立に向けての準備中に）、故意・過失によって損害をこうむった場合、債務不履行責任を追及することはできず、被害者は加害者に対して不法行為責任を追及することになります。

▼契約成立前の責任追及

不法行為責任の追及
契約成立前は
まだ契約関係にない
貸主予定者

借主予定者

練習問題（○×問題）

① 賃貸借契約は、賃貸借の対象物件を引き渡さなければ成立しない。
② 賃貸借契約が成立するためには、契約書の作成が必要である。

解答 ‥‥‥‥‥‥‥‥‥‥‥‥‥‥‥‥‥‥‥‥‥‥‥‥‥‥‥‥‥‥‥

① × 賃貸借契約は、物件の引渡しがなくても、成立します。
② × 賃貸借契約は、書面によらなくても、成立します。

■ポイント

・賃貸借契約や管理受託契約は、引渡しがなくても、書面によらなくても成立する。
・特約は、基本的に有効である。

4-2 管理受託契約の性質および委任契約

管理受託契約は、必ずしも委任契約であるとは限らず、請負契約、または委任契約と請負契約の混合契約である場合もあります。ここでは、管理受託契約の性質および委任契約について詳しくみていきます。

① 管理受託契約の性質　　　　　重要度 ★★★

賃貸住宅管理業法上の管理業務の中核となる維持保全は、点検、清掃その他の維持、および、必要な修繕であり、これらを行う契約である賃貸住宅管理業法上の管理受託契約は、①委任契約、②請負契約、または、③委任契約と請負契約との混合契約のいずれかの性格を有することになります。したがって、管理受託契約は、民法上の委任と請負の性質を併有することが想定されています。

② 委任契約の概要　　　　　重要度 ★★

(1) 委任契約

委任契約は、委任者が法律行為をすることを受任者に委託し、受任者がこれを承諾することによって成立する契約です。このように、委任契約は、委任者と受任者との間で、口頭の合意で成立する諾成契約であり、書面での締結が義務づけられているわけではありません。したがって、民法上は、書面によらなくても委任契約を締結することができます。

法律行為ではない事務の委託（事実行為）を、「準委任」といいます。例えば、建物設備の維持保全業務は、民法上の準委任に該当します。

▼委任契約

　委任者（委託者）＝貸主　委任契約（管理受託契約）　　受任者（賃貸住宅管理業者）

※ 管理受託契約が委任契約の性質を有する場合、管理業務を委託したオーナーが「委任者」であり、委託を受けた管理業者が「受任者」になります。

(2) 請負契約との違い

請負は、仕事の完成を目的としています。一方、委任は、仕事の完成を目的としておらず、法律行為または事実行為をすることを目的としています。

3 受任者の義務　　　　　　　　　　　重要度 ★★

(1) 善管注意義務

受任者は、有償・無償を問わず、善管注意義務（善良な管理者の注意をもって事務を処理する義務）を負います。

(2) 自己執行義務（復受任者の選任）

受任者は、委任者の許諾を得たとき、またはやむを得ない事由があるときでなければ、復受任者を選任することができません。

代理権を付与する委任において、受任者が代理権を有する復受任者を選任したときは、復受任者は、委任者に対して、その権限の範囲内において、受任者と同一の権利を有し、義務を負います。

(3) 報告義務

受任者は、委任者の求めに応じていつでも委任事務処理の状況を報告しなければなりません。また、委任終了後には、請求がなくても遅滞なく委任者にその経過および結果を報告する義務があります。

(4) 受取物引渡し等義務

受任者は、委任事務を処理する際に受領した金銭（賃料）や物、果実（賃料から発生した利息）を委任者に引き渡さなければなりません。また、委任者のために受任者が自己の名で取得した権利も委任者に移転する義務があります。

(5) 消費した金銭の利息支払い義務

委任者に引き渡すべき金銭を自己のために消費した場合は、その消費額に消費した日以後の利息を付した金額を支払わなければなりません。なお、損害があるときは、その賠償の責任を負います。

4 受任者の権利　　　　　　　　　　　重要度 ★★

(1) 報酬請求権

民法上は、受任者は、特約がなければ、委任者に対して報酬を請求すること

ができません。

　報酬は後払いが原則です。受任者は、報酬を受けることができる場合でも、委任事務を履行した後でなければ、これを請求することができません。したがって、委託事務の履行と報酬の支払は同時履行の関係にありません。

　また、期間をもって報酬を定めた場合は、その期間が経過した後でなければ報酬を請求することができません。

　委任者の責めに帰することができない事由によって委任事務の履行をすることができなくなった場合、または、委任が履行の中途で終了した場合、受任者は、既にした履行の割合に応じて報酬を請求することができます。

(2) 費用前払請求権

　受任者は、委任事務を処理するために必要な費用を、前もって委任者に請求することができます。

(3) 立替費用償還請求権

　受任者は、委任事務を処理するために必要な費用を支出した場合、その立替費用と支出の日以後の利息を合わせて委任者に請求することができます。

(4) 弁済・担保提供請求権

　受任者は、委任事務を処理するために必要な債務を負担した場合、委任者に債務を弁済させ、または委任者に担保を提供させることができます。

(5) 損害賠償請求権

　受任者は、委任事務を処理するために損害を受けた場合、自己に過失がなければ、委任者に損害の賠償を請求できます。

⑤ 委任契約の終了　　重要度 ★★★

(1) 解除（無理由解除）

　委任は、各当事者がいつでもその解除をすることができます。相手方に不利な時期に委任を解除した場合、または、委任者が受任者の利益（専ら報酬を得ることによるものを除く。）をも目的とする委任を解除した場合、委任の解除をした者は、相手方の損害を賠償しなければなりません。ただし、やむを得ない事由があったときは賠償することなく解除できます。

　委任の解除をした場合、その解除は将来に向かってのみその効力を生じます。

(2) 委任契約の終了事由

委任者または受任者が死亡するなどした場合には、委任契約は法律上当然に終了します。

▼委任契約の終了事由

終了事由	委任者	受任者
死亡した場合	○	○
破産手続開始の決定を受けた場合	○	○
後見開始の審判を受けた場合	×	○

○：管理受託契約が終了する
×：管理受託契約は存続する

(3) 委任終了の対抗要件

委任の終了事由は、これを相手方に通知したとき、または相手方がこれを知っていたときでなければ、その相手方に対抗することができません。

(4) 委任終了後の処分

委任が終了した場合において、急迫の事情があるときは、受任者またはその相続人もしくは法定代理人は、委任者またはその相続人もしくは法定代理人が委任事務を処理することができるに至るまで、必要な処分をしなければなりません。

練習問題（○×問題）

① 委任契約は、書面で契約を締結することが義務付けられている。
② 委任者が死亡した場合、当然にその相続人は委任契約の地位を承継する。

解答
① × 民法上の委任契約は、諾成契約であり、契約締結において書面を作成することは義務付けられていません。
② × 委任者が死亡した場合、委任契約は終了するため、相続人は、当然にはその委任契約を承継しません。

■ポイント

・委任は、法律行為または事実行為をすることを目的としている。
・委任者または受任者が、死亡し、または、破産手続開始の決定を受けた場合、委任は終了する。また、受任者が後見開始の審判を受けた場合も終了する。

4
管理受託契約

4-3 請負契約

建物の建築や修繕を請け負う契約は、請負契約となります。ここでは、民法上の請負契約に関し、主に、報酬、請負人の担保責任、解除について学びます。

1 請負契約の概要　　　　　重要度 ★★★

　請負契約は、当事者の一方（請負人）がある仕事を完成することを約し、相手方（注文者）がその仕事の結果に対してその報酬を支払うことを約することによって、その効力を生じる契約です。口頭の合意のみで成立します。

▼請負契約

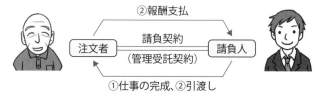

※ 例えば、貸主が、自己所有の建物の修繕を、賃貸住宅管理業者に対して依頼した場合、貸主が注文者、賃貸住宅管理業者が請負人となります。

2 報酬（請負代金）　　　　　重要度 ★★★

（1）報酬の支払時期

　報酬は、仕事の目的物の引渡しと同時に、支払わなければなりません（同時履行の関係）。ただ、仕事との関係では後払いが原則であり、請負人は仕事を完成させた後でなければ報酬を請求することはできません。もっとも、仕事を完成させていなくとも、注文者の責めに帰すべき事由によって仕事を完成させることが不可能となった場合、請負人は報酬の全額を請求することができます。

（2）注文者が受ける利益の割合に応じた報酬

　注文者の責めに帰することができない事由によって仕事の完成ができなくなった場合、または、請負が仕事の完成前に解除された場合において、請負人が既にした仕事の結果のうち可分な部分の給付によって注文者が利益を受けるときは、その部分が仕事の完成とみなされます。この場合、請負人は、注文者が受ける利益の割合に応じて報酬を請求することができます。

176

3 請負人の担保責任　　　　　重要度 ★★★

(1) 請負人の担保責任

　請負人が種類・品質・数量に関して「契約不適合」(契約の内容に適合しないもの)である目的物を注文者に引き渡したとき(その引渡しを要しない場合は、仕事が終了した時に仕事の目的物が種類・品質・数量に関して契約の内容に適合しないとき)は、注文者は、請負人に対して、担保責任の追及(①履行追完請求、②報酬減額請求、③損害賠償請求、④契約の解除)をすることができます。

▼各担保責任の内容

①履行追完請求	・履行の追完は、目的物の修補、代替物の引渡しまたは不足分の引渡しによります。 ・契約不適合が注文者の責めに帰すべき事由による場合、注文者は、履行の追完の請求をすることができません。
②報酬減額請求	・注文者が相当の期間を定めて履行の追完の催告をし、その期間内に履行の追完がないときは、注文者は、その不適合の程度に応じて報酬の減額を請求することができます。 ・報酬の減額請求は、契約不適合が請負人の責めに帰すべき事由によるものであるかどうかを問わずに認められます。 ・契約不適合が注文者の責めに帰すべき事由による場合、注文者は、報酬の減額の請求をすることができません。
③損害賠償請求	・履行の追完請求または報酬減額請求を行った場合でも、請負人に対する損害賠償請求をすることはできます。
④契約の解除	・履行の追完請求または報酬の減額請求、損害賠償請求を行った場合でも、契約の解除をすることはできます。 ・債務の不履行が注文者の責めに帰すべき事由による場合、注文者は、契約の解除をすることができません。

(2) 請負人の担保責任の制限

　注文者は、注文者の供した材料の性質または注文者の与えた指図によって生じた不適合を理由として、請負人に対して担保責任の追及をすることはできません。ただし、請負人がその材料または指図が不適当であることを知りながら告げなかったときは、注文者は、担保責任の追及をすることができます。

　また、注文者が契約不適合を知った時から1年以内にその旨を請負人に通知しないときは、注文者は、その不適合を理由として、請負人に対して担保責任の追及をすることはできません。もっとも、注文者が契約不適合を知った時から1年に通知しなかった場合でも、仕事の目的物を注文者に引き渡した時(そ

4

管理受託契約

の引渡しを要しない場合には、仕事が終了した時）において、請負人が不適合を知り、または重大な過失によって知らなかったときは、注文者は、請負人に対して担保責任の追及をすることができます。

▼担保責任の期間制限

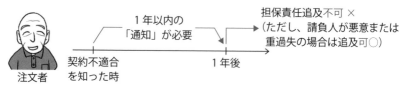

4 請負契約の解除　　　　　　　　　　　　　　　　重要度　★★★

（1）注文者による契約の解除

　請負人が仕事を完成しない間は、注文者は、いつでも損害を賠償して契約の解除をすることができます。注文者が仕事の完成が必要なくなれば、完成させることに意味がないため、注文者による一方的な解除が認められているわけです。

（2）注文者の破産手続の開始による解除

　注文者が破産手続開始の決定を受けた場合、請負人または破産管財人は、契約の解除をすることができます。ただし、仕事を完成した後は、請負人が契約の解除をすることはできません。

　注文者が破産手続開始の決定を受けた場合、請負人は、既にした仕事の報酬およびその中に含まれていない費用について、破産財団の配当に加入することができます。

　注文者が破産手続開始の決定を受けた場合、契約の解除によって生じた損害の賠償は、破産管財人が契約の解除をした場合における請負人に限り、請求することができます。この場合、請負人は、その損害賠償について、破産財団の配当に加入します。

練習問題（○×問題）

① 物の引渡しを要する請負契約における報酬は、仕事の目的物の引渡しと同時に、支払わなければならない。

② 請負人が仕事を完成しない間は、注文者は、損害を賠償せずに契約の解除をすることができる。

解答

① ○　設問の通りです。

② ×　請負人が仕事を完成しない間は、注文者は、いつでも「損害を賠償して」契約の解除をすることができます。

■ポイント

・請負契約は仕事の完成を目的としており、仕事の結果に対して報酬が支払われる。

・請負人が仕事を完成しない間は、注文者は、いつでも損害を賠償して契約の解除をすることができる。

演習問題 4

■問 1
【令和3年問4】

管理受託契約の性質に関する次の記述のうち、適切なものはどれか。

1　管理受託契約は、民法上の委任と雇用の性質を併有することが想定されている。

2　民法上の請負は、法律行為又は事実行為をすることを目的とする。

3　建物設備の維持保全業務は、民法上の準委任に当たる。

4　民法上の委任契約は、書面で契約を締結することが義務付けられている。

■問 2
【令和4年問5】

賃貸住宅管理業者であるAが、賃貸人であるBとの管理受託契約に基づき、管理業務として建物の全体に及ぶ大規模な修繕をしたときに関する次の記述のうち、誤っているものはどれか。

1　引き渡された建物が契約の内容に適合しないものであるとして、Aに対して報酬の減額を請求したBは、当該契約不適合に関してAに対し損害賠償を請求することができない。

2　引き渡された建物が契約の内容に適合しないものである場合、Bがその不適合を知った時から1年以内にその旨をAに通知しないと、Bは、その不適合を理由として、Aに対し担保責任を追及することができない。

3　引き渡された建物が契約の内容に適合しないものである場合、Bは、Aに対し、目的物の修補を請求することができる。

4　Aに対する修繕の報酬の支払とBに対する建物の引渡しとは、同時履行の関係にあるのが原則である。

解 答 ・ 解 説

■問1

【解答　3】

　管理受託契約は、民法上の委任と「請負」の性質を併有することが想定されています。よって、1は誤りです。

　請負は、仕事の完成を目的としています。法律行為または事実行為をすることを目的としているのは、請負ではなく、委任です。2は誤りです。

　3は、設問の通りであり、正しい記述です。

　委任契約は、委任者と受任者の合意で成立する諾成契約であり、民法上、書面での締結は義務づけられていません。よって、4は誤りです。

「4-2 管理受託契約の性質および委任契約」参照

■問2

【解答　1】

　本問は、請負契約に関する問題であり、Aが請負人、Bが注文者です。

　契約の内容に適合しないものであるとして「報酬の減額」を請求した場合でも、注文者は、当該不適合に関して請負人に対して「損害賠償」を請求することができます。よって、1は誤りです。

　引き渡された目的物が契約の内容に適合しないものである場合、注文者がその不適合を知った時から1年以内にその旨を請負人に通知しないと、請負人は、その不適合を理由として、注文者に対し担保責任を追及することができません。よって、2は正しい記述です。

　引き渡された目的物が契約の内容に適合しないものである場合、注文者は、請負人に対して、「目的物の修補」を請求することができます。よって、3は正しい記述です。

　請負人に対する報酬の支払と、注文者に対する目的物の引渡しとは、同時履行の関係にあります。よって、4は正しい記述です。

「4-3 請負契約」参照

解答
問1：3　　問2：1

第 **5** 章

賃貸借契約

5-1 賃貸借契約の成立

賃貸借契約も、契約の一種であり、意思表示の合致によって成立します（諾成契約）。ここでは、賃貸借契約の成立・効果、宅地建物取引業法との関係について学びます。

1 賃貸借契約の成立

重要度 ★★★

　賃貸借は、当事者の一方がある物の使用および収益を相手方にさせることを約束し、相手方がこれに対してその賃料を支払うことを約束することによって、その効力を生じます。

▼賃貸借契約の成立

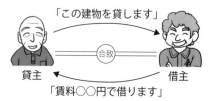

「この建物を貸します」
合致
貸主　借主
「賃料○○円で借ります」

契約成立のために
・引渡し不要
・書面不要

　なお、建物所有者と借受希望者による賃貸借契約の締結に向けた交渉が進み、交渉の相手方に契約が成立するであろうという強い信頼が生まれる段階に達した場合であっても、賃貸借契約を締結しない限り、賃貸借契約は成立しません。契約準備段階において、信義則上の義務に違反した場合、不法行為責任を負うことがあります（契約締結上の過失→P171）。

2 賃貸借契約の効果

重要度 ★★

　賃貸借契約は、貸主は借主に対して「使用収益させること」を約束し、借主は貸主に対して「賃料を支払うこと」を約束することで成立する契約です。そのため、賃貸借契約の成立の効果として、貸主には借主に使用収益させる義務（借主からみれば使用収益できる権利）が、借主には賃料支払い義務（貸主からみれば賃料の支払いを受ける権利）が発生します。

　これらの義務が、賃貸借契約における基本的な義務といえます。貸主の義務や借主の義務についての詳細は、後述します。

③ 賃貸借契約成立と宅地建物取引業法との関係 　重要度　★★

　宅地建物取引業法では、宅地建物取引業者が、宅地または建物の貸借に関し、その媒介により賃貸借契約を成立させたときは、その契約の各当事者に、遅滞なく、契約内容に係る書面（宅地建物取引業法第37条に基づく書面）を交付しなければならないとしています。

▼37条書面の交付

※契約成立のために書面の交付が必要となるわけではありません。後日の紛争を防ぐために、契約内容を記載した書面の交付が要求されているだけです。

練習問題（○×問題）

① 建物所有者と借受希望者による賃貸借契約の締結に向けた交渉が進み、交渉の相手方に契約が成立するであろうという強い信頼が生まれる段階に達した場合、賃貸借契約が成立することがある。

② 宅地建物取引業者が建物の貸借の媒介を行った場合であっても、その賃貸借契約は、書面によらなくとも成立する。

解答

① × 賃貸借契約の締結前に賃貸借契約が成立することはありません。

② ○ 賃貸借契約は書面によらなくても成立します。これは宅地建物取引業者が関与する場合であっても同じです。

■ポイント

・賃貸借契約の締結（意思表示の合致）がなければ、賃貸借契約は成立しない。

・宅地建物取引業者が、宅地・建物の貸借の媒介により賃貸借契約を成立させたときは、契約当事者に、契約内容に係る書面を交付しなければならない。

5-2 貸主の義務

貸主は、借主に賃貸物件を使用収益させる義務を負い、使用収益させるための修繕義務を負います。
ここでは、貸主の修繕義務や費用償還義務、造作買取請求権について学びます。

1 使用収益させる義務　　　　重要度 ★★★

賃貸借契約は借主に賃貸物件を使用収益させる契約ですから、貸主は、借主に対して、賃貸物件を使用収益させる義務を負います。

2 修繕義務　　　　重要度 ★★★

(1) 修繕義務

貸主は、借主が賃貸物件を使用収益できる状態にしておかなければなりませんので、使用収益に必要な修繕をする義務を負います。

▼修繕義務の有無

契約締結前に生じた破損 （入居前の雨漏りなど）	修繕義務あり
賃貸物件の共用部分（廊下、階段など）	修繕義務あり
賃貸物件の損傷原因が天変地異等、 不可抗力による場合（震災などによる場合）	修繕義務あり
賃貸物件が全部滅失した場合	修繕義務なし（※）
借主の責めにより修繕が必要となった場合	修繕義務なし

※全部滅失の場合、修繕は不可能であるため、借主の帰責事由の有無にかかわらず、貸主は修繕義務を負いません。

(2) 貸主が修繕義務に違反した場合

賃料は使用収益の対価として支払われるものです。そのため、貸主が修繕義務を履行せず、借主が賃貸物件を全く使用収益することができなかった場合には、借主は使用収益できる状態になるまでの期間の賃料支払いを免れます。

(3) 修繕における借主の対応

貸主が賃貸物件の保存に必要な行為（修繕など）をしようとするときは、借主は、これを拒むことができません。貸主が借主の意思に反して保存行為をしようと

する場合において、そのために借主が賃貸借契約をした目的を達することができなくなるときは、借主は、賃貸借契約の解除をすることができます。

(4) 借主が修繕義務を負担する旨の特約

借主が修繕義務を負担する旨の特約は、原則として、有効です。

(5) 借主による修繕

賃貸物件の修繕が必要である場合、次のときは、借主は、自ら修繕をすることができます。

① 借主が貸主に修繕が必要である旨を通知し、または貸主がその旨を知ったにもかかわらず、貸主が相当の期間内に必要な修繕をしないとき

② 急迫の事情があるとき

3 費用償還義務 重要度 ★★★

(1) 必要費

借主は、賃貸物件について貸主の負担に属する必要費を支出したときは、貸主に対し、直ちにその償還を請求することができます（必要費償還請求権）。

例えば、借主は、雨漏りの修繕費用を支出した場合、貸主にその支払いを請求することができます。

必要費償還請求権を排除する旨の特約は有効です。

(2) 有益費

借主は、賃貸物件について有益費を支出したときは、貸主に対し、賃貸借契約終了の時に、その価格の増加が現存する場合に限り、賃貸人の選択に従い、その支出金額または増価額の償還を請求することができます（有益費償還請求権）。ただし、裁判所は、貸主の請求により、その償還について相当の期限を許与することができます。

有益費償還請求権を排除する特約は有効です。

▼必要費と有益費

	必要費 （物の保存に必要な費用） 例：雨戸の修繕費用	有益費 （物を改良し、その価格を増加 させるための費用）
償還請求時期	直ちに請求できる	契約終了時に請求できる
償還請求範囲	全額請求できる	価格の増加が現存する限り、支出額または増価額を請求できる

(3) 貸主が費用償還義務に違反した場合

　貸主が負担すべき費用を貸主に請求したにもかかわらず、貸主がその費用を支払わない場合には、借主は、費用償還請求権を被担保債権として留置権を行使し、または同時履行の抗弁権を行使することによって、賃貸借契約終了後も、貸主が修理費用を支払うまで賃貸物件の明渡しを拒絶することができます。

　もっとも、借主は、明渡しを拒絶して契約終了後も賃貸物件を使用し続けている場合には、貸主に対して賃料相当額を支払う必要があります。

4　造作買取請求権（借地借家法第33条）　重要度　★★★

(1) 造作買取請求権の行使

　貸主の同意を得て建物に付加した畳、建具その他の造作がある場合には、借主は、建物の賃貸借が期間の満了または解約の申入れによって終了するときに、貸主に対し、その造作を時価で買い取るべきことを請求することができます（造作買取請求権）。また、建物の転借人にも、造作買取請求権が認められています。

　借主が造作買取請求権を行使したときには、貸主の承諾がなくとも、貸主と借主との間に造作の売買契約が成立したものとみなされます。

▼造作買取請求権の行使

＜契約継続中＞　　　　　　　　　　＜期間満了等による終了後＞

貸主の同意を得て
エアコン設置

「エアコンを買い取って！」

売買契約成立

借主　　　　　　　　　　借主　　　　　　　　　　貸主

　造作買取請求権を排除する旨の特約は有効です。

(2) 造作買取請求権と留置権等との関係

　貸主は、必要費償還請求権や有益費償還請求権とは異なり、建物について、造作買取請求権を被担保債権として留置権を行使したり、同時履行の抗弁権を行使したりすることはできません。そのため、貸主が造作の売買代金の支払いをしていない場合でも、借主は賃貸物件の明渡しを拒絶することはできません。

▼費用償還請求権と造作買取請求権との比較

	排除する特約	留置権、同時履行の抗弁権
必要費償還請求権	有効	ある
有益費償還請求権	有効	ある
造作買取請求権	有効	なし

5 貸主の義務と転借人との関係　　重要度 ★★

　貸主の承諾を得た適法な転貸がなされた場合、転借人は、貸主（原賃貸人）に対して直接義務（賃料支払義務など）を負いますが、貸主は、転借人に対して義務（修繕義務など）は負いません。

▼貸主と転借人との関係

転借人に対する義務なし

貸主に対する義務あり

貸主（原賃貸人）　　原賃貸借契約　　借主（転貸人）　　転貸借契約　　転借人

練習問題（○×問題）

① 借主は、賃貸不動産について有益費を支出したときは、貸主に対し、直ちにその償還を請求することができる。

② 借主が貸主の同意を得て賃貸不動産に設置した造作について、造作買取請求権を排除する旨の特約は無効である。

解答

① × 「有益費」を支出した場合に、その償還を請求できるのは契約終了後です。

② × 造作買取請求権を排除する旨の特約は有効です。

■ポイント

・階段・廊下等の共用部分や、震災等による損耗も、貸主に修繕義務がある。

・必要費は直ちに、有益費は契約終了後に、償還請求できる。

5-3 借主の義務

借主は、賃料支払義務のほか、目的物保管義務などを負っており、これらの義務に違反した場合は債務不履行責任（→P170）を負います。
ここでは、どのような場合に借主の義務違反となるのかを学びます。

1 賃料支払義務
重要度 ★★★

(1) 賃料支払義務の概要

借主は、賃貸物件を使用収益させてもらう代わりに、賃料を支払う義務を負います。契約締結後に目的物の引渡しを受けていれば物件の使用収益できる状態にあるため、実際に使用していなくても借主は賃料支払義務を負います。

建物賃貸借契約において、借主は、建物の使用に必要な範囲でその敷地を利用できる権利を有します。そのため、建物賃貸借契約における賃料には、建物使用の対価のほか、その敷地の使用の対価も含まれます。貸主は、借主に対して敷地の使用の対価を別途請求することは当然にはできません。

▼建物賃貸借契約における賃料

賃料
・建物使用の対価
・敷地使用の対価
（建物使用に必要な範囲での敷地使用）

(2) 賃貸物件を使用収益できない場合

借主が賃貸物件を使用収益できない場合に賃料支払義務を負うかは、その原因が借主にあるかどうかで異なります。

▼賃料支払義務の有無

使用収益できない原因が貸主にある場合	賃料支払義務なし（※）
使用収益できない原因が借主にある場合	賃料支払義務あり
使用収益できない原因が貸主にも借主にもない場合	賃料支払義務なし（※）

※賃借物の一部が滅失その他の事由により使用収益をすることができなくなった場合、それが借主の責めに帰することができない事由によるものであるときは、賃料は、その使用収益をすることができなくなった部分の割合に応じて、減額されます。この場合、借主による減額請求がなくとも、法律上当然に減額されます。

　なお、民法では、賃借物の一部が滅失その他の事由により使用収益することができなくなった場合において、残存する部分のみでは借主が契約をした目的を達することができないときは、借主は、契約を解除することができると定めています。

(3) 賃料を支払わない場合

　借主は、貸主に賃料を支払わない場合、債務不履行の責任を負います。この場合、賃貸借契約書に遅延損害金の定めがないときであっても、貸主は借主に対して、債務不履行に基づく損害賠償請求として、遅延損害金を請求することができます。

　契約書に損害賠償金の利率が定められていない場合、金銭債務（金銭の支払いを目的とする債務）の不履行の損害賠償の額は、債務者（賃料支払いにおいては借主）が遅滞の責任を負った最初の時点における法定利率によって定めます。

▼法定利率

法定利率	年3%

※法定利率は、3年ごとに見直しがあります。

② 目的物保管義務　重要度 ★★★

(1) 借主の故意・過失

　借主は、賃貸物件の引渡しをするまで、善良な管理者の注意をもって、その物を保管する義務を負います。

　例えば、借主が、失火により賃貸物件を損傷した場合、貸主に対し、債務不履行に基づく責任を負います。借主は、故意または過失があれば、重過失でなくとも責任を負います。

　借主は、特約がなくとも、明渡しの際に原状回復義務を負います。そのため、借主の過失により賃貸物件が損傷した場合、貸主は、借主に対して、原状回復費用相当額の損害賠償を請求することができます。例えば、修繕費用を請求することができます。

(2) 履行補助者の故意・過失

　借主の履行補助者（転借人、同居の家族など）の故意・過失も、借主の故意・

過失とされるため、借主の履行補助者が目的物保管義務に違反した場合、借主は債務不履行責任を負います（転貸の場合について→P205）。

▼同居人の行為に対する借主の責任

責任追及

貸主 　　　　　　　　借主 　　　　　同居人の過失で破損

貸家

③ 通知義務 　　　　　　　　　　　　　　　重要度 ★★★

　賃貸物件が修繕を要し、または賃貸物件について権利を主張する者がある場合で、貸主がこれを知らないときは、借主は、遅滞なくその旨を貸主に通知しなければなりません。

④ 用法遵守義務 　　　　　　　　　　　　　重要度 ★★★

（1）概要

　借主は、賃貸借契約またはその賃貸物件の性質によって定まった用法にしたがい、その賃貸物件の使用収益をしなければなりません。例えば、賃貸借契約で、使用目的に関して、「乙（借主）は、居住のみを目的として本物件を使用しなければならない。」と定められている場合、事務所や店舗目的で使うことはできません。用法遵守義務に違反した場合には、債務不履行責任を負います。

　貸主が借主の用法遵守義務違反を理由に損害賠償請求をする場合、賃貸物件の返還を受けた時から1年以内に行使しなければなりません。

（2）増改築

　増改築は、通常、賃貸借契約の内容ではないため、増改築には貸主の承諾が必要です。

⑤ 修繕受忍義務 　　　　　　　　　　　　　重要度 ★★★

　貸主が賃貸物件の保存に必要な行為（修繕など）をしようとするときは、借主は、これを拒むことができません。

6　賃借権の譲渡および転貸　　重要度　★★★

　借主は、特約がなくとも、無断譲渡や無断転貸が禁止されます。借主が、貸主の承諾なく第三者に賃貸物件を転貸した場合、貸主は、原則として賃貸借契約を解除できます（→P201）。もっとも、所有者（貸主）の承諾がない場合でも、転貸借契約は有効です。

5

賃貸借契約

練習問題（○×問題）

① 賃貸不動産につき修繕を要するときであっても、借主は、その旨を貸主に通知する必要はない。

② 通常許容される範囲を超えたペットの飼育があった場合、用法遵守義務違反として、借主は債務不履行責任を負う。

解答 ･･･

① × 借主は、賃貸物件につき修繕を要すべき事故が生じ、貸主がこれを知らない場合、貸主に通知しなければなりません。

② ○ 通常許容される範囲を超えた使用方法があった場合、用法遵守義務違反として、借主は債務不履行責任を負うことがあります。

■ポイント

・借主は、故意または過失によって賃貸物件を損傷した場合、債務不履行に基づく損害賠償責任を負う。

・借主には、契約上の用法にしたがった賃貸物件の使用収益が求められる。

5-4 賃貸借契約の契約期間と更新

期間が満了した場合でも、更新により契約が継続されることがあります。ここでは、契約期間のほか、どのような場合に更新されるのか、更新料の特約は有効かについて学びます。

1 賃貸借契約の契約期間　　　　　　　　重要度 ★★

(1) 期間の下限

　期間を1年未満とする場合、「期間の定めのない建物賃貸借」とみなされます。例えば契約期間を6ヵ月と定めても期間の定めのない契約とみなされます。

　なお、定期建物賃貸借契約の場合は、期間を1年未満とすることができます。

(2) 期間の上限

　期間に上限はありません。期間を1年以上とする場合、その期間が契約期間となります。

▼期間の定めのある建物賃貸借と期間の定めのない建物賃貸借

	更新の有無	契約の終了原因
期間の定めのある建物賃貸借	更新あり	期間満了により終了（解約条項があれば解約可能）
期間の定めのない建物賃貸借	更新なし	解約申入れにより終了

2 賃貸借契約の更新　　　　　　　　　重要度 ★★★

(1) 合意更新

　賃貸借契約を当事者間の合意で更新する場合、通知等の特別の手続きは不要であり、書面で行わなくとも、合意更新は効力が生じます。通常は、当事者間で契約条件（契約期間や賃料など）を定めて合意更新を行います。

(2) 法定更新①（更新拒絶の通知がない場合）

　期間の定めのある建物賃貸借契約でその期間が満了しても、「更新拒絶の通知」をしなければ、自動的に更新されます（法定更新）。これに反する特約で建物の借主に不利なものは、無効となります。例えば、「更新について合意が成立しない場合に賃貸借契約が期間満了と同時に当然終了する」旨の特約は、法

定更新に反する特約であり、借主に不利なものであるため、無効です。

　賃貸借契約が法定更新された場合、前の契約と同一の条件（同じ賃料額など）で契約を更新したものとみなされます。ただし、更新後は「期間の定めのない建物賃貸借」とされます。

　法定更新された場合、更新前の契約と更新後の契約は同一性のある契約です。

(3) 更新拒絶の通知

　当事者が期間満了の1年前から6ヵ月前までの間に、相手方に対して、更新をしない旨の通知または条件を変更しなければ更新をしない旨の通知（更新拒絶の通知）をすると、法定更新しません。

　更新拒絶の通知は建物の貸主・借主どちらからでもかまいませんが、貸主からの更新拒絶には正当事由が必要です。

　正当事由の有無は、次の三つの事情を総合考慮して判断します。例えば、借主に立退料を支払ったからといって必ずしも正当事由が認められるわけではありません。

> ●**正当事由判断における考慮事情**
> ① 建物の貸主および借主（転借人を含む。）が建物の使用を必要とする事情
> ② 建物の賃貸借に関する従前の経過、建物の利用状況および建物の現況
> ③ 建物の貸主が建物の明渡しの条件としてまたは建物の明渡しと引換えに建物の借主に対して財産上の給付をする旨の申出をした場合におけるその申出（いわゆる立退料の支払い）

▼更新拒絶と正当事由

貸主からの更新拒絶	正当事由が必要
借主からの更新拒絶	正当事由は不要

　更新拒絶の通知時点では正当事由が存在しなくとも、通知後に事情が変わり正当事由が具備するにいたった場合には、正当事由が具備された時点から6ヵ月の期間の経過により、賃貸借契約は終了します。

　なお、建物所有を目的としない土地の賃貸借契約（例えば、建物には当たらない駐車場の利用契約）の場合、借地借家法は適用されず、貸主からの更新拒絶であっても正当事由は不要です。

（4）法定更新②（使用継続に対する異議がない場合）

　貸主が期間満了の1年前から6ヵ月前までの間に借主に対して更新拒絶の通知をした場合でも、期間満了後に借主が建物の使用を継続しているのに、これに対して貸主が遅滞なく異議を述べないときは、法定更新①の場合と同様に、前の契約と同一の条件で契約を更新したものとみなされます。ただし、更新後は「期間の定めのない建物賃貸借」とされます。

▼法定更新

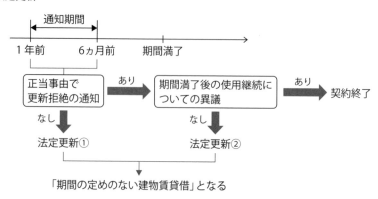

　なお、建物の転貸借がされている場合は、正当事由の有無の判断に当たって転借人の事情が考慮されたり、転借人がする建物の使用の継続を転貸人がする建物の使用の継続とみなされたりします（→P205）。

③ 更新がない特殊な賃貸借　　重要度 ★★★

　建物賃貸借にも更新がない特殊な賃貸借があります。それは、「定期建物賃貸借」（→P222）、「取り壊し予定建物賃貸借」（→P220）、「終身建物賃貸借」（→P221）です。これらの建物賃貸借は書面でする必要があります。

④ 更新料特約の有効性　　重要度 ★★★

　更新料は、一般に、賃料の補充ないし前払い、賃貸借契約を継続するための対価等の趣旨を含む複合的な性質を有するものとされています。

　更新料の条項（特約）も、基本的には有効です。判例は、賃貸借契約書に一義的かつ具体的に記載された更新料条項は、更新料の額が賃料の額、賃貸借契約が更新される期間等に照らし高額に過ぎるなどの特段の事情がない限り、消

費者契約法第10条にいう「民法第1条第2項に規定する基本原則に反して消費者の利益を一方的に害するもの」（→P375）には当たらないとしています。

　賃貸借契約書に更新料条項がなければならず、借主が口頭で更新料の支払いを了解しただけの場合には、貸主は更新料を請求することはできません。

　更新料特約以外に更新手数料特約を定めることは、有効です。

5

賃貸借契約

練習問題（○×問題）

① 建物賃貸借契約が法定更新された場合、当事者間で別途、契約期間の定めをしない限り、契約の更新は生じなくなる。

② 賃貸借契約書に更新料条項がなくても、更新料について当事者間で合意があれば、貸主は更新料を請求することができる。

解答

① ○　法定更新されると、「期間の定めのない建物賃貸借」となるため、契約の更新は生じなくなります。

② ×　賃貸借契約書に更新料条項がなければ、貸主は更新料を請求することはできません。

■**ポイント**

・「貸主」から更新を拒絶する場合にのみ正当事由が必要となる。

・更新拒絶の通知を行った場合でも、使用継続により更新されることがある。

・更新料の特約は原則として有効だが、賃貸借契約書に更新料条項を記載する必要がある。また、高額に過ぎるときは無効になる。

5-5 賃貸借契約の終了

契約は、期間満了、解約申入れ、解除などにより終了します。ここでは、期間満了および解約申入れ、建物滅失による契約の終了について学びます。まずは期間の定めがあるかどうかに注目してください。

1 期間満了　　　　　　　　　　　　　　　　　　重要度　★★

　期間の定めのある建物賃貸借契約の場合、更新がなければ、期間満了により終了します。期間の定めがある場合は、居住用の定期建物賃貸借契約を除き、期間内解約条項がなければ、各当事者は解約の申入れをすることはできません。

2 解約申入れ　　　　　　　　　　　　　　　　　重要度　★★★

（1）期間の定めのある建物賃貸借の場合

　期間の定めがある場合であっても、期間内解約条項があるときは、解約の申入れをすることができます。

　借主からの解約申入れを認める解約条項がある場合で、予告期間に関する特約がなければ、「借主」による解約の申入れから3ヵ月経過後に契約は終了します。

　貸主からの期間内解約を認める規定がある場合、「貸主」の正当事由のある解約申入れから6ヵ月経過後に契約は終了します。これに反する特約で借主に不利なものは無効です。

（2）期間の定めのない建物賃貸借の場合

　期間の定めのない建物賃貸借契約の場合、各当事者は解約の申入れをすることができ、一定期間経過後に建物賃貸借は終了します。

　「貸主」から解約の申入れをするときは、正当な事由が必要であり、解約の申入れから6ヵ月経過後に契約は終了します。これに反する特約で借主に不利なものは、無効です。例えば、賃貸借契約の締結と同時に設定される「期間満了時に賃貸借が解約される」旨の特約は、借主に不利な特約であり、無効です。

　「借主」から解約の申入れをするときは、正当な事由は不要であり、解約の申入れから3ヵ月経過後に契約は終了します。

　正当事由の有無は、更新拒絶の場合（→P195）と同様に、三つの事情を総合考慮して判断します。

198

▼解約申入れと正当事由・契約終了時期

貸主からの解約申入れ	正当事由が必要	6ヵ月経過により終了
借主からの解約申入れ	正当事由は不要	3ヵ月経過により終了

(3) 土地の賃貸借契約の場合

建物所有を目的としない「土地」の賃貸借契約（例えば、建物が存しない平置きの駐車場として使用する目的の土地の賃貸借契約）の場合、借地借家法は適用されず、期間を定めなかったときは、各当事者は、いつでも解約の申入れをすることができます。このときにおいて、解約の申入れがなされた場合は、解約申入れから1年経過後に契約は終了します。

5

賃貸借契約

3 建物滅失による終了　　　　重要度 ★★★

賃貸物件の全部が滅失その他の事由により使用収益をすることができなくなった場合、「借主に建物を使用収益させる」という貸主の義務が履行不能となり、契約の目的を果たすことができなくなるため、賃貸借契約は当然に終了します。このことは、借主に帰責事由があっても同じです。

練習問題（○×問題）

① 期間の定めのある建物賃貸借契約において期間内解約条項がある場合、予告期間に関する特約のない限り、賃貸借契約は借主による解約申入れから3か月の経過により終了する。
② 期間の定めのない建物賃貸借契約については、借主は、正当な事由がなければ解約の申入れをすることができない。

解答

① ○ 期間内解約条項がある場合、予告期間に関する特約のない場合、「借主」による解約申入れから3か月の経過により終了します。
② × 「借主」により解約の申入れをする場合、正当事由は不要です。

■ポイント

・期間の定めのある建物賃貸借の場合、原則として解約の申入れはできない。
・期間の定めのない建物賃貸借の場合、解約の申入れができる。貸主からの解約申入れの場合のみ正当事由が必要となる。

5-6 賃貸借契約の解除

民法の規定によれば、債務不履行や無断転貸があった場合に解除ができるとされています。しかし、賃貸借契約の解除は、一定の制限を受けます。ここでは、解除の要件、方法、効果を学びます。

1 賃貸借契約の解除　　　　　重要度 ★★★

(1) 債務不履行に基づく解除

　民法の規定によれば、相手方が債務を履行しない場合、催告をした上で、債務不履行に基づく解除を行うことができるとされています。

　債務不履行を理由に契約を解除する場合、債務者に故意過失があることは解除の要件ではありません。そのため、債権者は債務者に故意過失があることを裁判で立証する必要はありません。

(2) 信頼関係破壊の法理

　賃貸借契約の場合、債務不履行があれば当然に解除ができるというわけではありません。判例（最高裁の判決）は、賃貸借契約の当事者間の信頼関係が破壊するに至る程度にある場合に解除を認めています。

　例えば、通常許容される範囲を超えたペットの飼育があった場合で、その行為が契約当事者間の信頼関係を破壊する程度に至ったと認められるようなときは、貸主からの賃貸借契約の解除が認められます。

　貸主は、借主が信頼できる者であると判断して、その者と賃貸借契約を結び、その者に賃貸物件を使用させます。このように、賃貸借契約は信頼関係に基づく継続的な契約です。そのため、賃貸借契約を終了させることになる「解除」では、「信頼関係が破壊されたかどうか」が重視されるわけです。

▼信頼関係破壊の法理

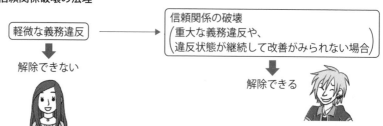

(3) 無断転貸における解除

　民法の規定によれば、貸主の承諾を得ることなく借主が賃貸物件を転貸した場合には、貸主は解除できるとされています。賃貸借契約は個人的信頼を基礎としているため、転貸を行う場合に貸主の承諾を要求しているわけです。

　もっとも、判例では、借主が貸主の承諾なく賃貸物件を転貸した場合でも、その行為が貸主に対する背信的行為と認めるに足らない特段の事情があるときは、貸主は契約を解除することができないとされています。

　例えば、借主が、同居している子に対して転貸をした場合、実質的な使用状況に変更はないといえるため、背信的行為と認めるに足らない特段の事情があるといえます。この場合には、貸主は無断転貸を理由として賃貸借契約を解除することはできません。

2　解除権の行使　重要度 ★★★

(1) 解除権の行使方法

　解除は、相手方に対する意思表示によって行います。解約の意思表示は書面で行わなくても効力が生じます。また、内容証明郵便による必要もありません。

　もっとも、意思表示は相手方に到達した時からその効力が発生しますので、解除の意思表示は、相手方に到達しなければ、効力は発生しません。

　解除の意思表示をした場合、その意思表示を撤回することはできません。

▼解除の意思表示

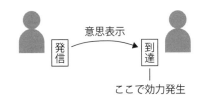

意思表示／発信／到達／ここで効力発生

郵便事故等により相手に届かなかった場合、効力は発生しない。

(2) 解除における催告の要否

　債務不履行（履行遅滞）となった場合、債権者は相当の期間を定めて履行の催告をし、その期間内に債務者が履行しないときにはじめて、契約を解除することができます。履行遅滞において債務者に対する催告が要求されているのは、債務者に履行の機会を与えるためです。例えば、賃料の支払いが遅れた場合、

貸主は解除する前に、借主に対し、賃料を支払うよう催告する必要があります。

　ただし、信頼関係が破壊されたことが明らかに認められる場合、催告しないで解除することができます。これは、信頼関係が破壊している以上、履行の機会を与えても無意味（信頼関係の修復は不可能）だからです。

▼解除における催告の要否

原則	催告が必要
例外（信頼関係が破壊した場合）	催告は不要

(3) 無催告解除特約の有効性

　債務不履行が起きた場合に無催告で解除できる旨の特約は、基本的には有効です。例えば、「賃料の支払いを3ヵ月以上滞納すれば、貸主は催告をしないで賃貸借契約を解除することができる」旨の特約は有効です。ただし、その特約を根拠に無催告で解除できるかは、事案ごとに判断しなければなりません。

　一般には、賃料の支払いを1回滞納しただけでは、信頼関係を破壊したとはいえず、無催告で解除することはできません。解除する前に、まずは催告して、賃料の支払いを求めなければなりません。

(4) 解除の意思表示を含まない催告

　賃料の支払いを滞納している借主に対し「滞納賃料を本通知書到達後1週間以内にお支払いください。支払いがないときは、契約を解除します。」という通知をした場合、この通知は解除を予定した催告であって、解除の意思表示そのものではありません。よって、あらためて解除の意思表示をしなければ、解除の効果は生じません。

(5) 解除の意思表示を含んだ催告

　賃料の支払いを滞納している借主に対し、催告と同時に「期間内に支払いがない場合には、この催告をもって賃貸借契約を解除することとします。」と記載して解除の意思表示を行うことは、催告と解除の意思表示を同時にするもので、有効です。さらに解除の意思表示を行う必要はありません。

3　賃貸物件が共有の場合　　重要度 ★★

　賃貸物件が共有の場合で、その賃貸借契約を解除するときは、その各共有者の持分の過半数の合意が必要です。

　例えば、A、BおよびCが、持分を各3分の1とする賃貸物件を共有している場合において、その建物についてEと賃貸借契約を締結しているときは、AとBが合意すれば、賃貸借契約を解除することができます。共有者全員の合意までは不要です。

▼共有の場合の契約解除

貸主（所有者）

A　持分3分の1 ⎫
B　持分3分の1 ⎬ 3人で共有
C　持分3分の1 ⎭ （共同所有）

> 持分の過半数の合意で解除可
> （3人のうち2人以上の合意）

5

賃貸借契約

4　解除の効果　　　　　重要度 ★★★

　賃貸借契約の解除については、売買契約の解除とは異なり、将来に向かってのみその効力を生じるとされています。そのため、賃貸借契約を解除しても、契約当初から賃貸借契約が存在しなかったことになるわけではありません。
　解除をした場合でも、損害賠償請求をすることはできます。

練習問題（○×問題）

① 借主が信頼関係を著しく破壊していると認められるときは、貸主は賃貸借契約を無催告で解除することができる。
② 賃貸物件が共有の場合で、貸主が賃貸借契約を解除するときは、各共有者の持分の過半数の合意が必要である。

解答

① ○　債務不履行に基づき契約を解除するためには、原則として催告が必要ですが、信頼関係が著しく破壊された場合は、催告なしに解除できます。
② ○　賃貸物件が共有の場合で契約を解除するときは、持分の過半数の合意が必要です。

■ポイント

・債務不履行に基づき賃貸借契約を解除する場合、あらかじめ催告をしなければ、原則として契約を解除することはできない。
・無断転貸の場合でも、その行為が貸主に対する背信的行為と認めるに足らない特段の事情があるときは、貸主は解除することができない。

転貸借契約（サブリース方式）

サブリース方式による賃貸管理では、特定転貸事業者が賃貸住宅を転貸し、転貸の貸主となって管理します。ここでは特に、所有者（原賃貸人）、転貸人（特定転貸事業者）、転借人（入居者）、それぞれの関係について学びます。

1 転貸のしくみ　　重要度 ★★★

　サブリース方式による賃貸管理では、まず、①特定転貸事業者が所有者との間で賃貸住宅を借りる契約を締結します。次に、②特定転貸事業者が入居予定者との間で賃貸住宅を貸す契約を締結します。

　①の契約も、②の契約も、賃貸借契約ですが、①と②の契約を区別するために、①を「原賃貸借契約」、②を「転貸借契約」といいます。

▼サブリース方式による賃貸管理の契約関係

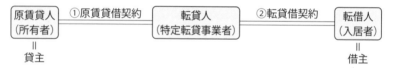

※所有者と転借人（入居者）は契約関係にありません。また、特定転貸事業者は自ら転貸人となるのであって、原賃貸人の代理人でありません。

　賃貸借契約は諾成契約であり、賃貸住宅を引き渡すことは契約の成立要件ではありません。そのため、原賃貸借契約も、転貸借契約も、賃貸住宅を引き渡すことなく、成立します。

2 転借人の原賃貸人に対する支払い義務　　重要度 ★★★

　原賃貸人と転借人は直接の契約関係にはありませんが、民法により、転借人は、原賃貸人に対して、原賃貸借契約における債務の範囲を限度に、転貸借契約に基づく債務を直接履行する義務を負います。そのため、賃料の支払いについていえば、原賃貸借契約の賃料額と転貸借契約の賃料額とを比較し、賃料額の小さいほうについて、転借人は、原賃貸人に対して支払義務を負います。

　例えば、原賃貸借契約の月額賃料が20万円、転貸借契約の月額賃料が17万円の場合、転借人は、原賃貸人に対して17万円の支払義務を負います。他方、

原賃貸借契約の月額賃料が 20 万円、転貸借契約の月額賃料が 22 万円の場合、転借人は、原賃貸人に対して 20 万円の支払義務を負います。

▼転借人の原賃貸人に対する支払い義務

賃料 20 万円

原賃貸人

賃料 17 万円

転貸人

転借人

17 万円の支払い義務を負う

3 転借人の事情が原賃貸借契約に与える影響　重要度 ★★★

（1）転借人の行為に対する転貸人の責任

　借主の履行補助者による故意・過失も、借主の故意・過失と同視されます。そして、転貸人が原賃貸人との関係で借主の立場に立つことから、転借人は原賃貸人との関係で、転貸人の履行補助者に該当するとされています。

　そのため、転借人の故意・過失は転貸人の故意・過失と同視され、転借人が過失により賃貸不動産を毀損（きそん）した場合、転貸人は原賃貸人に責任を負います。

▼転借人の行為に対する転貸人の責任

責任追及

原賃貸人
（貸主）

転貸人
（借主）

貸家

転借人の過失で破損

（2）転借人の使用継続による原賃貸借契約の更新

　転借人がする建物の使用の継続を転貸人がする建物の使用の継続とみなして、転貸人と原賃貸人との間の原賃貸借契約が更新されたものとみなされます。

（3）正当事由の判断における転借人の事情の考慮

　原賃貸借契約の更新を拒絶する場合、更新拒絶の正当事由の判断に当たっては、契約当事者ではない転借人の事情も考慮されます。

5

賃貸借契約

4　原賃貸借契約の終了が転貸借契約に与える影響

重要度　★★★

　原賃貸借契約が終了し、それが転借人に対抗できる場合には、転借人は原賃貸人に対して賃貸不動産の返還義務を負います。それでは、どのような場合に、転借人に対抗でき、転貸借契約が終了するのでしょうか。

　転借人に対抗できるかは、原賃貸借契約の終了原因によって異なります。

(1) 期間満了または解約申入れの場合

　原賃貸借契約が期間の満了または解約の申入れによって終了する場合は、原賃貸人は、転借人にその旨の通知をしなければ、原賃貸借契約の終了を転借人に対抗することができません。その通知を原賃貸人がしたときは、転貸借契約は、その通知がされた日から6ヵ月を経過することによって終了します。

▼期間満了または解約申入れの場合

(2) 債務不履行による解除の場合

　原賃貸借契約が転貸人の債務不履行（転貸人の原賃貸人への賃料不払いなど）を理由に解除された場合、転貸借契約は、原則として、原賃貸人が転借人に対して目的物の返還を請求した時に、債務の履行不能により終了します。

　原賃貸借契約を債務不履行により解除する場合、原賃貸人は、解除に先立って転借人に催告をして賃料支払いの機会を与えなくても、その解除を転借人に対抗できます。また、債務不履行による解除の場合、解除により終了した旨を転借人に通知する必要はありません。

(3) 合意解除の場合

　原賃貸人と転貸人が原賃貸借契約を合意解除（契約当事者同士の合意によって契約を解消すること）しても、原則として原賃貸人は合意解除を転借人に対抗することができません。ただし、その解除の当時、貸主が借主の債務不履行

による解除権を有していたときは、転借人に対抗することができます。

▼原賃貸借契約の終了が転貸借契約に与える影響

原賃貸借契約の終了原因	転貸借契約に対する影響
期間の満了 解約の申入れ	転借人に対する通知が必要である。 通知後6ヵ月経過により転貸借契約は終了する。
債務不履行	転借人に対して目的物の返還を請求した時に、転貸借契約は終了する。 転借人に対する催告・通知は不要である。
合意解除	原則として転借人に対抗することはできない。

原賃貸借契約終了の場合における転貸人の地位の承継
重要度　★★★

　転借人の保護のため、「原賃貸借契約が終了した場合に原賃貸人が転貸人の地位（転貸借契約）を承継する」旨の特約をすることがあります。このような特約があれば、原賃貸借契約が終了した場合でも転借人は賃貸不動産を使用し続けることができます。このような特約は、転借人に有利であり、有効です。

練習問題（○×問題）

① サブリース方式による賃貸管理は、賃貸不動産の引渡しや契約書面の交付は契約成立の要件ではない。

② 原賃貸借契約が転貸人の債務不履行を理由に解除された場合、転貸借契約は、原賃貸人が転貸人に対して解除の意思表示をした時に終了する。

解答

① ○　サブリース方式による賃貸管理において、賃貸不動産の引渡しや契約書面の交付がなくとも、契約は成立します。

② ×　債務不履行による解除の場合、転貸借契約は、原賃貸人が転借人に対して目的物の返還を請求した時に終了します。

■ポイント

・転借人は、原賃貸人に対し、原賃貸借契約における債務の範囲内で、転貸借契約に基づく債務を直接履行する義務を負う。

・債務不履行による原賃貸借契約の解除は、転借人に対抗できるが、原賃貸借契約の合意解除は、債務不履行による解除権がない限り、転借人に対抗できない。

5-8 賃貸不動産の所有権移転

ここでは賃貸不動産の所有権移転と賃貸借契約上の地位の移転について学びます。所有権移転によって貸主の地位の移転があるかは、借主が先に建物の引渡しを受けているかどうかにかかっています。

1 売却による所有権移転 重要度 ★★★

(1) 借主が先に建物の引渡しを受けた場合

貸主が賃貸不動産を第三者に売却し、賃貸不動産の所有権移転がなされた場合、賃貸借契約上の貸主としての地位は、その第三者に移転するのでしょうか。

借主が先に対抗要件（賃借権の登記または建物の引渡しを受けている）を備えていれば、貸主の地位は所有権の移転とともに当然に移転します。

具体的には、貸主が自己所有の賃貸不動産を借主に引き渡した後、第三者にその賃貸不動産を売却し、所有権移転登記を完了した場合には、所有権移転にともなって貸主の地位もその第三者（新所有者）に移転します。

貸主の地位が新所有者に移転するということは、借主からみれば、新所有者に対して賃借権を対抗でき、所有者が変わっても引き続き賃貸不動産を使い続けることができる、明け渡す必要はないということです。

▼売却による所有権移転

貸主の地位が移転すると、費用の償還に係る債務や、敷金に関する権利義務も新所有者に承継されます（→P259）。

もっとも、旧所有者と新所有者との間で、「貸主たる地位を旧所有者に留保する旨およびその不動産を新所有者が旧所有者に賃貸する旨」の合意をした場

合、借主の承諾がなくても、貸主たる地位は旧所有者に留保され、新所有者に移転しません。この場合は、貸主たる地位が新所有者に移転しなくても、借主は転借人と同様の地位で、引き続き賃貸不動産を使用することができ、借主に不利益はないからです。このような合意の後に、旧所有者と所有者またはその承継人との間の賃貸借が終了したときは、旧所有者に留保されていた貸主たる地位は、新所有者またはその承継人に移転します。

　なお、新所有者が借主に対して、賃料の支払いを求めるなど貸主の地位を主張するためには所有権移転登記が必要です。

(2) 先に所有権移転登記がなされた場合

　貸主が第三者に自己所有の賃貸不動産を売却し、所有権移転登記を完了した後に、賃貸不動産を借主に引き渡した場合、借主は建物賃借権を新所有者に対抗することはできず、当然には貸主の地位は新所有者に承継されません。この場合、借主は賃貸不動産を新所有者に明け渡さなければなりません。

　もっとも、借主に対抗要件がない場合でも、新所有者が、旧所有者と合意をすれば、貸主の地位の移転を受けることができます。新所有者が貸主になっても、借主が不利になることはないため、貸主の地位の移転に借主の承諾は不要です。

② 抵当権実行による所有権移転　重要度 ★★★

　抵当権は、不動産につける担保です。例えば、賃貸不動産を建てる際に銀行からお金を借りる場合、その不動産に抵当権をつけます。金融機関は、その返済がなされなければ、抵当権を実行してその不動産を競売にかけます。競売でその不動産を買った者を買受人といいます。

(1) 借主が先に建物の引渡しを受けた場合

　借主が抵当権設定登記よりも先に建物の引渡しを受けている場合、抵当権者や買受人に建物賃借権を対抗することができます。

　そのため、貸主が、建物を借主に引き渡した後、その建物に抵当権が設定され、抵当権が実行された結果、買受人に所有権が移転した場合、当然に買受人は貸主の地位を承継します。この場合、買受人は借主に使用収益させる義務を負うため、借主に対して明渡しを求めることはできません。

5

賃貸借契約

▼抵当権実行による所有権移転

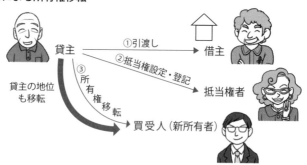

（2）先に抵当権設定登記がなされた場合

　建物について抵当権の設定登記がされた後に、その建物について賃貸借契約が締結され、その引渡しがなされた場合で、抵当権の実行により買受人に所有権が移転したときは、当然には貸主の地位は買受人に承継されません。

　このときは、借主は建物を買受人に明け渡さなければなりませんが、競売手続の開始前から借主が使用していれば、買受人の買受けの時から6ヵ月間は明渡しを猶予されます。この場合、買受人は、建物使用者に対して、買受けの時より後に建物を使用したことの対価を請求できます。

▼抵当権と契約上の地位の移転

建物が引き渡された後に、抵当権設定登記がなされた場合	買受人は貸主の地位を承継し、敷金に関する権利義務も承継する。
抵当権設定登記がなされた後に、建物が引き渡された場合	買受人に貸主の地位は承継されず、敷金に関する権利義務も承継されない。

3　差押えによる所有権移転　　重要度　★★★

（1）借主が先に建物の引渡しを受けた場合

　借主が、貸主の債権者による建物の差押えよりも先に、建物の引渡しを受けている場合、借主は、差押債権者に建物賃借権を対抗することができます。

　そのため、貸主が、建物を借主に引き渡した後、貸主の債権者がその建物を差し押さえたことにより、建物が競売された結果、買受人にその建物の所有権が移転した場合、当然に買受人は貸主の地位を承継します。この場合、借主は建物を買受人に明け渡す必要はありません。

▼差押えによる所有権移転

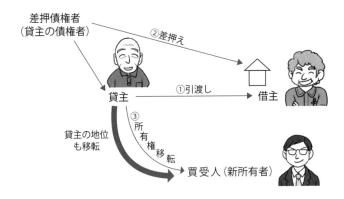

(2) 先に差押えがなされた場合

　建物について差押えがされた後に、その建物についての賃貸借契約が締結された場合で、競売がなされ、買受人に所有権が移転したときは、当然には貸主の地位は買受人に承継されません。このときは、借主は建物を買受人に明け渡さなければなりません。

練習問題（○×問題）

① 貸主が、自己の所有建物を借主に引き渡した後、第三者にその建物を売却し、所有権移転登記をした場合、特段の事情がない限り、その第三者は、貸主の地位を承継するが、敷金に関する権利義務は承継しない。

② 建物について抵当権の設定登記がされた後に、その建物の賃貸借契約が締結された場合において、その抵当権が実行され、買受人にその建物の所有権が移転したときは、貸主の地位は当然には買受人に移転しない。

解答

① × 借主が先に建物の引渡しを受けており、新所有者が貸主の地位を承継すれば、新所有者は敷金に関する権利義務も承継します。

② ○ 抵当権設定登記の後に賃貸借契約が締結されているため、借主は買受人に対して対抗できず、貸主の地位は当然には買受人に移転しません。

■ポイント

・所有権移転登記・抵当権設定登記・差押えよりも先に、借主が建物の引渡しを受けている場合、新所有者は貸主の地位を承継し、敷金に関する権利義務も承継する。

5-9 当事者の死亡

相続人は、プラス財産（不動産や賃料債権など）とともに、マイナス財産（修繕義務や賃料債務など）も承継します。ここでは貸主・借主が死亡した場合の具体例についてみていきます。

1 貸主の死亡　　　　　　　　　　　　　　　　　　重要度 ★★★

(1) 相続人がいる場合

　貸主が死亡した場合、その相続人が、賃貸借契約の貸主としての地位（貸主の権利義務）を承継します。例えば、貸主が死亡した場合、その相続人が借主に賃貸物件を使用収益させる義務や修繕義務を負います。

　貸主の共同相続人が賃貸物件を共同相続した場合、相続人が契約について解除権を行使するためには、過半数の共有持分を有していなければなりません。
※共同相続とは、複数の相続人が共同して相続することをいいます。

　貸主が死亡し、相続人が複数いる場合、次の①～③の各場面に応じて、借主は賃料を支払わなければなりません。

●**貸主の相続人が複数いる場合の賃料の取扱い**

① 貸主の死亡前の賃料について

　貸主の死亡前の賃料債権は、可分債権であり、法律上当然分割され各共同相続人がその相続分に応じて権利を承継します。

② 貸主の死亡後から遺産分割までの賃料について

　相続開始から遺産分割までの間に遺産である賃貸住宅を使用管理した結果生ずる金銭債権たる賃料債権は、遺産とは別個の財産（遺産から生じる果実）であって遺産分割の対象（相続財産）ではなく、各共同相続人がその相続分に応じて分割単独債権として確定的に取得します。その後に遺産分割が成立した場合であっても、遺産共有の相続財産（建物）を賃貸することによって生み出された賃料は、後にされた遺産分割の影響を受けません。

③遺産分割後の賃料について

　遺産分割により賃貸建物を取得した者が、貸主として賃料を取得します。

---

(2) 相続人のあることが明らかでない場合

　貸主が死亡し、相続人のあることが明らかでない場合、賃貸借契約は終了せず、相続財産は法人とされます。そして、所定の手続きが行われた後、残された財産は国庫に帰属します。

2　借主の死亡　　　　　　　　　　重要度 ★★★

(1) 相続人がいる場合

　借主が死亡した場合、その相続人が、賃貸借契約の借主としての地位（借主の権利義務）を承継します。例えば、借主が死亡した場合、雨漏りが生じたときはその相続人が貸主に修繕請求権を有し、未払賃料があればその相続人が未払賃料の支払義務を負います。

　借主が複数いる場合、各借主は賃料支払債務を「不分割債務」として負担します。そのため、借主が死亡し、複数の相続人が賃借権を相続により承継した場合、貸主は各共同相続人に対して賃料全額の支払を請求することができます。

▼借主が死亡し、相続人が複数いる場合

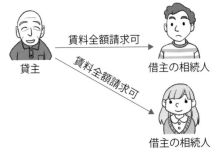

　なお、借主と同居していない相続人も、借主の地位を承継します。一方で、内縁の配偶者は相続人ではないため、借主に相続人がいる場合、内縁の配偶者が、借主と同居していたとしても、借主の地位を承継することはできません。もっとも、判例では、内縁の配偶者が相続人の賃借権を援用できるとしたり、相続人からの立退請求が権利濫用に当たるとしたりすることで、内縁配偶者が貸主から明渡しを求められても、それを拒否して居住し続けるように保護を図っています。

　借主が死亡し、複数の相続人が賃借権を相続により承継した場合において、貸主が債務不履行を理由に賃貸借契約を解除するときは、相続人全員に対して

5

賃貸借契約

解除の意思表示をしなければなりません。相続人の一人に解除の意思表示をするだけでは足りません。

（2）相続人のあることが明らかでない場合

借主が死亡し、相続人のあることが明らかでない場合、賃貸借契約は終了せず、相続財産は法人とされます。そして、所定の手続きが行われた後、残された財産は国庫に帰属します。

（3）同居者による借主の地位の承継

借主が死亡し、借主に相続が開始したが、相続人が存在しない場合において、その当時婚姻または縁組の届出をしていないが、借主と事実上夫婦または養親子と同様の関係にあった同居者があるときは、その同居者は、借主の地位（借主の権利義務）を承継します。例えば、借主が相続人なしに死亡した場合で、内縁関係にある者が同居していたときは、内縁関係にある同居人は借主の地位を承継します。この場合、当該同居人は、貸主に明け渡す必要はなく、賃貸住宅に住み続けることができます。もっとも、この場合でも、当該同居人は借主の地位を承継するだけであって、内縁関係にある同居人が相続人になるわけではありません。

内縁関係にある同居人等が、相続人なしに死亡したことを知った後1ヵ月以内に貸主に反対の意思を表示したときは、借主の権利義務を承継しません。

▼内縁関係にある者による借主の地位の承継

相続人がいる場合	内縁関係にある者は、借主の地位を承継できない ※内縁の配偶者が明渡しを求められても、明渡しを拒むことができるとした判例（事例）があります
相続人がいない場合	内縁関係にある者は、同居していれば借主の地位を承継できます

（4）公営住宅の利用者の死亡

公営住宅の入居者が死亡した場合、その死亡時に当該入居者と同居していた者は、事業主体の承認を受けて、引き続き、公営住宅に居住することができます。もっとも、公営住宅の入居者が死亡した場合に、同居の相続人がいても、当該相続人が当然に使用権を相続によって承継することにはなりません。

練習問題（○×問題）

① 貸主が死亡し、相続人が複数いる場合、相続開始から遺産分割が成立するまでの間に生じた賃料は、遺産分割により賃貸物件を相続した者がすべて取得する。

② 借主が死亡し、相続人が複数いる場合、遺産分割が成立するまでの間、貸主は各共同相続人に対して賃料全額の支払を請求することができる。

③ 借主が死亡し、相続人がいない場合、事実上夫婦の関係にある者が同居しているときは、その同居者が借主の地位を承継することができる。

解答

① ×　遺産分割までの間に発生する賃料は、各共同相続人が「その相続分に応じて」取得します。

② ○　設問の通りです。

③ ○　設問の通りです。

5

賃貸借契約

■ポイント

・ 貸主または借主が死亡し、相続人のあることが明らかでない場合、賃貸借契約は当然には終了しない。

・ 借主に相続人がいなければ、借主と事実上夫婦または養親子と同様の関係にあった同居者は、借主の地位を承継できる。

5-10 破産と賃貸借

破産は、債務者の財産を換価（お金に換えること）し、分配する（債権者に平等に弁済する）する手続きです。ここでは、貸主または借主が破産手続開始の決定を受けた場合にどうなるのかを学びます。

1 破産手続の概要　　　　重要度 ★

　破産手続開始の決定があると、同時に破産管財人が選任されます。そして、破産財団に属する財産の管理および処分をする権利は、「破産管財人」に専属します。したがって、貸主または借主につき破産手続の開始が決定され、破産管財人が選任された場合、賃貸借契約の主体は破産管財人になります。

　例えば、借主につき破産手続の開始が決定され、破産管財人が選任された場合、貸主は破産管財人に対して賃料の請求や解除の意思表示などをすることになります。

▼借主が破産した場合

賃料請求、
解除の意思表示など

貸主　　　　　　　　　破産管財人

▼貸主が破産した場合

賃料支払、
敷金返還請求など

借主　　　　　　　　　破産管財人

2 借主の破産　　　　重要度 ★

（1）破産と解除・解約申入れ

　借主につき破産手続の開始が決定されたことは、民法上は、解除事由や解約申入れの理由になりません。

（2）賃料

　借主につき破産手続の開始が決定された場合、貸主の賃料債権は、破産債権または財団債権となります。

▼賃料の取扱い

破産手続開始決定前に生じた未払賃料債権	破産債権
破産手続開始決定後に履行期が到来する賃料債権	財団債権

※破産債権は破産手続のなかで弁済を受けます。一方、財団債権は、破産手続によらずに破産財団から随時弁済を受けることができます。

(3) 賃貸借の終了

借主につき破産手続の開始が決定され、破産管財人が選任された場合、破産管財人は、契約の解除または履行のいずれかを選択することができます。

③ 貸主の破産 　　　重要度 ★

(1) 敷金返還請求権

貸主につき破産手続の開始が決定され、破産管財人が選任された場合、借主は、賃料について、破産管財人に対して預け入れている敷金の額まで寄託をするよう請求することができます。

(2) 契約解除

貸主につき破産手続の開始が決定された場合であっても、借主が建物の引渡しを受けていれば、破産管財人は賃貸借契約を解除することはできません。

練習問題（○×問題）

① 借主につき破産手続の開始が決定され、破産管財人が選任されると、賃主が賃料の支払を催告する相手方は、破産管財人となる。

② 借主につき破産手続の開始が決定されたことは、民法上は、貸主が賃貸借契約を解除する理由にならない。

解答 ......

① ○ 設問の通りです。

② ○ 設問の通りです。

■ポイント

・貸主または借主が破産手続開始の決定を受け、破産管財人が選任された場合、破産管財人が賃貸借契約の主体となる。

・借主につき破産手続の開始が決定されたことは、解除事由や解約申入れの理由にならない。

5-11 賃貸借契約と使用貸借契約との異同

使用貸借は、「無償」で（賃料を支払うことなく）物を借りた後にその物を返還することを約束することによって成立する契約です。
ここでは賃貸借契約と使用貸借契約の違いを学びます。

1 使用貸借契約の成立　　　重要度 ★★

使用貸借契約の成立には、当事者の意思表示の合致により成立します。物の引渡しは、使用貸借契約の成立要件ではありません（諾成契約→P168）。

2 使用貸借契約における義務　　　重要度 ★★★

（1）貸主の義務

貸主は、借主が目的物を使用収益することを妨げないという消極的義務を負います。使用貸借は、賃貸借とは異なり、無償で貸す契約であるため、貸主には修繕義務はありません。

また、貸主は、原則として、目的たる物または権利の瑕疵・不存在について責任を負いません。ただし、貸主は、その瑕疵・不存在を知りながら借主に告げなかった場合には、責任を負います（貸主の危険負担）。

（2）借主の義務

借主は、用法遵守義務、目的物保管義務（通常の必要費の負担を含む）、目的物返還義務（原状回復義務を含む）を負います。

3 使用貸借契約の終了　　　重要度 ★★★

（1）期間満了・目的達成

期間（返還時期）を定めた場合には期間満了により、使用収益の目的を定めた場合には目的達成により、使用貸借契約は終了します。

契約期間に制限はありません。

（2）借主の死亡

借主が死亡した場合、相続はされず、使用貸借契約は終了します。

一方で、貸主が死亡した場合は、使用貸借契約は終了しません。

（3）貸主による返還請求

　返還時期や使用収益の目的を定めなかった場合は、貸主は、いつでも返還を請求することができます。

（4）解除

　債務不履行に基づく解除ができるのはもちろんですが、借主が貸主の承諾を得ることなく第三者に使用・収益させた場合、貸主は契約を解除することができます。

▼賃貸借契約と使用貸借契約の主な違い

	賃貸借契約	使用貸借契約
契約の成立	諾成契約	諾成契約
有償・無償	有償	無償（賃料支払義務なし）
貸主の修繕義務 （修繕費用の負担）	修繕義務あり （必要費は貸主負担）	修繕義務なし （通常の必要費は借主負担）
借主が死亡した場合	契約は終了しない	契約は終了する
対抗力	対抗力あり	対抗力なし（※）
借地借家法の適用の有無	適用あり	適用なし （例：法定更新はない。正当事由は不要）

※使用貸借の場合は、登記できず、また、借主は建物の引渡しを受けても第三者（対象建物の買主など）に対抗できない。

練習問題（○×問題）

① 貸主が死亡した場合、使用貸借契約は終了する。
② 使用貸借契約の対象建物が売却された場合、すでに対象建物の引渡しを受けている借主は、建物の買主に対し使用貸借契約を対抗できる。

解答

① × 借主が死亡した場合には使用貸借契約は終了しますが、貸主が死亡した場合には使用貸借契約は終了しません。
② × 使用貸借には対抗力はないため、対象建物が売却された場合、借主は買主に対して使用貸借契約を対抗することができません。

■ポイント

・使用貸借契約の成立には、引渡しや書面の作成は不要。
・使用貸借には、借地借家法は適用されない。

5-12 特殊な建物賃貸借契約

ある特定の目的で賃貸借契約を締結する場合、普通の建物賃貸借契約とは異なる取扱いがなされます。ここでは、取り壊し予定建物賃貸借、一時使用目的の建物賃貸借、終身建物賃貸借の特徴を学びます。

1 取り壊し予定建物賃貸借　　　　重要度 ★★★

　法令または契約により一定の期間を経過した後に建物を取り壊すべきことが明らかな場合において、建物の賃貸借をするときは、建物を取り壊すこととなる時に賃貸借が終了する旨を定めることができます。

　取り壊し予定建物賃貸借契約の締結は、建物を取り壊すべき事由を記載した書面（または電磁的記録）によって行わなければ効力が生じません。

▼取り壊し予定建物賃貸借の特徴

内容（効果）	建物を取り壊した時に契約は終了
存続期間	期間の制限はない
書面の要否	書面（または電磁的記録）で行わなければならない
その他の要件	法令または契約により一定の期間を経過した後に建物を取り壊すべきことが明らかな場合に限る

2 一時使用目的の建物賃貸借　　　　重要度 ★★★

　一時使用のために建物の賃貸借をしたことが明らかな場合には、借地借家法は適用されません。例えば、建替え期間中の仮住まいとして借りる場合には、一時使用目的であるといえます。

　「一時使用」といえるためには、賃貸借契約の目的、動機その他諸般の事情から、その賃貸借契約を短期間に限り存続させる趣旨のものであることが、客観的に判断されるものであればよいとされています。必ずしもその期間の長短だけを標準として決せられるものではなく、期間が1年未満でなければならないものでもありません。

　一時使用目的の建物の賃貸借契約の締結は、通常の賃貸借契約と同様に、書面によらなくても効力が生じます。

▼一時使用目的の建物賃貸借の特徴

内容（効果）	借地借家法の適用はない （例：法定更新はない）
書面の要否	書面で行う必要はない

③ 終身建物賃貸借　　　　重要度 ★★★

　高齢者の居住の安定確保に関する法律に基づく終身建物賃貸借契約の締結は、書面（または電磁的記録）によって行わなければ効力は生じません。

　終身建物賃貸借契約の対象となる賃貸住宅は、法が定めるバリアフリー化の基準を満たす必要があります。

▼終身建物賃貸借の特徴

内容（効果）	借主の死亡に至るまで存続し、かつ、 借主が死亡した時に契約が終了（※）
書面の要否	書面（または電磁的記録）で行わなければならない

※もっとも、終身建物賃貸借の借主が死亡した場合で、同居配偶者または同居の60歳以上の親族が、借主の死亡を知った日から1ヵ月を経過する日までの間に引き続き居住することを申し出たときは、事業者である貸主は、同一の契約条件で、その同居配偶者等と、賃貸借契約を締結しなければなりません。

練習問題（○×問題）

① 一定の期間の経過後に建物を取り壊すべきことが明らかな場合、書面または電磁的記録によらなくても、建物を取り壊す時に賃貸借契約は終了する。
② 終身建物賃貸借契約は、借主が死亡した時に終了する。

解答

① × 建物を取り壊すべき事由を記載した書面（または電磁的記録）によって行わなければ効力が生じません。
② ○ 終身建物賃貸借契約は、借主が死亡した時に終了します。

■ポイント

・取り壊し予定建物賃貸借契約や終身建物賃貸借契約は、書面で行わなければならない。一時使用目的の建物賃貸借契約では、書面は不要である。
・一時使用の建物賃貸借であることが明らかな場合、借地借家法の適用はない。

5-13 定期建物賃貸借契約

定期建物賃貸借契約は、普通の賃貸借契約とは異なり、更新がありません。ここでは、定期建物賃貸借契約として認められるための要件、契約の終了、再契約について学びます。

1 定期建物賃貸借契約の要件 重要度 ★★★

（1）契約書

賃貸借契約書に「更新がなく、期間の満了により契約が終了する」旨の記載がなければ、更新がない定期建物賃貸借契約として有効に成立しません。

その契約内容を電磁的記録に記録することで、書面による契約とみなされます。

（2）事前説明

定期建物賃貸借契約を締結しようとするときは、さらに、建物の貸主は、あらかじめ、借主に対し、「更新がなく、期間の満了により契約が終了する」旨を記載した書面を交付して、口頭で説明しなければなりません。

この定期建物賃貸借契約の事前説明は、定期建物賃貸借契約書とは別個独立の書面で行わなければならないとされています。もし、別個独立の書面で説明をしなかったときは、契約の更新がないこととする旨の定めは、無効となります。

事前説明書面は、借主の承諾があれば電磁的方法で提供することも可能です。

（3）期間

契約期間が1年未満の定期建物賃貸借契約も有効です。

2 定期建物賃貸借契約の終了 重要度 ★★★

（1）貸主による期間満了の通知

期間が1年以上の定期建物賃貸借契約においては、貸主は期間満了の1年前から6ヵ月前までの間に、借主に対し期間満了により賃貸借が終了する旨の通知をしなければ、その終了を借主に対抗できません（借地借家法第38条第4項に基づく終了通知）。これに反する特約で借主に不利なものは、無効です。

ただし、貸主は期間満了の1年前から6ヵ月前までの間に終了通知をしなかった場合でも、貸主が通知期間の経過後建物の借主に対し終了通知をしたとき

は、その通知の日から6ヵ月を経過した後は、その契約の終了を借主に対抗することができます。

（2）借主による途中解約の申入れ

定期建物賃貸借は、原則として期間満了まで解約の申入れはできません。しかし、次の三つの要件を満たす場合は、特約がなくても、借主は解約の申入れをすることができ、賃貸借は解約の申入れの日から1ヵ月を経過することによって終了します。これに反する特約で借主に不利なものは、無効です。

① 居住用の定期建物賃貸借契約であること
② 建物の床面積が200㎡未満であること
③ 転勤、療養、親族の介護その他のやむを得ない事情により、借主が建物を自己の生活の本拠として使用することが困難となったこと

3　再契約　重要度 ★★★

たとえ定期建物賃貸借契約の期間が満了する前に、貸主と借主が合意したとしても、契約を更新することはできません。借主が、契約の期間満了後も、入居の継続を望む場合、新たに賃貸借契約（再契約）を締結する必要があります。

なお、平成12年3月1日より前に締結された居住用建物の賃貸借契約は、貸主と借主がこれを合意解約して、新たに定期建物賃貸借契約を締結することは認められていません。

練習問題（○×問題）

① 定期建物賃貸借契約は、公正証書によってしなければ、効力を生じない。

解答

① × 書面（または電磁的記録）によればよく、必ずしも公正証書による必要はありません。

■ポイント

・ 定期建物賃貸借契約および事前説明は、書面によらなければならない。書面によらない場合は普通建物賃貸借契約となる。
・ 期間が1年以上の定期建物賃貸借契約では、事前の終了通知が必要となる。

5-14 賃貸住宅標準契約書

「賃貸住宅標準契約書」(→P226) は、賃貸借契約をめぐる紛争を防止し、借主の居住の安定および貸主の経営合理化を図ることを目的として作成された賃貸借契約書のひな型です。ここでは標準契約書の記載事項を学びます。

1 賃貸住宅標準契約書の性質　　　　重要度 ★★

賃貸住宅標準契約書は、その使用が法令で義務づけられているわけではありません。そのため、賃貸住宅標準契約書とは異なる内容の契約書も有効です。

2 賃貸住宅標準契約書の記載事項　　　重要度 ★★★

全国的な慣行になっている事項(賃料・共益費・敷金など)に関する条項は、賃貸住宅標準契約書に定められています。しかし、全国的な慣行になっていない事項、つまり特定の地域の慣行にすぎない事項(更新料・敷引・保証料・礼金など)に関する条項は、賃貸住宅標準契約書に定められていません。

▼賃貸住宅標準契約書の記載の有無(例)

記載されているもの	・契約期間および更新 ・使用目的(居住[1]) ・賃料[2]、共益費、敷金 ・反社会的勢力の排除 ・禁止・制限される行為 ・契約期間中の修繕 ・契約の解除 ・借主の解約権留保の特約 ・目的物全部が滅失等により使用不可となった場合の契約終了 ・明渡し時の原状回復 ・立入り(原則として、事前に借主の承諾が必要) ・連帯保証人
記載されていないもの	・更新料、敷引、保証料、礼金 ・貸主の解約権留保の特約

※1：使用目的を「居住」のみに限っています。特約をすれば、居住しつつ、併せて居住以外の目的に使用することは可能です。
※2：賃料には、建物の使用対価のほか、建物の使用に必要な範囲で、その敷地の使用対価も含まれます。

③ 平成24年2月改訂の概要　　　重要度 ★

　国民生活や経済活動からの反社会的勢力を排除する必要性の高まりを受け、あらかじめ契約当事者が反社会的勢力でない旨等を相互に確認することが記述されました（第7条）。また、反社会的勢力排除に係る契約条項違反の場合に催告なしに解除できる旨の条項が設けられました（第10条第3項・第4項）。

　また、「原状回復をめぐるトラブルとガイドライン」（→P356）を踏まえ、入居時に貸主・借主の双方が原状回復に関する条件を確認する様式を追加するなど、明渡し時の原状回復内容の明確化を図っています（第15条等）。

④ 平成30年3月改訂の概要　　　重要度 ★

　民法改正や近年の家賃債務保証業者を利用した契約の増加を踏まえて、「家賃債務保証業者型」と、極度額の記載欄を設けた「連帯保証人型」の賃貸住宅標準契約書が作成されました。

　新たに、賃借物が一部滅失等で使用できない場合における賃料減額等について定められました（第12条）。

5

賃貸借契約

練習問題（○×問題）

① 賃貸住宅標準契約書では、貸主が契約期間中に中途解約できる旨の特約（解約権留保の特約）を定めている。
② 賃貸住宅標準契約書では、敷引及び保証料に関する条項が設けられている。

解答

① × 借主が契約期間中に中途解約できる旨の特約はありますが、貸主が中途解約できる旨の特約はありません。
② × 敷引及び保証料に関する条項が設けられていません。

■ポイント

・賃料・共益費・敷金に関する条項はあるが、更新料・敷引・保証料・礼金に関する条項はない。
・契約期間中の修繕に関する条項のほか、明渡し時の原状回復に関する条項も設けられている。

賃貸住宅標準契約書

頭書

(1) 賃貸借の目的物

<table>
<tr><td rowspan="9">建物の名称・所在地等</td><td colspan="2">名　　称</td><td colspan="4"></td></tr>
<tr><td colspan="2">所　在　地</td><td colspan="4"></td></tr>
<tr><td rowspan="4">建　て　方</td><td rowspan="4">共　同　建
長　屋　建
一　戸　建
そ　の　他</td><td rowspan="4">構　造</td><td>木造</td><td colspan="2">工事完了年</td></tr>
<tr><td>非木造（　　　　　　）</td><td rowspan="3">大規模修繕を
（　　）年
実　　　施</td><td>年</td></tr>
<tr><td rowspan="2">階建</td><td></td></tr>
<tr><td></td></tr>
<tr><td></td><td colspan="2">戸　数</td><td>戸</td></tr>
<tr><td colspan="2">住　戸　番　号</td><td>号室</td><td>間取り</td><td colspan="2">（　　　）LDK・DK・K／ワンルーム／</td></tr>
<tr><td colspan="2">面　　積</td><td colspan="4">㎡　（それ以外に、バルコニー＿＿＿＿＿＿㎡）</td></tr>
</table>

<table>
<tr><td rowspan="17">住戸部分</td><td rowspan="17">設備等</td><td>トイレ</td><td>専用（水洗・非水洗）・共用（水洗・非水洗）</td></tr>
<tr><td>浴室</td><td>有・無</td></tr>
<tr><td>シャワー</td><td>有・無</td></tr>
<tr><td>洗面台</td><td>有・無</td></tr>
<tr><td>洗濯機置場</td><td>有・無</td></tr>
<tr><td>給湯設備</td><td>有・無</td></tr>
<tr><td>ガスコンロ・電気コンロ・IH調理器</td><td>有・無</td></tr>
<tr><td>冷暖房設備</td><td>有・無</td></tr>
<tr><td>備え付け照明設備</td><td>有・無</td></tr>
<tr><td>オートロック</td><td>有・無</td></tr>
<tr><td>地デジ対応・CATV対応</td><td>有・無</td></tr>
<tr><td>インターネット対応</td><td>有・無</td></tr>
<tr><td>メールボックス</td><td>有・無</td></tr>
<tr><td>宅配ボックス</td><td>有・無</td></tr>
<tr><td>鍵</td><td>有・無　（鍵No.　　　　　　・　　　　本）</td></tr>
<tr><td></td><td>有・無</td></tr>
<tr><td></td><td>有・無</td></tr>
</table>

<table>
<tr><td rowspan="4"></td><td>使用可能電気容量</td><td>（　　　　　　　　）アンペア</td></tr>
<tr><td>ガス</td><td>有（都市ガス・プロパンガス）・無</td></tr>
<tr><td>上水道</td><td>水道本管より直結・受水槽・井戸水</td></tr>
<tr><td>下水道</td><td>有（公共下水道・浄化槽）・無</td></tr>
</table>

<table>
<tr><td rowspan="7">附　属　施　設</td><td>駐車場</td><td>含む・含まない</td><td>＿＿＿＿台分（位置番号：＿＿＿＿＿＿＿＿）</td></tr>
<tr><td>バイク置場</td><td>含む・含まない</td><td>＿＿＿＿台分（位置番号：＿＿＿＿＿＿＿＿）</td></tr>
<tr><td>自転車置場</td><td>含む・含まない</td><td>＿＿＿＿台分（位置番号：＿＿＿＿＿＿＿＿）</td></tr>
<tr><td>物置</td><td>含む・含まない</td><td></td></tr>
<tr><td>専用庭</td><td>含む・含まない</td><td></td></tr>
<tr><td></td><td>含む・含まない</td><td></td></tr>
<tr><td></td><td>含む・含まない</td><td></td></tr>
</table>

(2) 契約期間

<table>
<tr><td>始　期</td><td>年　　　　月　　　　日から</td><td rowspan="2">年　　　月間</td></tr>
<tr><td>終　期</td><td>年　　　　月　　　　日まで</td></tr>
</table>

(3) 賃料等

賃料・共益費		支払期限	支払方法	
賃　　料	円	当月分・翌月分を 毎月　　　日まで	振込、 口座 振替 又は 持参	振込先金融機関名： 預金：普通・当座
共　益　費	円	当月分・翌月分を 毎月　　　日まで		口座番号： 口座名義人： 振込手数料負担者：貸主・借主
				持参先：

敷　　金	賃料　　　か月相当分 円		その他 一時金	
附属施設使用料				
そ　の　他				

(4) 貸主及び管理業者

貸　　主 （社名・代表者）	住　所　〒 氏　名　　　　　　　　　電話番号
管理業者 （社名・代表者）	所在地　〒 商号（名称）　　　　　　　　電話番号 賃貸住宅管理業者登録番号　国土交通大臣（　　　）第　　　　　号

※貸主と建物の所有者が異なる場合は、次の欄も記載すること。

建物の所有者	住　所　〒 氏　名　　　　　　　　　電話番号

(5) 借主及び同居人

	借　　　　　主	同　居　人		
氏　　名	（氏名） ‥‥‥‥‥‥‥‥‥‥‥‥ （年齢）　　　　歳 （電話番号）	（氏名） （氏名） （氏名） ‥‥‥‥‥‥‥‥‥‥‥‥	（年齢）　歳 （年齢）　歳 （年齢）　歳	
			合計　　　人	
緊急時の連絡先	住　所　〒 氏　名　　　　　　電話番号　　　　借主との関係			

(6) 連帯保証人及び極度額

連帯保証人	住　所　〒 氏　名　　　　　　　　　電話番号
極　度　額	

（契約の締結）

第1条　貸主（以下「甲」という。）及び借主（以下「乙」という。）は、頭書(1)に記載する賃貸借の目的物（以下「本物件」という。）について、以下の条項により賃貸借契約（以下「本契約」という。）を締結した。

（契約期間及び更新）

第2条　契約期間は、頭書(2)に記載するとおりとする。

2　甲及び乙は、協議の上、本契約を更新することができる。

（使用目的）

第3条　乙は、居住のみを目的として本物件を使用しなければならない。

（賃料）

第4条　乙は、頭書(3)の記載に従い、賃料を甲に支払わなければならない。

2　1か月に満たない期間の賃料は、1か月を30日として日割計算した額とする。

3　甲及び乙は、次の各号の一に該当する場合には、協議の上、賃料を改定することができる。

　　一　土地又は建物に対する租税その他の負担の増減により賃料が不相当となった場合

　　二　土地又は建物の価格の上昇又は低下その他の経済事情の変動により賃料が不相当となった場合

　　三　近傍同種の建物の賃料に比較して賃料が不相当となった場合

（共益費）

第5条　乙は、階段、廊下等の共用部分の維持管理に必要な光熱費、上下水道使用料、清掃費等（以下この条において「維持管理費」という。）に充てるため、共益費を甲に支払うものとする。

2　前項の共益費は、頭書(3)の記載に従い、支払わなければならない。

3　1か月に満たない期間の共益費は、1か月を30日として日割計算した額とする。

4　甲及び乙は、維持管理費の増減により共益費が不相当となったときは、協議の上、共益費を改定することができる。

（敷金）

第6条　乙は、本契約から生じる債務の担保として、頭書（3）に記載する敷金を甲に交付するものとする。

2　甲は、乙が本契約から生じる債務を履行しないときは、敷金をその債務の弁済に充てることができる。この場合において、乙は、本物件を明け渡すまでの間、敷金をもって当該債務の弁済に充てることを請求することができない。

3　甲は、本物件の明渡しがあったときは、遅滞なく、敷金の全額を乙に返還しなければならない。ただし、本物件の明渡し時に、賃料の滞納、第15条に規定する原状回復に要する費用の未払いその他の本契約から生じる乙の債務の不履行が存在する場合には、甲は、当該債務の額を敷金から差し引いた額を返還するものとする。

4　前項ただし書の場合には、甲は、敷金から差し引く債務の額の内訳を乙に明示しなければならない。

（反社会的勢力の排除）

第7条　甲及び乙は、それぞれ相手方に対し、次の各号の事項を確約する。

　　一　自らが、暴力団、暴力団関係企業、総会屋若しくはこれらに準ずる者又はその構成員（以下総称して「反社会的勢力」という。）ではないこと。

　　二　自らの役員（業務を執行する社員、取締役、執行役又はこれらに準ずる者をいう。）が反社会的勢力ではないこと。

　　三　反社会的勢力に自己の名義を利用させ、この契約を締結するものでないこと。

　　四　自ら又は第三者を利用して、次の行為をしないこと。

　　　ア　相手方に対する脅迫的な言動又は暴力を用いる行為

　　　イ　偽計又は威力を用いて相手方の業務を妨害し、又は信用を毀損する行為

2　乙は、甲の承諾の有無にかかわらず、本物件の全部又は一部につき、反社会的勢力に賃借権を譲渡し、又は転貸してはならない。

（禁止又は制限される行為）

第8条　乙は、甲の書面による承諾を得ることなく、本物件の全部又は一部につき、賃借権を譲渡し、又は転貸してはならない。

2　乙は、甲の書面による承諾を得ることなく、本物件の増築、改築、移転、改造若しくは模様替又は本物件の敷地内における工作物の設置を行ってはならない。

3　乙は、本物件の使用に当たり、別表第1に掲げる行為を行ってはならない。

4　乙は、本物件の使用に当たり、甲の書面による承諾を得ることなく、別表第2に掲げる行為を行ってはならない。

5　乙は、本物件の使用に当たり、別表第3に掲げる行為を行う場合には、甲に通知しなければならない。

（契約期間中の修繕）

第9条　甲は、乙が本物件を使用するために必要な修繕を行わなければならない。この場合の修繕に要する費用については、乙の責めに帰すべき事由により必要となったものは乙が負担し、その他のものは甲が負担するものとする。

2　前項の規定に基づき甲が修繕を行う場合は、甲は、あらかじめ、その旨を乙に通知しなければならない。この場合において、乙は、正当な理由がある場合を除き、当該修繕の実施を拒否することができない。

3　乙は、本物件内に修繕を要する箇所を発見したときは、甲にその旨を通知し修繕の必要について協議するものとする。

4　前項の規定による通知が行われた場合において、修繕の必要が認められるにもかかわらず、甲が正当な理由なく修繕を実施しないときは、乙は自ら修繕を行うことができる。この場合の修繕に要する費用については、第1項に準ずるものとする。

5　乙は、別表第4に掲げる修繕について、第1項に基づき甲に修繕を請求するほか、自ら行うことができる。乙が自ら修繕を行う場合においては、修繕に要する費用は乙が負担するものとし、甲への通知及び甲の承諾を要しない。

（契約の解除）

第10条　甲は、乙が次に掲げる義務に違反した場合において、甲が相当の期間を定めて当該義務の履行を催告したにもかかわらず、その期間内に当該義務が履行されないときは、本契約を解除することができる。

一　第4条第1項に規定する賃料支払義務

二　第5条第2項に規定する共益費支払義務

　三　前条第1項後段に規定する乙の費用負担義務
2　甲は、乙が次に掲げる義務に違反した場合において、甲が相当の期間を定めて当該義務の履行を催告したにもかかわらず、その期間内に当該義務が履行されずに当該義務違反により本契約を継続することが困難であると認められるに至ったときは、本契約を解除することができる。
　一　第3条に規定する本物件の使用目的遵守義務
　二　第8条各項に規定する義務（同条第3項に規定する義務のうち、別表第1第六号から第八号に掲げる行為に係るものを除く。）
　三　その他本契約書に規定する乙の義務
3　甲又は乙の一方について、次のいずれかに該当した場合には、その相手方は、何らの催告も要せずして、本契約を解除することができる。
　一　第7条第1項各号の確約に反する事実が判明した場合
　二　契約締結後に自ら又は役員が反社会的勢力に該当した場合
4　甲は、乙が第7条第2項に規定する義務に違反した場合又は別表第1第六号から第八号に掲げる行為を行った場合には、何らの催告も要せずして、本契約を解除することができる。

（乙からの解約）
第11条　乙は、甲に対して少なくとも30日前に解約の申入れを行うことにより、本契約を解約することができる。
2　前項の規定にかかわらず、乙は、解約申入れの日から30日分の賃料（本契約の解約後の賃料相当額を含む。）を甲に支払うことにより、解約申入れの日から起算して30日を経過する日までの間、随時に本契約を解約することができる。

（一部滅失等による賃料の減額等）
第12条　本物件の一部が滅失その他の事由により使用できなくなった場合において、それが乙の責めに帰することができない事由によるものであるときは、賃料は、その使用できなくなった部分の割合に応じて、減額されるものとする。この場合において、甲及び乙は、減額の程度、期間その他必要な事項について協議するものとする。
2　本物件の一部が滅失その他の事由により使用できなくなった場合において、

残存する部分のみでは乙が賃借をした目的を達することができないときは、乙は、本契約を解除することができる。

（契約の終了）
第13条　本契約は、本物件の全部が滅失その他の事由により使用できなくなった場合には、これによって終了する。

（明渡し）
第14条　乙は、本契約が終了する日までに（第10条の規定に基づき本契約が解除された場合にあっては、直ちに）、本物件を明け渡さなければならない。
2　乙は、前項の明渡しをするときには、明渡し日を事前に甲に通知しなければならない。

（明渡し時の原状回復）
第15条　乙は、通常の使用に伴い生じた本物件の損耗及び本物件の経年変化を除き、本物件を原状回復しなければならない。ただし、乙の責めに帰することができない事由により生じたものについては、原状回復を要しない。
2　甲及び乙は、本物件の明渡し時において、契約時に特約を定めた場合は当該特約を含め、別表第5の規定に基づき乙が行う原状回復の内容及び方法について協議するものとする。

（立入り）
第16条　甲は、本物件の防火、本物件の構造の保全その他の本物件の管理上特に必要があるときは、あらかじめ乙の承諾を得て、本物件内に立ち入ることができる。
2　乙は、正当な理由がある場合を除き、前項の規定に基づく甲の立入りを拒否することはできない。
3　本契約終了後において本物件を賃借しようとする者又は本物件を譲り受けようとする者が下見をするときは、甲及び下見をする者は、あらかじめ乙の承諾を得て、本物件内に立ち入ることができる。
4　甲は、火災による延焼を防止する必要がある場合その他の緊急の必要がある場合においては、あらかじめ乙の承諾を得ることなく、本物件内に立ち入

ることができる。この場合において、甲は、乙の不在時に立ち入ったときは、立入り後その旨を乙に通知しなければならない。

（連帯保証人）
第17条　連帯保証人（以下「丙」という。）は、乙と連帯して、本契約から生じる乙の債務を負担するものとする。本契約が更新された場合においても、同様とする。
2　前項の丙の負担は、頭書（6）及び記名押印欄に記載する極度額を限度とする。
3　丙が負担する債務の元本は、乙又は丙が死亡したときに、確定するものとする。
4　丙の請求があったときは、甲は、丙に対し、遅滞なく、賃料及び共益費等の支払状況や滞納金の額、損害賠償の額等、乙の全ての債務の額等に関する情報を提供しなければならない。

（協議）
第18条　甲及び乙は、本契約書に定めがない事項及び本契約書の条項の解釈について疑義が生じた場合は、民法その他の法令及び慣行に従い、誠意をもって協議し、解決するものとする。

（特約条項）
第19条　第18条までの規定以外に、本契約の特約については、下記のとおりとする。

甲：	印
乙：	印

別表第1（第8条第3項関係）

一	銃砲、刀剣類又は爆発性、発火性を有する危険な物品等を製造又は保管すること。
二	大型の金庫その他の重量の大きな物品等を搬入し、又は備え付けること。
三	排水管を腐食させるおそれのある液体を流すこと。
四	大音量でテレビ、ステレオ等の操作、ピアノ等の演奏を行うこと。
五	猛獣、毒蛇等の明らかに近隣に迷惑をかける動物を飼育すること。
六	本物件を、反社会的勢力の事務所その他の活動の拠点に供すること。
七	本物件又は本物件の周辺において、著しく粗野若しくは乱暴な言動を行い、又は威勢を示すことにより、付近の住民又は通行人に不安を覚えさせること。
八	本物件に反社会的勢力を居住させ、又は反復継続して反社会的勢力を出入りさせること。

別表第2（第8条第4項関係）

一	階段、廊下等の共用部分に物品を置くこと。
二	階段、廊下等の共用部分に看板、ポスター等の広告物を掲示すること。
三	観賞用の小鳥、魚等であって明らかに近隣に迷惑をかけるおそれのない動物以外の犬、猫等の動物（別表第1第五号に掲げる動物を除く。）を飼育すること。

別表第3（第8条第5項関係）

一	頭書(5)に記載する同居人に新たな同居人を追加（出生を除く。）すること。
二	1か月以上継続して本物件を留守にすること。

別表第4（第9条第5項関係）

ヒューズの取替え	蛇口のパッキン、コマの取替え
風呂場等のゴム栓、鎖の取替え	電球、蛍光灯の取替え
その他費用が軽微な修繕	

【原状回復の条件について】

　本物件の原状回復条件は、下記Ⅱの「例外としての特約」による以外は、賃貸住宅の原状回復に関する費用負担の一般原則の考え方によります。すなわち、

・借主の故意・過失、善管注意義務違反、その他通常の使用方法を超えるような使用による損耗等については、借主が負担すべき費用となる。なお、震災等の不可抗力による損耗、上階の居住者など借主と無関係な第三者がもたらした損耗等については、借主が負担すべきものではない。

・建物・設備等の自然的な劣化・損耗等（経年変化）及び借主の通常の使用により生ずる損耗等（通常損耗）については、貸主が負担すべき費用となる

ものとします。

　その具体的内容は、国土交通省の「原状回復をめぐるトラブルとガイドライン（再改訂版）」において定められた別表1及び別表2のとおりですが、その概要は、下記Ⅰのとおりです。

Ⅰ　本物件の原状回復条件

（ただし、民法第90条並びに消費者契約法第8条、第8条の2、第9条及び第10条に反しない内容に関して、下記Ⅱの「例外としての特約」の合意がある場合は、その内容によります。）

1　貸主・借主の修繕分担表

貸主の負担となるもの	借主の負担となるもの
【床（畳・フローリング・カーペットなど）】	
1. 畳の裏返し、表替え（特に破損してないが、次の入居者確保のために行うもの） 2. フローリングのワックスがけ 3. 家具の設置による床、カーペットのへこみ、設置跡 4. 畳の変色、フローリングの色落ち（日照、建物構造欠陥による雨漏りなどで発生したもの）	1. カーペットに飲み物等をこぼしたことによるシミ、カビ（こぼした後の手入れ不足等の場合） 2. 冷蔵庫下のサビ跡（サビを放置し、床に汚損等の損害を与えた場合） 3. 引越作業等で生じた引っかきキズ 4. フローリングの色落ち（借主の不注意で雨が吹き込んだことなどによるもの）
【壁、天井（クロスなど）】	
1. テレビ、冷蔵庫等の後部壁面の黒ずみ（いわゆる電気ヤケ） 2. 壁に貼ったポスターや絵画の跡 3. 壁等の画鋲、ピン等の穴（下地ボードの張替えは不要な程度のもの） 4. エアコン（借主所有）設置による壁のビス穴、跡 5. クロスの変色（日照などの自然現象によるもの）	1. 借主が日常の清掃を怠ったための台所の油汚れ（使用後の手入れが悪く、ススや油が付着している場合） 2. 借主が結露を放置したことで拡大したカビ、シミ（貸主に通知もせず、かつ、拭き取るなどの手入れを怠り、壁等を腐食させた場合） 3. クーラーから水漏れし、借主が放置したため壁が腐食 4. タバコ等のヤニ、臭い（喫煙等によりクロス等が変色したり、臭いが付着している場合）

	5. 壁等のくぎ穴、ネジ穴（重量物をかけるためにあけたもので、下地ボードの張替えが必要な程度のもの） 6. 借主が天井に直接つけた照明器具の跡 7. 落書き等の故意による毀損

【建具等、襖、柱等】	
1. 網戸の張替え（特に破損はしてないが、次の入居者確保のために行うもの） 2. 地震で破損したガラス 3. 網入りガラスの亀裂（構造により自然に発生したもの）	1. 飼育ペットによる柱等のキズ、臭い（ペットによる柱、クロス等にキズが付いたり、臭いが付着している場合） 2. 落書き等の故意による毀損

【設備、その他】	
1. 専門業者による全体のハウスクリーニング（借主が通常の清掃を実施している場合） 2. エアコンの内部洗浄（喫煙等の臭いなどが付着していない場合） 3. 消毒（台所・トイレ） 4. 浴槽、風呂釜等の取替え（破損等はしていないが、次の入居者確保のために行うもの） 5. 鍵の取替え（破損、鍵紛失のない場合） 6. 設備機器の故障、使用不能（機器の寿命によるもの）	1. ガスコンロ置き場、換気扇等の油汚れ、すす（借主が清掃・手入れを怠った結果汚損が生じた場合） 2. 風呂、トイレ、洗面台の水垢、カビ等（借主が清掃・手入れを怠った結果汚損が生じた場合） 3. 日常の不適切な手入れ又は用法違反による設備の毀損 4. 鍵の紛失又は破損による取替え 5. 戸建賃貸住宅の庭に生い茂った雑草

2 借主の負担単位

負担内容		賃借人の負担単位	経過年数等の考慮
床	毀損部分の補修	畳 原則一枚単位 毀損部分が複数枚の場合はその枚数分（裏返しか表替えかは、毀損の程度による）	（畳表） 経過年数は考慮しない。
		カーペットクッションフロア 毀損等が複数箇所の場合は、居室全体	（畳床・カーペット・クッションフロア） 6年で残存価値1円となるような負担割合を算定する。
		フローリング 原則㎡単位 毀損等が複数箇所の場合は、居室全体	（フローリング） 補修は経過年数を考慮しない。 （フローリング全体にわたる毀損等があり、張り替える場合は、当該建物の耐用年数で残存価値1円となるような負担割合を算定する。）

壁・天井（クロス）	毀損部分の補修	壁（クロス）	㎡単位が望ましいが、借主が毀損した箇所を含む一面分までは張替え費用を借主負担としてもやむをえないとする。	（壁〔クロス〕）6年で残存価値1円となるような負担割合を算定する。
		タバコ等のヤニ、臭い	喫煙等により当該居室全体においてクロス等がヤニで変色したり臭いが付着した場合のみ、居室全体のクリーニング又は張替え費用を借主負担とすることが妥当と考えられる。	
建具・柱	毀損部分の補修	襖	1枚単位	（襖紙、障子紙）経過年数は考慮しない。
		柱	1本単位	（襖、障子等の建具部分、柱）経過年数は考慮しない。
設備・その他	設備の補修	設備機器	補修部分、交換相当費用	（設備機器）耐用年数経過時点で残存価値1円となるような直線（又は曲線）を想定し、負担割合を算定する。
	鍵の返却	鍵	補修部分 紛失の場合は、シリンダーの交換も含む。	鍵の紛失の場合は、経過年数は考慮しない。交換費用相当分を借主負担とする。
	通常の清掃※	クリーニング ※通常の清掃や退去時の清掃を怠った場合のみ	部位ごと、又は住戸全体	経過年数は考慮しない。借主負担となるのは、通常の清掃を実施していない場合で、部位又は住戸全体の清掃費用相当分を借主負担とする。

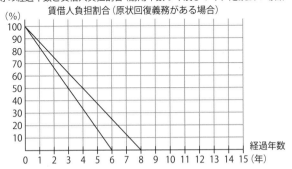

設備等の経過年数と賃借人負担割合（耐用年数6年及び8年、定額法の場合）
賃借人負担割合（原状回復義務がある場合）

3 原状回復工事施工目安単価
　（物件に応じて、空欄に「対象箇所」、「単位」、「単価（円）」を記入して使用してください。）

対象箇所		単位	単価（円）
床			
天井・壁			
建具・柱			
設備・その他	共通		
	玄関・廊下		
	台所・キッチン		
	浴室・洗面所・トイレ		
その他			

※この単価は、あくまでも目安であり、入居時における借主・貸主双方で負担の概算額を認識するためのものです。

※従って、退去時においては、資材の価格や在庫状況の変動、毀損の程度や原状回復施工方法等を考慮して、借主・貸主双方で協議した施工単価で原状回復工事を実施することとなります。

II　例外としての特約

　原状回復に関する費用の一般原則は上記のとおりですが、借主は、例外として、下記の費用については、借主の負担とすることに合意します（ただし、民法第90条並びに消費者契約法第8条、第8条の2、第9条及び第10条に反しない内容に限ります）。
（括弧内は、本来は賃貸人が負担すべきものである費用を、特別に賃借人が負担することとする理由。）

甲：　　　　　　　印
乙：　　　　　　　印

記名押印欄

　下記貸主（甲）と借主（乙）は、本物件について上記のとおり賃貸借契約を締結し、また甲と連帯保証人（丙）は、上記のとおり乙の債務について保証契約を締結したことを証するため、本契約書3通を作成し、甲乙丙記名押印の上、各自その1通を保有する。

　　　　　　　　　　年　　　　月　　　　日

貸主（甲）　　住所 〒
　　　　　　　氏名　　　　　　　　　　　　　　　　　　　　印
　　　　　　　電話番号

借主（乙）　　住所 〒
　　　　　　　氏名　　　　　　　　　　　　　　　　　　　　印
　　　　　　　電話番号

連帯保証人　　住所 〒
　　（丙）　　氏名　　　　　　　　　　　　　　　　　　　　印
　　　　　　　電話番号
　　　　　　　極度額

媒介　　　　　免許証番号〔　　　〕知事・国土交通大臣（　　　）第　　　号
　業者
代理　　　　　事務所所在地

　　　　　　　商号（名称）

　　　　　　　代表者氏名

　　　　　　　宅地建物取引主任者　　登録番号〔　　　〕知事　第　　　号

　　　　　　　　　　　　　　　　氏名

演習問題5

■問1　　　　　　　　　　　　　　　　　【令和3年問25】　

　建物賃貸借契約における必要費償還請求権、有益費償還請求権及び造作買取請求権に関する次の記述のうち、適切なものの組合せはどれか。

ア　賃貸物件に係る必要費償還請求権を排除する旨の特約は有効である。

イ　借主が賃貸物件の雨漏りを修繕する費用を負担し、貸主に請求したにもかかわらず、貸主が支払わない場合、借主は賃貸借契約終了後も貸主が支払をするまで建物の明渡しを拒むことができ、明渡しまでの賃料相当損害金を負担する必要もない。

ウ　借主が賃貸物件の汲取式トイレを水洗化し、その後賃貸借契約が終了した場合、借主は有益費償還請求権として、水洗化に要した費用と水洗化による賃貸物件の価値増加額のいずれか一方を選択して、貸主に請求することができる。

エ　借主が賃貸物件に空調設備を設置し、賃貸借契約終了時に造作買取請求権を行使した場合、貸主が造作の代金を支払わないときであっても、借主は賃貸物件の明渡しを拒むことができない。

1　ア、イ
2　イ、ウ
3　ウ、エ
4　ア、エ

■問2　　　　　　　　　　　　　　　　　【令和3年問28】　

　Aを貸主、Bを借主とする賃貸住宅（以下、「甲建物」という。）の所有権がCに移転した場合に関する次の記述のうち、誤っているものはどれか。ただし、それぞれの選択肢に記載のない事実はないものとする。

1　Aが甲建物を譲渡する前にBがAから引渡しを受けていれば、賃貸人たる地位はCに移転する。

2　Aが甲建物を譲渡する前にBがAから引渡しを受けている場合に、AC間で賃貸人の地位をAに留保し、かつCがAに甲建物を賃貸する旨の合意をすれば、Bの承諾がなくても、賃貸人の地位はAに留保される。

3　Aが甲建物を譲渡する前にBがAから引渡しを受けている場合に、所有権移転登記を経由していないCから甲建物の賃料の支払を求められても、Bは支払を拒むことができる。

4　Aが甲建物を譲渡する前にBがAから引渡しを受けておらず、かつ賃貸借の登記も経由していない場合に、AC間で賃貸人の地位を移転することにつき合意しても、Bの承諾がなければ、賃貸人の地位はCに移転しない。

■問3　【令和4年問25】　✓✓✓

　Aは賃貸住宅（以下、「甲住宅」という。）を所有し、各部屋を賃貸に供しているところ、令和2年、X銀行から融資を受けてこの建物を全面的にリフォームした。甲住宅には融資の担保のためX銀行の抵当権が設定された。Bは抵当権の設定登記前から甲住宅の一室を賃借して居住しており、CとDは抵当権の設定登記後に賃借して居住している。この事案に関する次の記述のうち、誤っているものはいくつあるか。なお、各記述は独立しており、相互に関係しないものとする。

ア　賃借権の対抗要件は、賃借権の登記のみである。

イ　Bが死亡し相続が開始した場合、相続の開始が抵当権の設定登記より後であるときは、相続人はX銀行の同意を得なければ、賃借権を同銀行に対抗することができない。

ウ　AがX銀行に弁済することができず、同銀行が甲住宅の競売を申し立てた場合、Cの賃借権は差押えに優先するため、賃借権をX銀行に対抗することができる。

エ　AがX銀行に弁済することができず、同銀行が甲住宅の競売を申し立てEがこれを買い受けた場合、Eは、競売開始決定前に甲住宅の部屋を賃借し使用収益を開始したDに対し敷金返還義務を負わない。

1 1つ
2 2つ
3 3つ
4 4つ

■問4

　Aを貸主、Bを借主とする建物賃貸借契約においてBが死亡した場合に関する次の記述のうち、最も適切なものはどれか。ただし、それぞれの選択肢に記載のない事実及び特約はないものとする。

1　Bの内縁の妻Cは、Bとともに賃貸住宅に居住してきたが、Bの死亡後（Bには相続人が存在するものとする。）、Aから明渡しを求められた場合、明渡しを拒むことができない。

2　Bの内縁の妻Cは、Bとともに賃貸住宅に居住してきたが、Bの死亡後（Bには相続人が存在しないものとする。）、Aから明渡しを求められた場合、明渡しを拒むことができない。

3　Aが地方公共団体の場合で、賃貸住宅が公営住宅（公営住宅法第2条第2号）であるときに、Bが死亡しても、その相続人は当然に使用権を相続によって承継することにはならない。

4　Bが死亡し、相続人がいない場合、賃借権は当然に消滅する。

■問5

　令和4年5月1日に締結された建物賃貸借契約と建物使用貸借契約に関する次の記述のうち、正しいものはいくつあるか。

ア　建物賃貸借契約の期間が満了した場合、同契約が法定更新されることはあるが、建物使用貸借契約の期間が満了しても、同契約が法定更新されることはない。

イ　建物賃貸借では建物の引渡しが契約の成立要件となるが、建物使用貸借は合意のみで契約が成立する。

ウ　期間10年の建物賃貸借契約は有効だが、期間10年の建物使用貸借契約は無効である。

エ　契約に特段の定めがない場合、建物賃貸借契約における必要費は貸主が負

担し、建物使用貸借契約における必要費は借主が負担する。

1　1つ
2　2つ
3　3つ
4　4つ

■問6

【令和4年問26】　

　高齢者の居住の安定確保に関する法律（以下、本問において「高齢者住まい法」という。）に基づく建物賃貸借契約（以下、本問において「終身建物賃貸借契約」という。）に関する次の記述のうち、**誤っているもの**はどれか。

1　　終身建物賃貸借契約は、借主の死亡に至るまで存続し、かつ、借主が死亡したときに終了するが、これは特約により排除することも可能である。
2　　終身建物賃貸借契約を締結する場合、公正証書によるなど書面によって行わなければならない。
3　　終身建物賃貸借契約の対象となる賃貸住宅は、高齢者住まい法が定めるバリアフリー化の基準を満たす必要がある。
4　　終身建物賃貸借契約では、賃料増額請求権及び賃料減額請求権のいずれも排除することができる。

■問7

【令和3年問26】　

定期建物賃貸借契約に関する次の記述のうち、正しいものはどれか。

1　　中途解約特約のある定期建物賃貸借契約において、貸主は契約期間中であっても、正当事由を具備することなく契約を解約することができる。
2　　定期建物賃貸借契約書は、同契約を締結する際に義務付けられる事前説明の書面を兼ねることができる。
3　　賃貸借の媒介業者が宅地建物取引業法第35条に定める重要事項説明を行う場合、定期建物賃貸借契約であることの事前説明の書面は不要である。
4　　定期建物賃貸借契約において、賃料減額請求権を行使しない旨の特約は有効である。

■問8 【令和4年問24】 ✓✓✓

定期建物賃貸借契約に関する次の記述のうち、誤っているものはいくつあるか。

ア 貸主が死亡したときに賃貸借契約が終了する旨の特約は、有効である。

イ 期間50年を超える定期建物賃貸借契約は、有効である。

ウ 定期建物賃貸借契約に特約を設けることで、借主の賃料減額請求権を排除することが可能である。

エ 契約期間の定めを契約書に明記すれば、更新がなく期間満了により当該建物の賃貸借が終了する旨（更新否定条項）を明記したと認められる。

1 なし

2 1つ

3 2つ

4 3つ

■問9 【令和3年問23】 ✓✓✓

賃貸住宅標準契約書（国土交通省住宅局平成30年3月公表）に関する次の記述のうち、正しいものはどれか。

1 賃貸住宅標準契約書では、建物賃貸借の目的を「住居」と「事務所」に限定している。

2 賃貸住宅標準契約書では、更新料の支払に関する定めはない。

3 賃貸住宅標準契約書では、賃料は、建物の使用対価のみを指し、敷地の使用対価は含まないものとされている。

4 賃貸住宅標準契約書では、共用部分にかかる水道光熱費等の維持管理費用は、貸主が負担するものとされている。

解 答 ・ 解 説

■問1 【解答　4】

アは、設問の通りであり、正しい記述です。

イは、借主が必要費の償還を請求したにもかかわらず貸主が支払わない場合、借主は必要費償還請求権を被担保債権として留置権を行使して目的物の明渡しを拒むことができます。もっとも、借主は明渡までの賃料相当損害金については負担する必要があります。よって、イは誤りです。

借主が有益費償還請求権を行使する場合、「貸主は」借主が支出した金額または対象物の価値の増加額のいずれか一方を選択して、その償還をしなければなりません。よって、ウは、「借主は」いずれか一方を選択して請求することができるとしている点が誤りです。

借主が造作買取請求権を行使する場合、建物の明渡しと造作代金の支払いについては、同時履行の関係はなく、また、建物についての留置権はありません。したがって、この場合、借主は、同時履行の抗弁権や留置権を主張して明渡しを拒むことはできません。よって、エは正しい記述です。

「5-2 貸主の義務」参照

■問2 【解答　4】

貸主が建物を譲渡する前に借主が引渡しを受けていれば、賃貸人たる地位は譲受人（新所有者）に移転します。よって、1は正しい記述です。

貸主が建物を譲渡する前に借主が引渡しを受けている場合でも、動産の譲渡人（旧所有者）および譲受人（新所有者）が、賃貸人たる地位を譲渡人に留保する旨およびその不動産を譲受人が譲渡人に賃貸する旨の合意をしたときは、賃貸人たる地位は、譲受人に移転しません。よって、2は正しい記述です。

貸主が建物を譲渡する前に借主が引渡しを受けていれば、賃貸人たる地位は譲受人（新所有者）に移転しますが、賃貸人たる地位の移転は、所有権の移転の登記をしなければ、借主に対抗することができません。そのため、所有権移転登記を経由していない譲受人から賃料の支払を求められても、借主は支払を拒むことができます。よって、3は正しい記述です。

不動産の譲渡人が貸主であるときは、その賃貸人たる地位は、「借主の承諾

を要しないで」、譲渡人と譲受人との合意により、譲受人に移転させることができます。よって、4は誤りです。　　　　「5-8 賃貸不動産の所有権移転」参照

■問3　　　　　　　　　　　　　　　　　　　　　【解答　3】

　賃借権の対抗要件は、賃借権の登記のほか、建物の引渡しがあります。よって、アは誤りです。

　抵当権設定登記よりも前に建物の引渡しを受けていれば（居住していれば）、借主は抵当権者に対抗することができます。このことは、相続開始が抵当権設定登記より後であっても同じです。よって、イは誤りです。

　Cは、抵当権設定登記の後に建物の引渡しを受けている（居住している）ため、抵当権者（X銀行）に対抗することができません。よって、ウは誤りです。

　Dは、抵当権設定登記の後に建物の引渡しを受けている（居住している）ため、買受人Eに対抗することはできず、Eは賃貸人の地位を承継しません。そのため、Eは、敷金に関する権利義務を承継せず、敷金返還義務を負いません。よって、エは正しい記述です。　　　　　　　　　　　「5-8 賃貸不動産の所有権移転」参照

■問4　　　　　　　　　　　　　　　　　　　　　【解答　3】

　借主が死亡し、相続人がいる場合、借主の内縁の妻は、相続人の賃借権を援用して、貸主からの明渡し請求を拒むことができます。よって、1は誤りです。

　居住用建物の借主が相続人なしに死亡した場合において、その当時婚姻または縁組の届出をしていないが、建物の賃借人と事実上夫婦または養親子と同様の関係にあった同居者があるときは、その同居者は、建物の賃借人の権利義務を承継します。この場合、貸主からの明渡し請求を拒むことができるため、2は誤りです。

　公営住宅の使用者が死亡した場合、使用者に相続人がいても、相続人は、当然に使用権を相続によって承継するということにはなりません。よって、3は正しい記述です。

　相続人のあることが明らかでないときは、相続財産は、法人とされます。そして、所定の手続きが行われた後、残された財産は国庫に帰します。したがって、借主が死亡し、相続人がいない場合、賃借権が当然に消滅するわけではありません。よって、4は誤りです。　　　　　　　　　　　　　　「5-9 当事者の死亡」参照

■問5　　　　　　　　　　　　　　　　　　【解答　2】

　アおよびエは、設問の通りであり、正しい記述です。

　建物賃貸借も建物使用貸借も合意のみで成立します。いずれも引渡しが契約の成立要件とはなっていないため、イは誤りです。

　建物賃貸借も建物使用貸借も契約の期間に上限はなく、10年の建物使用貸借契約も有効です。よって、ウは誤りです。

「5-11 賃貸借契約と使用貸借契約との異同」参照

■問6　　　　　　　　　　　　　　　　　　【解答　1】

　終身建物賃貸借とは、借主の死亡に至るまで存続し、かつ、借主が死亡した時に終了するものをいいます。これを排除すると終身建物賃貸借ではなくなるため、特約で排除することはできません。よって、1は誤りです。

　2〜4は、設問の通りであり、正しい記述です。

「5-12 特殊な建物賃貸借契約」、「6-2 賃料改定・賃料増減請求」参照

■問7　　　　　　　　　　　　　　　　　　【解答　4】

　貸主は、正当事由を具備することなく契約を解約することができません。このことは中途解約特約であっても同じです。よって、1は誤りです。

　定期建物賃貸借契約書は、事前説明の書面を兼ねることができません。よって、2は誤りです。

　宅地建物取引業法第35条に定める重要事項説明を行う場合でも、事前説明の書面は必要です。よって、3は誤りです。

　4は、設問の通りであり、正しい記述です。

「5-13 定期建物賃貸借契約」、「6-2 賃料改定・賃料増減請求」参照

■問8　　　　　　　　　　　　　　　　　　【解答　3】

　定期建物賃貸借契約は、契約期間の満了によって確定的に建物賃貸借契約が終了する契約です。そのため、貸主が死亡したときに賃貸借契約が終了する旨の特約は無効です。よって、アは誤りです。

　定期建物賃貸借契約では、契約期間に制限はありません。よって、イは正しい記述です。

定期建物賃貸借契約では、特約で賃料増減額請求権を排除することができます。よって、ウは正しい記述です。

定期建物賃貸借の契約書には、契約期間の定めのほか、更新否定条項の定めが必要です。契約期間の定めを明記しても、更新否定条項を明記したと認められるわけではありません。よって、エは誤りです。

「5-13 定期建物賃貸借契約」、「6-2 賃料改定・賃料増減請求」参照

■問9 【解答 2】

賃貸住宅標準契約書では、建物賃貸借の目的を「居住」に限定しています。よって、1は誤りです。

2は、設問の通りであり、正しい記述です。

賃料には、建物自体の使用の対価のほか、その敷地の使用の対価も含まれます。よって、3は誤りです。

賃貸住宅標準契約書では、「借主は」共用部分の維持管理に必要な光熱費、上下水道使用料、清掃費等に充てるため、共益費を貸主に支払うものとされています。共用部分にかかる維持管理費用は、借主が負担するものとされているため、4は誤りです。

「5-14 賃貸住宅標準契約書」参照

解答

問1：4　　問2：4　　問3：3　　問4：3　　問5：2
問6：1　　問7：4　　問8：3　　問9：2

第 **6** 章

金銭の管理

6-1 賃料の支払

賃料の支払について契約（特約）で定めていない場合、賃料支払は、いつ、どこで、どのような方法で行わなければならないのか。ここでは、賃料の支払のほか、供託、差押えなどについて学びます。

1 賃料の支払　　　　　　　　　　　　　　　重要度 ★★★

(1) 賃料の支払時期

　賃料の支払時期について契約で定めていない場合、借主は、毎月末に支払わなければなりません。契約で定めていなければ、令和5年8月分の賃料の支払日は令和5年8月31日です。特約で前払いとすることも可能です。

(2) 賃料の支払場所

　賃料の支払場所について契約で定めていない場合、借主は、貸主の住所に持参して支払わなければなりません。特約で銀行振込みによる支払方法を定めることも可能です。

(3) 弁済の費用の負担

　弁済の費用について契約で定めていない場合、その費用は、債務者の負担となります。したがって、振込手数料は、特約がなければ借主負担となります。振込手数料を貸主負担とする特約は有効です。

(4) 消滅時効

　借主が賃料を滞納し、その支払期限より5年が経過したときには支払義務が消滅することがあります。

　「それはもう時効だよ」という場合、たいていそれは消滅時効のことです。

▼消滅時効の例

5年前の
賃料を支払え

時効だから
支払義務はありません

貸主

借主

　賃料債権は、貸主が権利を行使することができることを知った時から「5年間」行使しないとき、または、権利を行使することができる時から「10年間」行使しないときは、時効によって消滅します。通常は、貸主が支払期限を知っているため、賃料債権は5年の消滅時効に服します。

　ただし、時効期間の経過により当然に賃料債権が消滅するわけではなく、消滅時効を援用する旨の意思表示がなければ賃料債権は消滅しません。そのため、「それは時効だから、私にはその支払義務はないよ」などと主張することが必要です。

(5) 弁済の充当

　弁済の充当に関する合意は有効であり、借主が滞納賃料の一部を支払った場合において、弁済充当の合意があるときは、その合意内容にしたがって充当されます（合意充当）。もし、弁済充当の合意がなければ、支払われた賃料は費用、利息、元本の順番で充当されます（法定充当）。

　また、借主（弁済者）または貸主（弁済受領者）の指定により弁済が充当されることもあります（指定充当）。

▼指定充当の優先順序

①借主が支払時に充当債務を指定

↓

②借主の指定がない場合、貸主が受領時に充当債務を指定

※①に関し、借主による指定について貸主が異議を述べることはできません。一方、②に関し、貸主による指定については、借主が直ちに異議を述べたときは、指定による充当の効力は生じません。

2 供託　　　　　　　　　　　　　　重要度 ★★

(1) 供託の効果と供託原因

　借主が契約で定められた賃料を支払った（弁済の提供をした）が、貸主が受領を拒絶した場合、借主は債務不履行の責任を免れることができますが、貸主が受領するまでは賃料支払義務は消滅しません。

　そこで、貸主が賃料の受領を拒絶した場合に、借主は賃料を供託することで、賃料支払義務を消滅させることができます。

6

金銭の管理

●**供託原因**

　債務者は、次のいずれかに該当する場合に供託することができます。

① 債務者が適法な弁済の提供をしたにもかかわらず、債権者が受領を拒んだ場合（受領拒絶）

② 債権者が受領することができない場合（受領不能）

③ 借主が過失なく債権者を確知することができない場合（債権者不確知）

※ ①について、債権者があらかじめ弁済の受領を拒絶したときでも、債務者は、適法な履行の提供（口頭の提供）をした後に、供託しなければなりません。ただし、債務者が提供しても債権者が受領しないことが明確な場合には、口頭の提供なしで供託することができます。

▼供託の可否（事例）

貸主に賃料を受領してもらうことが期待できない場合	それだけでは供託原因①「受領拒絶」には該当しない　→　供託不可
自身が貸主であると主張する者が複数名いて、借主が過失なく貸主を特定できない場合	供託原因③「債権者不確知」に該当する　→　供託可
貸主の相続人と称する者が、本当の相続人であるか明らかでない場合	供託原因③「債権者不確知」に該当する　→　供託可

（2）供託後の手続き

　借主が供託をした場合、借主（供託者）は、遅滞なく、貸主に供託の事実を通知しなければなりません。供託所が貸主に供託の事実を通知するわけではありません。

　賃料の供託がなされた場合、貸主は、借主の承諾がなくとも、いつでも供託金を受領することができます。

❸　差押えと賃料支払い　　　　　　　　　重要度　★

　貸主の債権者によって賃貸人の賃料債権が差し押さえられた場合、借主は、賃料を貸主に支払うことが禁止されます。差押債権者（差押えをした債権者）から賃料の支払いを求められれば（取立てがあれば）、当該差押債権者に対して賃料を支払わなければなりません。賃料債権が差し押さえられた後に借主が賃料を貸主に支払ったときであっても、借主は差押債権者による取立てに応じなければなりません。

保証会社による賃料支払いと債務不履行との関係

重要度 ★

　借主は、貸主に賃料を支払わない場合、債務不履行の責任を負います。この場合において、賃料保証会社が貸主に未払賃料全額を支払ったときであっても、債務不履行であることに変わりはありませんので、貸主は、信頼関係が崩れていれば賃貸借契約を解除することができます。

6

金銭の管理

練習問題（○×問題）

① 借主が滞納賃料の一部を支払った場合で、弁済充当の合意がないときは、支払われた賃料は利息、元本および費用の順番で充当される。

② 貸主が賃料の受領を拒絶している場合、借主は賃料を供託することにより、債務不履行責任のみならず賃料支払義務を免れることができる。

解答

① × 合意がなければ、費用、利息、元本の順で充当されます。

② ○ 設問の通りです。

■ポイント

・特約がなければ、毎月末に賃料を支払わなければならない。

・供託をすることができるのは、受領拒絶、受領不能、債権者不確知の場合である。

6-2 賃料改定・賃料増減請求

賃料が不相当となった場合、借主は賃料減額請求をすることができ、貸主は賃料増額請求をすることができます。ここでは、賃料増減請求のほか、賃料改定の特約の有効性などについて学びます。

1 賃料増減請求（借地借家法第32条） 重要度 ★★★

（1）賃料増減請求権

　建物の賃料が経済事情の変動等により不相当となったときは、契約の条件にかかわらず、当事者は、将来に向かって建物の賃料の額の増減を請求することができます。

　将来に向かって賃料の増減を請求することができるのであって、契約開始時や賃料が不相当となった時に遡（さかのぼ）って賃料の増減を請求するなど、過去の賃料の増減請求はできません。

> ●**賃料の増減請求ができる場合**
>
> 　次のいずれかに該当する場合、賃料の増減請求をすることができます。
>
> ① 賃料が土地・建物に対する租税その他の負担の増減により不相当となった場合
>
> ② 賃料が土地・建物の価格の上昇・低下その他の経済事情の変動により不相当となった場合
>
> ③ 賃料が近傍同種の建物の賃料に比較して不相当となった場合

（2）賃料増減請求と裁判確定後

　借主から賃料「減額」請求を受けた貸主は、減額を正当とする裁判が確定するまでは、相当と認める額の賃料の支払いを請求することができます。その裁判が確定した場合において、すでに支払いを受けた額が正当とされた建物の賃料の額を超えるときは、その超過額に年1割の割合による受領の時からの利息を付してこれを返還しなければなりません。

　例えば、今までの賃料が10万円で、借主から8万円への減額請求があった場合、貸主は10万円が相当だと思えば、10万円の支払いを請求することができます。もっとも、裁判で9万円が相当だという判断が出れば、受け取った超過額毎月

254

1万円（10万円－9万円）について年1割の利息をつけて返還しなければなりません。

▼借主から賃料減額請求を受けた場合

<裁判確定前>　　　　　　　　　　　<裁判確定後>

　これとは反対に、貸主から賃料「増額」請求を受けた借主は、増額を正当とする裁判が確定するまでは、相当と認める額の賃料を支払うことをもって足ります。その裁判が確定した場合において、すでに支払った額に不足があるときは、その不足額に年1割の割合による支払期後の利息を付してこれを支払わなければなりません。

　例えば、今までの賃料が10万円で、貸主から12万円への増額請求があった場合、借主は10万円が相当だと思えば、10万円を支払えば債務不履行にはなりません。もっとも、裁判で11万円が相当だという判断が出れば、不足額毎月1万円（11万円－10万円）に年1割の利息をつけて支払わなければなりません。

(3) 賃料増減請求の流れ

　賃料が不相当となった場合、まずは当事者同士で協議を行いますが、その協議が調わない場合は調停を行い、調停が不成立の場合に裁判を行います。

　賃料額の増減請求に関する事件について訴えを提起しようとする場合、まず調停の申立てをしなければならず、調停の申立てをせずに訴えを提起することは認められていません。このように、訴えを提起する前に調停の手続きを経る必要があることを「調停前置主義」といいます。

▼賃料増減請求の流れ

調停を経ずに裁判はできない

```
┌─────────┐   協議が    ┌─────────┐   調停が    ┌─────────┐
│  協　議  │ ────────→ │  調　停  │ ────────→ │  裁　判  │
│ (話合い) │   調わない   └─────────┘   不成立    └─────────┘
└─────────┘
```

(4) 賃料増減請求権の行使

　賃料増減請求権は、相手方に対して一方的に賃料増減の通知をすることによって行使します。法律上は、書面によって行使することは求められていません。

　貸主が複数の場合、賃料増額請求権の行使は共有物の管理行為に該当するため、各共有者の持分の価格に従い、その過半数で決することになります。

(5) 賃料増減の合意

　賃料増減の合意は、有効であり、書面によらなくてもその効力を有します。

② 賃料改定の特約　　重要度 ★★★

(1) 賃料を増額しない旨の特約

　「賃料を減額しない」「賃料を増額しない」などといった賃料改定の特約をすることがあります。

　賃料を増額しない旨の特約がある場合、その特約により借主が不利益を受けることはないため、その特約は有効であり、貸主は、賃料の増額を請求することはできません。

(2) 賃料を減額しない旨の特約

　普通建物賃貸借契約において、賃料を減額しない旨の特約がある場合であっても、賃料を減額しない旨の特約は無効であるため、借主は、賃料の減額を請求することができます。

(3) 賃料改定を協議により行う旨の特約

　賃料改定を協議により行うとする特約が定められている場合でも、賃料増減請求を行うことができます。

(4) 定期建物賃貸借契約の場合

　定期建物賃貸借契約においては、賃料改定について特約がある場合、借地借家法上の賃料増減請求の規定（第32条）の適用は排除されます。そのため、定期建物賃貸借契約においては、賃料を減額しない旨の特約は有効であり、賃料を減額しない旨の特約がある場合には、借主は、賃料の減額を請求することはできません。

(5) 終身建物賃貸借契約の場合

　終身建物賃貸借契約においては、定期建物賃貸借契約の場合と同様に、賃料改定について特約があれば、借地借家法第32条の適用が排除されます。

▼賃料改定の特約の有効性

賃料を増額しない旨の特約	有効
賃料を減額しない旨の特約	原則として、無効 ただし、定期建物賃貸借契約や終身建物賃貸借契約の場合は、借地借家法第32条の適用が排除されて、有効

3 契約条件の変更の検討　　　重要度 ★★

　借主にとって契約条件が不利な状態になった場合、借主の満足度が低下し、入居率の低下につながります。そのため、管理業者は、借主にとって不利な変化が生じた場合、賃貸条件を変更すべきかについて検討し、貸主に提案することが望まれます。

6

金銭の管理

練習問題（○×問題）

① 貸主が賃料増額請求をする場合には、契約開始時に遡って賃料の増額を請求することができる。

② 賃貸借契約において「賃料の増額はしない」との特約がある場合、貸主は賃料の増額を求めることができない。

解答 ・・

① × 将来に向かって賃料の増減を請求することができるとされています。遡って賃料の増減を請求することはできません。

② ○ 賃料を増額しない旨の特約は有効であり、そのような特約があれば、貸主は賃料の増額を求めることができません。

■ポイント

・賃料増減請求に関する事件について訴えを提起しようとする場合、調停の申立てをせずに訴えを提起することは認められていない（調停前置主義）。

・賃料を減額しない旨の特約は、普通賃貸借契約においては無効であるが、定期建物賃貸借契約や終身建物賃貸借契約においては有効である。

6-3 敷金等

敷金は、賃貸借契約から生じる借主の債務の担保として、借主が貸主に交付する金銭です。
ここでは、敷金のほか、敷引特約の有効性についても学びます。

1 敷金　　　　　　　　　　　　　　　　　　　　　　重要度 ★★★

(1) 敷金の概要

敷金とは、いかなる名目によるかを問わず、賃貸借契約に基づいて生ずる借主の貸主に対する金銭の給付を目的とする債務を担保する目的で、借主が貸主に交付する金銭をいいます。

敷金預入れの法的性質は、停止条件付返還義務を伴う金銭所有権の移転です。

敷金契約は、賃貸借契約に付随するものですが、賃貸借契約とは別個独立の契約です。そのため、賃貸借契約の締結後に敷金を預け入れることができますし、敷金契約のみを合意解除することもできます。

> ●**敷金で担保される範囲**
> 　敷金は明渡義務履行までに賃貸借契約関係により借主が貸主に対して負担する一切の債務を担保するものなので、例えば、次のような債務が敷金で担保されます。
> ① 賃料債務　　② 原状回復費用
> ③ 契約終了後に建物を使用することによる賃料相当額の損害賠償債務
> ④ 借主が毀損したことによる損害賠償債務

(2) 敷金返還請求権の発生時期

敷金は明渡しまでに生じた一切の借主の債務を担保するものです。そのため、敷金返還請求権は、次の場合に発生します。

> ●**敷金返還請求権の発生時期**
> ① 賃貸借が終了し、かつ、賃貸物の返還を受けたとき。
> ② 借主が適法に賃借権を譲り渡したとき

　借主が賃料の支払いをしなかった場合、貸主からは、契約終了前や明渡し前であっても、敷金を未払賃料に充当することができます。一方、借主からは、敷金を未払賃料へ充当することを請求することはできません。

▼未払賃料への敷金の充当

貸主からの充当	できる
借主からの充当請求	できない

※貸主は、裁判等をしなくても敷金を充当することができます。
※借主から賃料支払債務と敷金返還請求権を相殺することもできません。

　なお、賃貸借契約が終了し、建物が明け渡された場合、未払賃料等に当然に充当されるため、敷金充当の意思表示（通知）は不要です。

(3) 敷金返還請求権と建物明渡義務との関係

　賃貸借契約が終了した場合、借主は貸主に物件を明け渡さなければなりません（建物明渡義務）。この建物明渡義務と敷金返還義務は同時履行の関係にないため、借主は同時履行の抗弁権を主張して明渡しを拒むことはできません。

(4) 契約当事者の変更と敷金との関係

　建物所有権移転に伴って貸主の地位が第三者に移転した場合、敷金に関する権利義務が第三者（新貸主）に承継されます。

▼貸主の地位の移転

敷金関係
も移転

貸主
（旧所有者）

借主

貸主の地位
が移転

新貸主（新所有者）

> 借主は、新貸主に対して敷金返還請求を行うことができる。

※ なお、賃貸借契約「終了後」に建物所有権移転があった場合は、貸主の地位は第三者に移転しないため、敷金に関する権利義務は第三者に承継されません。

　他方、借主の地位が第三者へ移転した場合（借主が適法に賃借権を譲り渡した場合）、敷金に関する権利義務は第三者（新借主）に承継されません。

6

金銭の管理

▼借主の地位の移転

旧借主	
敷金関係は 移転しない	貸主
借主の地位 が移転	
新借主	

旧借主が貸主に対して交付した
敷金は、新借主の債務を担保し
ない。旧借主はその敷金の返還
請求を行うことができる。

▼当事者の変更と敷金との関係

貸主の地位が移転した場合	承継する
借主の地位が移転した場合	当然には承継されない

※敷金の承継については、「5-8 賃貸不動産の所有権移転」(→P208 ～ 211) も参照してく
ださい。

(5) 敷金返還請求権の差押え

　借主が建物を明け渡したときに賃料の未払いがあるときは、未払賃料に敷金
が当然に充当され、その残額に敷金返還請求権が発生します。そのため、賃貸
借契約中に敷金返済請求額が差し押さえられた場合、貸主は敷金相当額を差押
債権者に支払う必要はありません。借主が建物を明け渡したときに賃料の未払
いがあるときは、貸主は敷金から未払賃料額を控除し、なお残額がある場合に
その残額の敷金を差押債権者に支払えば足ります。

▼敷金返還請求権の差押え

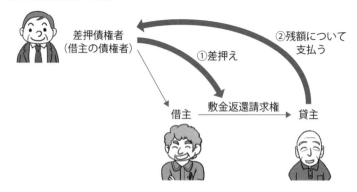

差押債権者
（借主の債権者）

②残額について
支払う

①差押え

借主　敷金返還請求権　貸主

（6）転貸借終了と敷金返還義務

　転借人が転貸借契約の終了により賃貸物件を明け渡した場合、転貸人のみが転借人（入居者）に対して敷金返還債務を負います。転借人から敷金の交付を受けているのは転貸借契約の当事者である転貸人であって、原賃貸人（所有者）は転借人に対して敷金返還義務を負わないからです。

2 敷引特約の有効性　　　重要度 ★★★

　「敷引特約」は、明渡し時において、借主の債務の有無や債務の額にかかわらず一定の額を控除する特約です。敷引特約は、基本的に有効ですが、敷引金の額が高額に過ぎる場合には無効となることがあります。

練習問題（○×問題）

① 貸主が敷金を返還しない場合には、借主は賃貸借契約終了後も、貸主が敷金を返還するまで賃貸物件の明渡しを拒絶することができる。

② 賃貸借契約中であれば、借主は、貸主に対して、敷金返還請求権と賃料支払債務とを相殺することができる。

解答

① × 借主の明渡義務と貸主の敷金返還義務は同時履行の関係にないため、明渡しを拒絶することはできません。

② × 借主は、敷金返還請求権と賃料支払債務とを相殺することはできません。

■ポイント

・貸主の地位が移転した場合、敷金に関する権利義務も承継される。一方、借主の地位が移転した場合、敷金に関する権利義務は当然には承継されない。

・敷引特約は基本的には有効だが、高額に過ぎるなどの特段の事情があれば無効となることがある。

保証契約は、主たる債務者が弁済しないときに保証人が代わって弁済する契約であり、その締結は、債権者と保証人との間で行います。保証人の負う責任は保証人の全財産に及びます。ここでは主に、保証人の責任の範囲を学びます。

① 保証契約　　　　　　　　　　　　　　　　　重要度 ★★★

(1) 保証契約

保証債務とは、主たる債務者の債務が履行されない場合に保証人が代わって履行する債務のことをいい、保証債務は保証契約の成立によって発生します。

例えば、賃貸借契約の場合、借主が主たる債務者となりますが、保証契約の締結は貸主と保証人となろうとする者との間で行います。そして、例えば、借主が賃料の支払いをしない場合には、保証人は、貸主に対して、借主に代わって支払いをする義務を負うわけです。

保証契約は、書面（または電磁的記録）によって締結されなければ、その効力を生じません。もっとも、賃貸借契約書のほかに、新たに保証契約書を作成しなければならないというものではなく、通常は、賃貸借契約書中に保証に関する条項を定め、保証人が署名押印を行います（賃貸住宅標準契約書→P226）。

法人が保証人となる場合にも、書面によらない保証契約は無効です。

▼保証契約

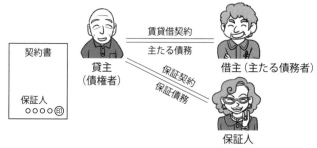

※ 個人が賃貸借契約の保証人となる場合、連帯保証であるか否かにかかわらず、極度額を書面で定めなければ、保証契約は効力を生じません。
※ 極度額の範囲であれば、何度でも、保証人に対して未収賃料の請求ができます。

(2) 保証債務の範囲

　保証債務は、主たる債務に関する利息、違約金、損害賠償その他その債務に従たるすべてのものを包含します。そのため、保証人は、賃料のほか、損害賠償義務や原状回復義務などについても、保証債務を負います。

> ●**保証人が保証の責任を負う例**
> ・賃貸借契約の解除後から明渡しまでの賃料相当損害金
> ・借主の原状回復義務

　保証人の負担が債務の目的または態様において主たる債務より重いときは、これを主たる債務の限度に減縮します。保証人は主たる債務について保証するものなので、保証人が主たる債務者よりも重い責任を負うことはないのです。

　もっとも、保証人は、その保証債務についてのみ、違約金または損害賠償の額を約定することができます。

2 保証債務の性質　　　　　　　　　　　重要度 ★★★

(1) 附従性（ふ じゅうせい）

　保証債務は主たる債務を担保するものなので、主たる債務に附従します（附従性）。つまり、主たる債務について生じた事由は保証債務に影響を与えます。

　例えば、借主の債務が賃料支払い等によって消滅した場合には保証債務も消滅します。

(2) 随伴性（ずいはんせい）

　賃貸物件の譲渡などによって主たる債務（債権者である貸主からみれば保証の付いた債権）が移転すると、それに伴って保証債務も移転します（随伴性）。

▼随伴性

貸主が賃貸物件を第三者に譲渡した場合、保証契約は終了せず、保証契約の

債権・債務関係は新貸主である第三者に移転します。この場合、保証人は新貸主に対して保証債務を負うことになります。

(3) 補充性 (催告・検索の抗弁権)

連帯保証でなければ、保証人には「催告の抗弁権」と「検索の抗弁権」があります。保証人は、弁済を求めてきた債権者に対して「まずは主たる債務者に催告すべき」と主張できます (催告の抗弁権)。また、保証人は、主たる債務者に弁済をする資力があり、かつ、執行も容易であることを証明すれば、「まずは主たる債務者の財産に執行すべき」と主張できます (検索の抗弁権)。

③ 連帯保証　　　　　　　　　　　　　重要度 ★★★

保証人が主たる債務者と連帯して保証債務を負担することを、連帯保証といいます。連帯保証契約も保証契約の一つですが、連帯保証人では、補充性が否定され、催告の抗弁権や検索の抗弁権がありません。

そのため、貸主が借主に債務の履行を請求することなく、連帯保証人に対して保証債務の履行を請求した場合であっても、連帯保証人は、まず借主に催告すべき旨を請求することはできません (催告の抗弁権なし)。また、連帯保証人は、借主に弁済の資力があり、かつ、執行が容易であることを証明しても、貸主からの執行を止めることはできません (検索の抗弁権なし)。

▼通常の保証と連帯保証

通常の保証	催告の抗弁権・検索の抗弁権あり
連帯保証	催告の抗弁権・検索の抗弁権なし

④ 情報提供　　　　　　　　　　　　　重要度 ★★★

保証人は、借主の委託を受けて保証した場合、主たる債権の履行状況 (家賃滞納の有無など) について、貸主に情報提供を求めることができます。この場合の保証人は個人に限られず、法人の保証人も履行状況に関する情報提供を求めることができます。

⑤ 新たな保証契約締結の要否　　　　　重要度 ★★★

(1) 賃貸借契約が更新された場合

保証契約が締結された場合、反対の趣旨をうかがわせるような特段の事情が

ない限り、更新後の賃貸借から生ずる借主の債務についても保証人が保証の責めを負う趣旨で合意されたものと考えるのが相当です。そのため、保証人は、更新後の賃貸借から生ずる借主の債務について、別途、保証契約を更新しなくとも、保証債務を負います。

(2) 定期建物賃貸借契約が再契約された場合

定期建物賃貸借契約の契約期間が経過すると、契約が終了するため、更新という概念はありません。定期建物賃貸借契約が期間満了後に再契約された場合には、定期建物賃貸借契約の保証人は、新たに書面で保証契約を締結しなければ、再契約後の債務について保証債務を負いません。

6 金銭の管理

6 元本の確定　　　　　　　　　重要度 ★

個人が賃貸借契約の保証人となる場合、次のいずれかに該当するときは、その保証契約における借主の債務の元本は確定します。
① 貸主が、保証人の財産につき、金銭の支払を目的とする債権の強制執行・担保権の実行を申し立てたとき（手続開始があったときに限る）
② 保証人が破産手続開始の決定を受けたとき
③ 借主または保証人が死亡したとき

練習問題（○×問題）

① 賃貸借契約から生じる借主の債務を保証する場合、その保証契約は、書面または電磁的記録によらなくても、効力が生じる。
② 連帯保証人に対して未収賃料を請求する場合、請求に先立ち借主に賃料の支払いの履行を求める必要はない。

解答

① × 保証契約は、書面または電磁的記録によらなければ、その効力を生じません。このことは、借主の債務を保証する場合も同じです。
② ○ 連帯保証人には催告の抗弁権がないため、貸主は、借主に賃料の支払いを求めなくても、連帯保証人に未払賃料を請求することができます。

■ポイント

- 保証契約は、書面または電磁的記録によらなければ、その効力を生じない。
- 連帯保証人には、催告の抗弁権や検索の抗弁権がない。
- 更新後の賃貸借から生ずる借主の債務についても、保証人は責任を負う。

6-5 未収賃料の回収・明渡し

借主が賃料を支払わない場合や契約終了後も退去しない場合であっても、貸主は、法律の定める手続きによらずに、強制的に権利を実現することはできません。ここでは、未収賃料の回収・明渡しを学びます。

1 自力救済の禁止 重要度 ★★★

(1) 自力救済の禁止

法律に定める手続きによらずに自己の権利を実現することを、「自力救済」といいます。自力救済は、社会の混乱をまねくため、禁止されています（自力救済の禁止）。

例えば、賃料の滞納を理由に勝手に鍵を交換したり、借主の承諾を得ることなく残置物（遺留品）を処分したり、居室内に立ち入ったりすることは、不法行為に該当し、損害賠償責任を負うことがあります。また、このような行為を貸主の依頼により行った場合であっても、管理業者は住居侵入罪や器物損壊罪などに問われるおそれがあります。

未収賃料を回収する目的で、管理業者が借主の承諾を得ずにドアの鍵部分にカバーをかけ、借主の入室を困難な状態にした場合に、管理業者の不法行為責任（損害賠償責任）のほか、管理の委託者として貸主の不法行為責任を認めた判決もあります。

▼自力救済の禁止に違反した場合

(2) 鍵の交換

あらかじめ特約で定めても、自力救済の禁止に反するような行為は、公序良俗に反して許されないと判断されることがあります。

例えば、「借主が契約終了後1ヵ月以内に退去しない場合には、貸主は鍵を交

換することができる。」という特約や「借主が賃料を滞納した場合には、貸主は鍵を交換することができる。」という特約は、公序良俗に反して無効です。そのため、そのような特約がある場合で、借主が退去しないときや賃料を滞納したときでも、貸主は鍵を交換することができません。貸主が、これらの特約を根拠に鍵を交換すれば、損害賠償責任などの法的責任を問われることがあります。

(3) 残置物の所有権の放棄

借主が任意に退去した場合、貸主は、あらかじめ借主から残置物に関する所有権放棄書（退去後の残置物について所有権を放棄する旨の念書）を得ておけば、借主が粗大ゴミを残して退去したときは、これを処分することができます。

もっとも、賃貸借契約書に「借主が賃料を1ヵ月以上滞納した場合または無断で1ヵ月以上不在のときは、契約が解除され、借主は室内の遺留品について所有権を放棄する。」いう規定がある場合であって、借主が長期不在となったときでも、貸主は、法の手続きによらずに室内の遺留品を処分することはできません。なぜなら、賃貸借契約書のその規定は自力救済を認めるものですが、自力救済は原則として禁止されているからです。長期不在により遺留品を処分する必要が生じた場合には、法的手続きを経る必要があります。

▼残置物の所有権放棄書がある場合

任意の明渡し・退去がなされたとき	粗大ゴミを処分できる
長期不在で行方不明となったとき	法の手続きによらなければ、遺留物を処分できない

(4) 長期不明・長期不在

借主が行方不明になっても、賃貸借契約が法律上当然に終了するわけではありません。契約を終了させたい場合、催告をした上で解除手続きを経る必要があります。解除の意思表示は相手方に到達しなければその効力が発生しないため、借主が行方不明の場合には、公示による意思表示を行います。公示の方法によることで、意思表示が借主に到達したものとみなすことができます。

借主が賃料を滞納したまま行方不明となった場合でも、貸主は、無断で貸室に入ることはできません。まずは公示送達による明渡請求訴訟を提起して判決を得た上で、明渡しを求める強制執行手続きを行います。

② 弁護士法との関係　　　　　　　　　　重要度 ★

　以上のように自力救済は禁止されているため、未収賃料の回収・明渡しを実現するためには、法的手続きを経る必要があります。しかし、弁護士でない者が、報酬を得る目的で、法律事務を取り扱ったり、あっせんしたりすることは、弁護士法で禁止されています。

　例えば、管理受託方式により報酬を得て賃貸管理を行っている管理業者が、未払賃料を回収するために、貸主に代わって管理業者名で内容証明郵便を送付したり、訴訟を提起したりする行為は、弁護士法に違反すると判断される可能性があります。また、内容証明郵便の送付や訴訟提起、支払督促などを、貸主の代理人として行うことも、弁護士法に違反する可能性があります。

　そのため、内容証明郵便の送付や訴訟提起、裁判所への和解の申立ては、貸主が貸主本人の名において行う必要があります。

　なお、借主に対する関係では、「管理受託方式」であれば管理業者が貸主の代理人として管理業務を行いますが、「サブリース方式」の場合には管理業者が契約当事者（貸主）として管理業務を行います。そのため、「サブリース方式」の場合は、管理業者が貸主の立場で、その名で内容証明郵便を送付したり、訴訟を提起して原告となったりすることができます。

③ 未収賃料の経理上の処理　　　　　　　重要度 ★★★

(1) 賃料等の収入計上

　賃料は、税務上、その支払がなくても「収入」として扱う必要があり、貸借対照表への計上が必要です。そのため、未収賃料も収入金額に含める必要があります。

　敷金や保証金は本来預り金であり、賃貸不動産の明渡し時に返還されますが、金銭の授受の名目が敷金や保証金であっても、返還しないことが確定しているときは、収入金額への計上が必要です。

▼賃料等の収入計上時期

地代・賃料等	支払日が定められている場合	定められた支払日
	支払日が定められていない場合	実際に支払を受けた日
	請求時に支払うと定められている場合	請求の日
権利金・礼金等	引渡しを必要とするもの	引渡しのあった日
	引渡しを必要としないもの	契約の効力発生の日
敷金や保証金で、返還を要しないもの		返還を要しないことが確定した日

(2) 回収不能 (貸倒れ) が確定した場合

　回収不能の未収賃料は、個人貸主にあっては、損失が生じた日の属する年分の不動産所得の金額の計算上、必要経費に算入されるのが原則です。

　滞納期間が長いからといって未収賃料が回収不能と判断されて必要経費に算入されるわけではありません。未収賃料を必要経費に計上するためには、客観的に貸倒れの事実が確定していることが必要です。

練習問題 (○×問題)

① 賃貸借契約書に「借主が賃料を滞納した場合には、貸主は鍵を交換することができる。」という規定がある場合、貸主がこの規定を根拠に貸室の鍵を交換しても損害賠償責任を負うことはない。

② 管理受託方式により賃貸管理を行っている場合、管理業者の名前で借主に未収賃料の回収のための内容証明郵便を送付することができる。

解答

① × 契約書に定めても、借主の承諾なく鍵を交換すれば不法行為に該当し、損害賠償責任を負うことがあります。

② × 管理受託方式の場合、管理業者の名前または貸主の代理人として未収賃料の回収のための内容証明郵便を送付することはできません。

■ポイント

・無断で鍵を交換したり、無断で残置物を処分したりすれば、管理業者や貸主が不法行為責任 (損害賠償責任) を問われることがある。

・賃料は、その支払がなくても「収入」として扱う。

6

金銭の管理

通知を内容証明郵便で送ったり、契約書を公正証書にしたりすることがあります。ここでは、内容証明郵便や公正証書の制度を利用することでどのようなメリットがあるのかについて学びます。

1　内容証明郵便　　　　　　重要度 ★★★

(1) 内容証明郵便の概要

内容証明郵便は、いつ、どのような内容の郵便を誰が誰に宛てて出したかを郵便局（日本郵便株式会社）が証明する制度です。

郵便局が文書の内容の真実性を証明するものではありません。

(2) 意思表示と内容証明郵便

意思表示は、原則として口頭ですれば効力が生じます。意思表示を内容証明郵便でする必要はありません。例えば、賃貸借契約の解除の意思表示は、内容証明郵便で解除通知を送付しなくとも、効力が生じます。

(3) 内容証明郵便と配達証明

内容証明郵便の制度を利用しても、郵便物が到達したかは証明されません。配達した事実を証明してもらいたい場合、「配達証明」の制度を利用します。

通常は、証拠として残すために配達証明付で内容証明郵便を出します。

▼内容証明郵便と配達証明

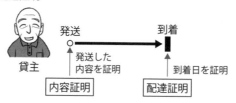

※意思表示は原則として相手方に到達しなければその効力が発生しないため、配達証明によって到達したことを証明する必要があるわけです。

(4) e内容証明（電子内容証明サービス）

インターネットによれば、内容証明郵便を24時間差し出すことができます。

② 公正証書 　　　　　　　　　　　　　重要度 ★★★

(1) 公正証書

公正証書は、公証人が作成する文書です。

(2) 公正証書の保管

公正証書の原本は、原則として公証役場に20年間保管されます。

内容証明郵便制度と公正証書とは、関連はないため、公正証書の原本が郵便局に保管されることはありません。

(3) 強制執行認諾文言

金銭の支払いを内容とする公正証書を作成する場合、債務者の同意があれば、「債務者が債務の不履行の場合に直ちに強制執行に服する」旨の強制執行認諾文言を記載することができます。このような内容の強制執行認諾文言付公正証書があれば、借主が賃料の支払いを怠った場合に、裁判手続きを経ずして債務者の財産に対して強制執行手続きを取ることができます。

もっとも、公正証書を債務名義として建物の明渡しを求める強制執行の手続きをすることはできません。そのため、建物の明渡しを求める場合には、まずは裁判等で債務名義を得る必要があります。

※債務名義とは、請求権の存在・内容を証明し、執行の基礎となる文書のことです。債務名義がなければ強制執行はできません。

練習問題（○×問題）

① 内容証明郵便は、文書の内容の真実性を証明する制度である。

② 強制執行認諾文言付の公正証書によれば、借主の賃料不払いを理由に、裁判手続きを経ずして建物の明渡しの強制執行手続きを取ることができる。

解答

① × 内容証明郵便は、文書の内容の真実性を証明する制度ではありません。

② × 強制執行認諾文言付の公正証書は、金銭の支払いを内容とするもののみ作成できます。建物の明渡しを内容とすることはできません。

■ポイント

・内容証明郵便の制度と、配達証明の制度や公正証書の制度とは異なる。

・強制執行認諾文言付公正証書の対象は、金銭の支払いである。

6

金銭の管理

6-7 支払督促

しはらいとくそく
支払督促は、訴訟をせずに、実質的審査なく書類審査のみで、債務名義を取得することのできる手続きです。
ここでは支払督促の手続きについて学びます。

1 支払督促の対象 　　重要度 ★★

支払督促は、金銭その他の代替物または有価証券の一定の数量の給付を目的とする請求についてのみ、行うことができます。

支払督促で建物の明渡しを求めることはできません。

2 支払督促の手続き 　　重要度 ★★

(1) 支払督促の申立て

支払督促の申立ては、債権者が、債務者の普通裁判籍の所在地を管轄する簡易裁判所の裁判所書記官に対して行います。

(2) 支払督促の発付・送達

支払督促の申立てがなされると、裁判所書記官は、債務者を審尋（しんじん）しないで、支払督促を発します。支払督促の効力は債務者に送達された時に生じます。

(3) 督促異議の申立て

債務者は、支払督促に対し、これを発した裁判所書記官の所属する簡易裁判所に督促異議の申立てをすることができます。

(4) 仮執行宣言付支払督促

債務者が支払督促の送達を受けた日から2週間以内に督促異議の申立てをしない場合、裁判所書記官は、債権者の申立てにより、支払督促に手続きの費用額を付記して仮執行の宣言をしなければなりません。

(5) 期間の徒過による支払督促の失効

支払督促を申し立てた債権者が仮執行の宣言の申立てをすることができる時から30日以内にその申立てをしない場合、支払督促は、その効力を失います。

(6) 仮執行の宣言後の督促異議

　仮執行宣言付支払督促の送達を受けた日から2週間の不変期間を経過したときは、債務者は、督促異議の申立てをすることができなくなります。

(7) 督促異議の申立てによる訴訟への移行

　適法な督促異議の申立てがあったときは、支払督促の申立ての時に、訴えの提起があったものとみなされ、以後、請求額に応じて簡易裁判所または地方裁判所で、通常の訴訟手続きが行われます。

3　支払督促の効力　　　　　重要度　★

6
金銭の管理

　仮執行宣言付支払督促に対し督促異議の申立てがないとき、または督促異議の申立てを却下する決定が確定したときは、支払督促は、確定判決と同一の効力を有します。つまり、仮執行宣言付支払督促は債務名義となるのです。

▼支払督促の手続き

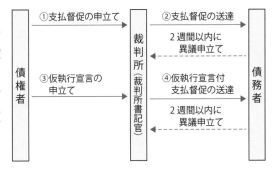

練習問題（○×問題）

① 支払督促の申立ては、債権者の普通裁判籍の所在地を管轄する地方裁判所の裁判所書記官に対して行う。
② 仮執行宣言付支払督促の送達を受けた日から2週間の不変期間を経過したときは、債務者は、督促異議の申立てをすることができない。

解答

① × 債権者の普通裁判籍ではなく、債務者の普通裁判籍です。また、地方裁判所の裁判所書記官ではなく、簡易裁判所の裁判所書記官です。
② ○ 2週間経過後は、督促異議の申立てをすることはできません。

■ポイント

・支払督促の手続きは、簡易裁判所の裁判所書記官が中心となって行う。
・支払督促の申立てと仮執行宣言の申立てとは、異なります。

6-8 少額訴訟

少額訴訟は、通常の民事訴訟より簡易・迅速な手続きによって行われる訴訟であり、反訴の禁止、証拠調べの制限、控訴の禁止などの特徴があります。ここでは、少額訴訟の特徴について学びます。

1 少額訴訟の要件 重要度 ★★

　簡易裁判所においては、訴訟の目的の価額が60万円以下の金銭の支払いの請求を目的とする訴えについて、少額訴訟による審理および裁判を求めることができます。ただし、少額訴訟を行う回数には制限があり、同一の簡易裁判所において年10回を超えて少額訴訟を求めることはできません。

　少額訴訟の対象は、金銭の支払いの請求に限られるため、少額訴訟で建物の明渡しを求めることはできません。

2 少額訴訟の手続き 重要度 ★★

　少額訴訟による審理および裁判を求める旨の申述は、訴えの提起の際にしなければなりません。通常の手続きの審理途中や審理終了後に、少額訴訟を求めることはできません。

▼少額訴訟の特徴

反訴の禁止	反訴を提起することができません。
一期日審理の原則	特別の事情がなければ、最初の口頭弁論の期日において、審理を完了しなければなりません。
証拠調べの制限	証拠調べは、即時に取り調べることができる証拠のみすることができます。
通常の手続きへの移行	被告は、訴訟を通常の手続きに移行させる旨の申述をすることができます。ただし、被告が最初の口頭弁論の期日において弁論をし、またはその期日が終了した後はできません（※）。
即日判決の原則	判決の言渡しは、原則として、口頭弁論の終結後直ちに行います。 判決書の原本に基づかないで言渡しをすることもできます。

判決による支払い の猶予・分割払い	請求を認容する判決の言渡しの日から3年を超えない範囲内で、支払猶予または分割払いの定めをすることができます。また、訴え提起後の遅延損害金の支払義務を免除する旨の定めをすることができます。 これらの定めをした場合には、被告が支払を怠ったときにおける期限の利益の喪失についての定めをしなければなりません。支払猶予などの定めに関する裁判に対しては、不服を申し立てることができません。
仮執行の宣言	請求を認容する判決については、裁判所は、職権で、担保を立てて、または立てないで仮執行をすることができることを宣言しなければなりません。
控訴の禁止	終局判決に対して控訴をすることはできません。
異議の申立て	判決書等の送達を受けた日から2週間の不変期間内に、判決をした裁判所に異議の申立てができます。適法な異議があれば、通常の手続きにより審理および裁判を行います。

※少額訴訟では、相手方から異議が出された場合、同じ簡易裁判所で通常訴訟として審理が開始されます。

練習問題（○×問題）

① 債権者は、同一の簡易裁判所において、同一の年に、同一の債務者に対して年10回を超えて少額訴訟を選択することはできないが、債務者が異なれば選択することは可能である。

② 訴額が60万円以下の場合は、少額訴訟を提起することにより建物の明渡しを求めることができる。

解答 ••

① × 同一の簡易裁判所において、年10回を超えて少額訴訟を選択することはできません。このことは、債務者が異なる場合であっても同じです。

② × 少額訴訟で建物の明渡しを求めることはできません。

■ポイント

- 少額訴訟は、同一の簡易裁判所において年10回までである。
- 少額訴訟の対象は、60万円以下の金銭の支払いを請求する訴えである。
- 少額訴訟では、建物の明渡しを求める訴えは審理の対象外である。

任意の賃料支払いや明渡しがない場合、権利を実現するためには、債務名義を取得し、強制執行の手続きをとる必要があります。ここでは、主に債務名義について学びます。

1 強制執行 重要度 ★★

(1) 債務名義

明渡しを命じる判決が確定した場合でも、貸主は、勝手に居室内に立ち入ったり、残置物を処分したりすることはできません。強制的な明渡しを実現するためには、強制執行の手続きを経る必要があります。

強制執行は、債務名義によって行われます。

債務名義には、確定判決、仮執行宣言付き判決、仮執行宣言付き支払督促、和解調書、調停調書、強制執行認諾文言付き公正証書などがあります。

▼債務名義の例

強制執行の種類	債務名義の具体例
金銭支払いの強制執行	支払いを命じる確定判決 仮執行宣言付き支払督促 強制執行認諾文言付き公正証書
明渡しの強制執行	明渡しを命じる確定判決

※上記のほか、裁判上の和解調書や、即決和解（起訴前の和解）の和解調書を債務名義として強制執行を行うことができます。

※「金銭の支払」を命じる判決書は、「金銭の支払」を求める強制執行の債務名義となり得ますが、「建物明渡し」を求める強制執行の債務名義とはなりません。

▼債務名義

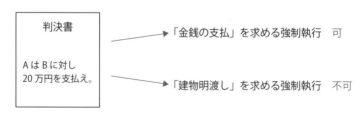

(2) 強制執行の実施

強制執行は、債務名義だけでは実施できず、執行文の付された債務名義の正本に基づいて実施します。執行文とは、裁判所の書記官または公証人が、強制執行をしてもよいことを認める文言のことです。

練習問題（○×問題）

① 明渡しを命じる判決が確定すれば、貸主は、強制執行によることなく、居室内に立ち入り、残置物を処分することができる。

② 即決和解（起訴前の和解）が成立したとしても、和解調書に基づき建物明渡しの強制執行を行うことはできない。

③ 未払賃料を支払うことを内容とする判決書は、建物明渡しを求める強制執行の債務名義となる。

解答

① ✕ 明渡しを命じる判決が確定した場合であっても、貸主は、強制執行によらなければ、居室内に立ち入り、残置物を処分することはできません。

② ✕ 建物明渡しについて即決和解（起訴前の和解）が成立した場合、和解調書に基づき建物明渡しの強制執行を行うことができます。

③ ✕ 未払賃料を支払うことを内容とする判決書は、それを債務名義として金銭支払いを求める強制執行を行うことはできますが、建物明渡しを求める強制執行の債務名義とはなりません。

■ポイント

・強制的に賃料回収や明渡しを行う場合、強制執行の手続きをとる。

・強制執行は、執行文の付された債務名義の正本に基づいて実施する。

6-10 企業会計原則および会計処理の基礎

企業会計原則（大蔵省企業会計審議会発表）は、企業が会計において従うべき基準です。
ここでは、企業会計原則のほか、会計処理の基礎についても学びます。

1 企業会計原則　　　　　　　　　　　　　　　　重要度 ★★

　企業会計原則は、企業会計の実務の中に慣習として発達したものの中から、一般に公正妥当と認められたところを要約したものであって、必ずしも法令によって強制されないでも、すべての企業がその会計を処理するのに当たって従わなければならない基準です。

　企業会計原則は、「一般原則」「損益計算書原則」「貸借対照表原則」の3つの原則で構成されています。

（1）一般原則

　一般原則には、次の7つの原則があります。

▼一般原則

①真実性の原則	企業会計は、企業の財政状態および経営成績に関して、真実な報告を提供するものでなければならない
②正規の簿記の原則	企業会計は、すべての取引につき、正規の簿記の原則に従って、正確な会計帳簿を作成しなければならない
③資本取引・損益取引区分の原則	資本取引と損益取引とを明瞭に区別し、特に資本剰余金と利益剰余金とを混同してはならない
④明瞭性の原則	企業会計は、財務諸表によって、利害関係者に対し必要な会計事実を明瞭に表示し、企業の状況に関する判断を誤らせないようにしなければならない
⑤継続性の原則	企業会計は、その処理の原則および手続を毎期継続して適用し、みだりにこれを変更してはならない
⑥保守主義の原則	企業の財政に不利な影響を及ぼす可能性がある場合には、これに備えて適当に健全な会計処理をしなければならない
⑦単一性の原則	株主総会提出のため、信用目的のため、租税目的のため等種々の目的のために異なる形式の財務諸表を作成する必要がある場合、それらの内容は、信頼しうる会計記録に基づいて作成されたものであって、政策の考慮のために事実の真実な表示をゆがめてはならない

(2) 損益計算書原則

企業会計において、ある会計期間における企業の経営成績を示す損益計算書を作成するための具体的な処理基準です。

(3) 貸借対照表原則

企業会計において、期末における企業の財政状態を示す貸借対照表を作成するための具体的な処理基準です。

2 会計処理の基礎　　　　　　　　　　重要度　★

簿記の種類には、「単式簿記」と「複式簿記」の2種類があります。一般的に、企業会計では「複式簿記」を用います。

収益または費用をどの時点で認識するかについて、「発生主義」(収益・費用は発生の事実をもってその計上を行うという考え方) と「現金主義」(現金の入出金が生じた時点で収益・費用の計上を行うという考え方) があります。取引を適正に会計処理するためには「発生主義」の方が好ましいとされています。

6

金銭の管理

練習問題 (○×問題)

① 企業会計は、その処理の原則および手続を毎期継続して適用し、みだりにこれを変更してはならない。これを一般に継続性の原則という。
② 企業の財政に不利な影響を及ぼす可能性がある場合には、これに備えて適当に健全な会計処理をしなければならない。これを一般に保守主義の原則という。

解答

① ○　設問の通りです。
② ○　設問の通りです。

■ポイント

・7種類の一般原則は確実に押さえておこう。
・取引を適正に会計処理するためには、「発生主義」の方が好ましい。

演習問題6

■問1
【令和4年問20】

賃料に関する次の記述のうち、適切なものはどれか。

1　貸主が支払期限を知っている通常の場合、賃料債権は、5年の消滅時効に服する。

2　建物賃貸借契約における賃料は、建物使用の対価であるので、貸主は、借主が使用する敷地の対価を当然に別途請求することができる。

3　貸主が死亡し、その共同相続人が賃貸住宅を相続した場合、遺産分割までの賃料債権は、金銭債権として、相続財産となる。

4　借主が滞納賃料の一部を支払う場合であって、弁済充当の合意がないときは、支払時に貸主が指定した債務に充当され、借主はこれに従わなければならない。

■問2
【令和4年問23】

令和3年10月1日に締結された、賃貸住宅を目的とする賃貸借契約の借主の義務に関する次の記述のうち、最も適切なものはどれか。

1　大地震により賃貸住宅の一部が倒壊し、契約の目的を達することができなくなった場合、賃貸借契約は終了し、借主の賃料支払義務は消滅する。

2　大地震により賃貸住宅の一部が滅失した場合（ただし、契約の目的を達することは未だできるものとする。）、借主が賃料の減額請求をすることで賃料は減額される。

3　賃料債権が差し押さえられた場合、借主は賃料を貸主に支払ったとしてもそのことを差押債権者に通知すれば、差押債権者から取立てを受けず、以後賃料の支払を免れることができる。

4　賃料債権は、時効期間が経過しても消滅時効を援用する旨の意思表示がなければ消滅しない。

■問3 【令和3年問21】

賃料増減請求に関する次の記述のうち、適切なものの組合せはどれか。

ア　賃料増減請求は、請求権を行使した時ではなく、客観的に賃料が不相当となった時に遡って効力を生ずる。

イ　賃料改定を協議により行うとする特約が定められている場合であっても、賃料増減請求を行うことができる。

ウ　借主が賃料減額請求を行ったが、協議が調わない場合、減額を正当とする裁判が確定するまでの間、借主は減額された賃料を支払えば足り、貸主は従前の賃料を請求することができない。

エ　賃料改定については、合意が成立しなければ、訴訟によって裁判所の判断を求めることになるが、原則として、訴訟提起の前に調停を申し立てなければならない。

1　ア、イ
2　ア、ウ
3　イ、エ
4　ウ、エ

■問4 【令和3年問20】

敷金に関する次の記述のうち、最も適切なものはどれか。

1　貸主は、建物明渡し後でなければ、敷金を未払賃料に充当することができない。

2　敷金は、賃貸借契約上の債務を担保するための金銭であるから、貸主との合意があっても賃貸借契約の締結後に預け入れることができない。

3　貸主が建物を借主に引き渡した後、第三者に当該建物を売却し、所有権移転登記を完了した場合、特段の事情がない限り、敷金に関する権利義務は当然に当該第三者に承継される。

4　賃貸借契約が終了し、建物が明け渡された後、借主が行方不明となったことにより、借主に対し敷金の充当の通知ができない場合、貸主は敷金を未払賃料や原状回復費用に充当することができない。

■**問5**　　　　　　　　　　　　　【令和3年問27】　☑ ☑ ☑

　Aを貸主、Bを借主とする建物賃貸借においてCを連帯保証人とする保証契約に関する次の記述のうち、誤っているものの組合せはどれか。ただし、それぞれの選択肢に記載のない事実はないものとする。

ア　Bが賃料の支払を怠ったので、AがCに対して保証債務履行請求権を行使した場合、Cは、Bには弁済する資力があり、かつその執行が容易である旨を証明すれば、AがBの財産について執行を行わない間は保証債務の履行を免れる。

イ　Aの賃料債権を被担保債権とする抵当権がD所有の甲不動産に設定されていた場合、Dの負う責任は甲不動産の範囲に限られるところ、Cの負う責任はCの全財産に及ぶ。

ウ　Cが自然人ではなく法人の場合は、極度額を書面で定めなくてもよい。

エ　Bの賃借人の地位がAの承諾の下、第三者に移転した場合、Cが引き続き連帯保証債務を負担することを「保証の随伴性」という。

1　ア、イ
2　イ、ウ
3　ウ、エ
4　ア、エ

■**問6**　　　　　　　　　　　　　【令和4年問27】　☑ ☑ ☑

　Aを貸主、Bを借主として令和4年5月1日に締結された期間1年の建物賃貸借契約において、CはBから委託を受けてAと連帯保証契約を同日締結した。この事案に関する次の記述のうち、正しいものの組合せはどれか。

ア　AB間の建物賃貸借契約が法定更新されると、AC間の保証契約も法定更新される。

イ　Aは極度額の記載のない連帯保証契約書を持参してCと面会し、口頭で極度額について合意した上、Cの署名押印を得た。この場合も連帯保証契約は効力を生じる。

ウ　Cが、Aに対して、Bの賃料その他の債務について、不履行の有無、利息、違約金、損害賠償などの額について情報提供を求めた場合、Aは個人情報保

護を理由に情報提供を拒むことはできない。

エ　Bが死亡すると、連帯保証契約の元本は確定する。

1　ア、イ
2　イ、ウ
3　ウ、エ
4　ア、エ

■問7

　企業会計原則及び会計処理の基礎に関する次の記述のうち、**不適切なもの**はどれか。

1　企業会計原則は、企業会計の実務の中に慣習として発達したものの中から、一般に公正妥当と認められたところを要約した基準である。
2　企業会計原則は、一般原則、損益計算書原則、貸借対照表原則の3つの原則により構成されている。
3　明瞭性の原則とは、企業会計は、すべての取引につき、正規の簿記の原則に従って、明瞭かつ正確な会計帳簿を作成しなければならないことをいう。
4　収益又は費用をどの時点で認識するかについて、発生主義と現金主義の2つの考え方があり、取引を適正に会計処理するためには、発生主義が好ましいとされている。

解　答　・　解　説

■問1
【解答　1】

　1は、設問の通りであり、正しい記述です。

　建物賃貸借契約における賃料には、建物使用の対価のほか、その敷地の使用の対価も含まれます。したがって、貸主は、借主に敷地使用の対価を別途請求することは当然にはできません。よって、2は誤りです。

　相続開始から遺産分割までの賃料債権は、遺産とは別個の財産であって、遺産分割の対象（相続財産）ではありません。よって、3は誤りです。

　借主による弁済充当の指定がない場合、貸主は受領時に充当債務を指定する

ことができます。もっとも、貸主による充当指定に対して、借主は異議を述べることができます。よって、4は誤りです。

「6-1賃料の支払」、「5-3借主の義務」、「5-9当事者の死亡」参照

■問2 【解答　4】

　賃借物の一部が滅失その他の事由により使用及び収益をすることができなくなった場合、残存する部分のみでは賃借人が賃借をした目的を達することができないときは、賃借人は、契約の解除をすることができます。当然には賃貸借契約は終了しません。また、借主の賃料支払義務が消滅するわけではありません。よって、1は誤りです。

　賃借物の一部が滅失その他の事由により使用及び収益をすることができなくなった場合、それが賃借人の責めに帰することができない事由によるものであるときは、賃料は、その使用及び収益をすることができなくなった部分の割合に応じて、減額されます。この減額は「借主からの減額請求がなくても」、法律上当然に賃料は減額されます。よって、2は誤りです。

　賃料債権が差し押さえられた場合、借主は賃料を貸主に支払うことが禁止され、差押債権者から取立てを受けたときは、差押債権者に賃料を支払う必要があります。貸主に賃料を支払ったとしても、賃料の支払を免れることはできません。よって、3は誤りです。

　4は、設問の通りであり、正しい記述です。

「5-3借主の義務」、「6-1賃料の支払」参照

■問3 【解答　3】

　賃料増減請求権は、「将来に向かって」建物の賃料額の増減を請求することができる権利です。よって、「賃料が不相当となった時に遡って」効力を生ずるとしているアは、誤りです。

　イ、エは、設問の通りであり、正しい記述です。

　建物の賃料減額について当事者間に協議が調わない場合、貸主は、減額を正当とする裁判が確定するまでは、相当と認める額の建物の賃料の支払を請求することができます。したがって、減額を正当とする裁判が確定するまでの間、貸主は従前の賃料を請求することができます。よって、ウは誤りです。

「6-2賃料改定・賃料増減請求」参照

■問4 【解答　3】

　貸主は、建物明渡し前であっても、敷金を未払賃料に充当することができます。よって、1は誤りです。

　敷金を交付する合意は、賃貸借契約とは別個の契約に基づく要物契約です。そのため、賃貸借契約の締結後に敷金を預け入れることもできます。よって、2は誤りです。

　3は、設問の通りであり、正しい記述です。

　賃貸借契約が終了し、目的物が明け渡された場合、敷金は借主の債務に当然に充当され、貸主が敷金充当の意思表示をすることは要しません。そのため、借主に対し敷金の充当の通知ができない場合でも、貸主は敷金を未払賃料や原状回復費用に充当することができます。よって、4は誤りです。

「6-3 敷金等」参照

■問5 【解答　4】

　債権者が保証人に債務の履行を請求したときは、保証人は、まず主たる債務者に催告をすべき旨を請求することができます（催告の抗弁権）。また、債権者が主たる債務者に催告をした後であっても、保証人が主たる債務者に弁済をする資力があり、かつ、執行が容易であることを証明したときは、債権者は、まず主たる債務者の財産について執行をしなければなりません（検索の抗弁権）。しかし、連帯保証人は、催告の抗弁権や検索の抗弁権を有しません。したがって、Cは、Bには弁済する資力があり、かつその執行が容易である旨を証明しても、保証債務の履行を免れません。よって、アは誤りです。

　抵当権設定者（D）の負う責任は、抵当権が設定された特定の不動産の範囲に限られます。一方、保証人（C）の負う責任は、保証人の全財産に及びます。よって、イは正しい記述です。

　個人根保証契約は、書面または電磁的記録により、極度額を定めなければ、その効力を生じません。しかし、法人の場合には、極度額を定める必要はありません。よって、ウは正しい記述です。

　「保証の随伴性」とは、主たる債務の「債権者」に変更が生じた場合、保証債務も債権者の変更に伴って新債権者に移転することをいいます。エは、賃借人に変更が生じた事例であり、保証の随伴性ではないため、誤りです。

「6-4 賃貸借契約の保証」参照

■問6

　保証契約には法定更新はありません。よって、アは誤りです。

　個人が賃貸借契約の保証人となる場合、その保証契約は「個人根保証契約」に該当します。そして、個人根保証契約は、「書面または電磁的記録により」極度額を定めなければ、その効力を生じません。したがって、口頭で極度額について合意しても、保証契約は効力を生じません。よって、イは誤りです。

　保証人が主たる債務者の委託を受けて保証をした場合において、保証人の請求があったときは、債権者は、保証人に対し、遅滞なく、主たる債務の元本および主たる債務に関する利息、違約金、損害賠償その他その債務に従たる全てのものについての不履行の有無ならびにこれらの残額およびそのうち弁済期が到来しているものの額に関する情報を提供しなければなりません。よって、ウは正しい記述です。

　主たる債務者または保証人が死亡したときは、個人根保証契約における主たる債務の元本は確定します。よって、エは正しい記述です。

「6-4 賃貸借契約の保証」参照

■問7

　1、2、4は、設問の通りであり、正しい記述です。

　「明瞭性の原則」とは、企業会計は、財務諸表によって、利害関係者に対し必要な会計事実を明瞭に表示し、企業の状況に関する判断を誤らせないようにしなければならないことをいいます。よって、3は誤りです。

　なお、企業会計は、すべての取引につき、正規の簿記の原則に従って、正確な会計帳簿を作成しなければならないことを、「正規の簿記の原則」といいます。

「6-10 企業会計原則および会計処理の基礎」参照

解答	問1：1　　問2：4　　問3：3　　問4：3　　問5：4
	問6：3　　問7：3

第**7**章

賃貸住宅の維持管理

一定の特定建築物等については、定期的に有資格者による調査・検査を行い、特定行政庁に報告することが義務づけられています。
ここでは主に、定期調査・検査の対象や資格について学びます。

① 不動産登記　　　　　　　　　　　　　　　　重要度 ★★★

(1) 維持保全の努力義務

建築物の「所有者」、「管理者」または「占有者」は、その建物の敷地、構造および建築設備を常時適法な状態に維持するように努めなければなりません（建築基準法第8条）。この規定は建物管理者にも課せられた義務です。

(2) 特定建築物等の定期調査・検査報告

一定の建築物で安全上、防火上または衛生上特に重要であるものとして政令で定めるものおよび当該政令で定めるもの以外の特定建築物で特定行政庁が指定するものの「所有者」（所有者と管理者が異なる場合においては、「管理者」）は、これらの建築物の敷地、構造および建築設備について、定期に、「一級建築士」もしくは「二級建築士」または「特定建築物調査員（建築物調査員資格者証の交付を受けている者）」にその状況の調査をさせて、その結果を特定行政庁に報告しなければなりません。調査および報告の対象となるのは、建築物の「敷地」、「構造」および「建築設備」です。また、調査および報告の周期は、特定行政庁が定めるところによります。

建築基準法第12条による定期調査・検査報告の対象となる建築物として、「下宿、共同住宅、寄宿舎」があります。集合賃貸住宅は、「下宿、共同住宅、寄宿舎」に分類されるため、定期調査・検査報告の対象となりえます。

特定建築物に関する報告の主な調査内容は、敷地・構造・防火・避難の4項目です。特定建築物の共同住宅の定期調査・報告は、3年ごとに行う必要があります。

建築基準法第12条による定期調査・検査報告には、「特定建築物定期調査報告」のほかに「防火設備定期検査報告」、「建築設備定期検査報告」、「昇降機等定期検査報告」があります。

　これらの定期報告は、新築または改築に係る建築物である場合で、検査済証の交付を受けた直後の時期については、報告の必要はありません。

▼定期調査・検査の対象・資格

対象	資格
特定建築物	1級・2級建築士、特定建築物調査員
防火設備	1級・2級建築士、防火設備検査員
建築設備	1級・2級建築士、建築設備検査員
昇降機・遊戯施設	1級・2級建築士、昇降機等検査員

7

賃貸住宅の維持管理

練習問題（○×問題）

① 特定建築物の定期調査・検査は、一級建築士に実施させなければならない。
② 特定建築物に関する報告の主な調査内容は、敷地、構造、防火、避難の4項目である。

解答 ‥‥‥‥‥‥‥‥‥‥‥‥‥‥‥‥‥‥‥‥‥‥‥‥‥‥‥‥‥‥‥‥‥‥‥‥‥‥‥

① × 一級建築士のほか、二級建築士や特定建築物調査員（建築物調査員資格者証の交付を受けている者）に、特定建築物の定期調査・検査を実施させることができます。
② ○ 設問の通りです。

■ポイント

・建築物の所有者だけではなく、管理者や占有者も、その建物の敷地、構造および建築設備を常時適法な状態に維持するように努めなければならない。
・集合賃貸住宅は、定期調査・検査報告の対象である。

7-2 計画修繕・長期修繕計画・修繕履歴

計画修繕を実施することで、住環境の性能が維持でき、入居率や家賃水準の確保につながり、賃貸不動産の安定的経営を実現できます。ここでは、計画修繕のための長期修繕計画や修繕履歴の活用について学びます。

1 計画修繕　　　　　重要度 ★★★

中長期的には、修繕計画による的確な修繕の実施により、賃貸経営の収支上プラスに働くこともあり、計画修繕が望まれます。計画修繕の実施の際は、計画された修繕部位を点検、調査した上で状況を把握することが重要です。

2 長期修繕計画　　　　　重要度 ★★★

計画修繕を着実に実施するためには、資金的な裏づけを得ることが必要であり、長期修繕計画を策定して維持管理コストを試算し、維持管理費用を賃貸経営の中に見込まなければなりません。そして、長期修繕計画によって修繕費とその支払時期が明確になるため、将来に備えて計画的な資金の積立てが必要となります。

また、長期修繕計画は、数年に一度は見直しを行うことにより、適切な修繕の実施時期を確定することが必要です。

3 修繕履歴　　　　　重要度 ★★★

(1) 修繕履歴の必要性

修繕履歴は、次の修繕を企画する上で、重要な情報となります。建物が長期にわたり必要な機能を維持して、収益性を保持するためには、日常の点検管理と計画的な修繕が必要不可欠です。

賃貸住宅管理では、建物の劣化状態について外観調査を手掛かりに、見えない部分も含めて修繕の必要性を判断し、効果的な修繕計画を立案することが求められます。

賃貸建物については、退去時の敷金精算等も視野に入れ、賃貸時の原状等について、客観的なデータを履歴情報として保存しておくことは重要です。

(2) 履歴情報の保管者

　建物の履歴情報は、建物に附随するものとして、建物所有者に帰属するものと理解すべきです。もっとも、蓄積と利用の実効性を確保するためには所有者から管理委託を受けている者が保管し、必要に応じて利用に供することが考えられます。

(3) 履歴情報の活用

　建物の履歴情報によって、建物の維持保全にかかる費用の無駄を省くことができ、建物の長期にわたる維持管理コストを低減することができます。また、正確な履歴情報を利用することにより、災害が発生した際の復旧に迅速かつ適切な対応を行うことが可能となります。

　さらに、賃貸借契約締結等の判断材料となり得る履歴情報が、賃貸借の意思決定時に適切に提供され、透明性が高まることで、入居後のトラブル防止にもつながります。

7

賃貸住宅の維持管理

練習問題（○×問題）

① 計画修繕を実施していくためには、長期修繕計画を策定する必要があるが、修繕管理の費用を賃貸不動産経営の中に見込む必要はない。

② 賃貸管理では、建物の劣化状態について外観調査を手掛かりに修繕の必要性を判断し、効果的な修繕計画を立案することが求められるが、見えない部分は考慮しなくてよい。

解答

① × 計画修繕を確実に実施するためには資金的裏付けが必要であり、修繕管理の費用を賃貸不動産経営の中に見込む必要があります。

② × 見えない部分も含めて修繕の必要性を判断し、効果的な修繕計画を立案することが求められます。

■ポイント

・計画修繕を実施することは、入居率や家賃水準の確保につながる。

・履歴情報の活用により、建物の維持管理コストを低減することができる。

7-3 耐震診断・耐震改修

耐震診断とは、建物に必要とされる耐力と現に保持している耐力を比較し、評価するものです。診断の結果に応じて耐震改修を行います。
ここでは、耐震診断や耐震改修（耐震・制震・免震）について学びます。

① 耐震診断　　　　　　　　　　　　　　　　重要度 ★★★

耐震診断において、基準の中心となる項目は、①構造部材の強度、②断面寸法、③建物の老朽度ですが、④形状の確認も必要です。

② 耐震改修　　　　　　　　　　　　　　　　重要度 ★★

耐震改修の方法として次のようなものがあります。

▼構造別の耐震改修方法

木造	壁の構造パネルによる補強、開口部の筋交いによる補強、基礎と土台・柱と梁の金物による緊結、制震装置（ダンパー）の取り付け
コンクリート造	ピロティ柱補強、耐震壁付加、炭素繊維シートの袖付柱への巻き付け、鋼板の取り付け、筋交いの増設
鉄骨造 （重量鉄骨造）	ピロティ・妻壁・屋外階段などに制震装置（ダンパー）を組み込む

③ 耐震・制震・免震　　　　　　　　　　　　重要度 ★★★

地震対策として、耐震・制震・免震の3種類があります。

▼耐震・制震・免震の違い

耐震構造	耐震壁や筋交いをバランスよく入れることなどにより、建物を堅固なものにする構造
制震構造	地震の震動を抑えるため、建物に入った地震力を吸収するダンパー等を設置する手法。軽くてやわらかい建物には効果が高い
免震構造	建物に地震力が伝わりにくくするように基礎と建物本体との間にクッションを設け、地震による揺れを低減させる構造

④ 耐震改修促進法　　　　　　　　　　　　　重要度 ★★★

「特定既存耐震不適格建築物」の所有者は、耐震診断を行い、診断の結果、地

震に対する安全性の向上を図る必要があると認められるときは、耐震改修を行うよう努めなければなりません。

　行政庁は、「特定既存耐震不適格建築物」の耐震診断・耐震改修の的確な実施を確保するために必要な場合、所有者に対し、指導・助言ができます。

5 応急危険度判定・罹災証明書 　　　重要度 ★★★

　地震で被害を受けた建物について、その後の余震等による倒壊の危険性ならびに建物の部分等の落下、附属設備の転倒等の危険度を判定します。

　応急危険度判定は、外観調査に重点をおいて応急的な危険度の判定を行い、建物の人命に及ぼす危険の度合いを「危険」「要注意」「調査済」の3ランクに区分しています。都道府県知事などが認定した建築技術者が、地方公共団体の要請により行うことが一般的です。

　罹災証明書は、家屋の財産的被害の程度（全壊、半壊など）を市町村長（東京都においては区長）が証明するものです。

練習問題（○×問題）

① 木造の耐震改修方法として、壁や開口部を構造パネルや筋かい等で補強する。
② 制震構造は、基礎と建物本体との間にクッションを設け、地震による揺れを低減させる構造である。

解答
① ○ 設問の通りです。
② × 制震は、建物に入った地震力を吸収するダンパー等（制震装置）を設置する手法です。

■ポイント

・耐震改修として、耐震壁や筋かい等で補強する。
・制震は建物に入った地震力を吸収する工法であり、免震は建物に地震力が入らないようにする工法である。

賃貸住宅の維持管理

7

7-4 工作物責任

例えば、建物の設置・保存に瑕疵があるため、壁が崩れて通行人がケガをした場合に、建物の占有者または所有者が負う責任が、工作物責任です。どのような場合に工作物責任を負うのかをみていきましょう。

1 工作物責任の概要　　重要度 ★★★

　土地の工作物の設置または保存に瑕疵があることによって他人に損害を生じたときは、その工作物の占有者が、被害者に対してその損害を賠償する責任を負います。この占有者の責任は、「過失責任」（過失ある場合に負う責任）です。

　ただし、占有者が損害の発生を防止するのに必要な注意をしたときは、所有者がその損害を賠償しなければなりません。この場合の所有者の責任は、「無過失責任」（過失がなくても負う責任）であるとされています。

　したがって、占有者が損害の発生を防止するのに必要な注意をした場合（過失がない場合）、占有者は工作物責任を免れますが、所有者が損害の発生の防止に必要な注意をしたとしても（過失がないときでも）、所有者は工作物責任を免れません。

▼工作物責任

過失責任
占有者
（借主など）

無過失責任
所有者
（貸主など）

被害者

①第一次的に責任追及

②第二次的に責任追及

※ 占有者への責任追及（①）ができない場合（占有者に過失がない場合）に、所有者への責任追及（②）が可能となります。

2 工作物の設置・保存の瑕疵　　重要度 ★

　「設置の瑕疵」とは、設置当初から欠陥がある場合をいい、「保存の瑕疵」とは、設置当初は欠陥がなかったが、設置後の維持管理の過程において欠陥が生じた場合をいいます。

3 工作物責任の主体 　　　重要度 ★★★

　一次的には「占有者」が工作物責任を負い、占有者が損害の発生を防止する
のに必要な注意をした場合には、二次的に所有者が工作物責任を負います。
　土地の工作物責任では、瑕疵を修補して損害を防止する立場にあった人が占
有者です。そのため、建物の管理を行う管理業者は、建物の安全確保について
事実上の支配をなしうる場合には占有者として工作物責任を負うことがありま
すが、事実上の支配がない場合には占有者に該当しません。

4 他に責任を負う者がある場合 　　　重要度 ★

　土地の工作物の占有者または所有者が工作物責任を負う場合において、損害
の原因について他にその責任を負う者があるときは、占有者または所有者は、
その者に対して求償権を行使することができます。もっとも、他に責任を負う
ことがある場合であっても、占有者または所有者が被害者に対する工作物責任
を免れるわけではありません。

7

賃貸住宅の維持管理

練習問題（○×問題）

① 建物の設置または保存に瑕疵があることによって他人に損害を生じたときは、
一次的には所有者が土地工作物責任を負い、所有者が損害の発生を防止する
のに必要な注意をしたときは、占有者が土地工作物責任を負う。

② 建物に建築基準法違反があることによって他人に損害を生じたときは、建設
業者が損害賠償責任を負うのであって、建物の所有者および占有者は土地工
作物責任を負わない。

解答

① × 「所有者」と「占有者」が逆です。一次的には「占有者」が工作物責任を負い、
「占有者」が損害の発生を防止するのに必要な注意をしたときは、「所有者」
が工作物責任を負います。

② × 建設業者が損害賠償責任を負う場合でも、建物の所有者および占有者が
工作物責任を免れるわけではありません。

■ポイント

・一次的には「占有者」が工作物責任を負い、占有者が損害の発生を防止するの
に必要な注意をした場合には、二次的に所有者が工作物責任を負う。

・所有者は、損害の発生を防止するのに必要な注意をしていても、工作物責任
を免れない。

7-5 基礎、建築構造

建築構造の違いによって、防火性・耐火性・耐震性、設計の自由度、施工の しやすさ、工期の短さなどに違いがあります。
ここでは、主に建築構造別のメリット・デメリットについて学びます。

1 基礎

重要度 ★★★

基礎とは、上部の建物に加わる力を地盤に伝える部分をいいます。

2 建築構造

重要度 ★★★

(1) 建物の構造方式

	概要	メリット	デメリット
木造在来工法	日本の伝統的な木造住宅の工法であり、太い断面の部材を使用した土台、柱、梁などの軸組（骨組み）で主体構造を構成している	・建物重量が軽く、施工もしやすい ・設計の自由度が高い	・防火、耐火性能において他の建築構造より劣る
木造2×4工法 （枠組壁工法）	枠組に構造用合板を張った壁や床によって構成された壁式構造の工法	・構造安全耐力、断熱性・保温性が優れている	・気密性が高いため、建物の内部に湿気がたまりやすい
プレハブ工法	構成部材を事前に工場製作し、現場では部材の組立てを主に行う工法	・工期短縮、品質向上に優れている	・設計の自由度が低い
CLT工法	木質系工法。繊維方向で直交するように板を交互に張り合わせたパネルを用いて床、壁、天井（屋根）を構成する工法	・耐震性、断熱性、遮炎性などに優れている	・価格が高い
鉄筋コンクリート造（RC造）	圧縮には弱いが引っ張りには強い性質をもつ「鉄筋」と、圧縮には強いが引っ張りには弱い性質をもつ「コンクリート」の二つの材料の短所を補いあった構造	・耐火性・耐久性に富む	・建物重量が重いため、地震による影響が大きい ・工期が長い

	概要	メリット	デメリット
壁式鉄筋コンクリート造	耐力壁、床スラブ、壁ばりからなる構造で、ラーメン構造と異なり柱が存在しない。耐力壁が水平力とともに鉛直荷重も支える。特に低層集合住宅で使われている	・基本的にはRC造と同じ ・柱型や梁型が出ず、空間を有効に使える	・基本的にはRC造と同じ ・建設可能な建物の階数、高さ等が法令で規定されている
鉄骨造	柱間隔の大きい大空間を必要とする工場や倉庫のほか、店舗や事務所に利用されることが多い	・鋼材の加工性が良く、工期は短く、省力化が可能	・風、地震等による揺れの影響を受けやすい
鉄骨鉄筋コンクリート造	鉄骨を取り巻くように鉄筋を配置して型枠で囲み、コンクリートを流し込んで一体化したもの	・耐震性に優れる ・高層建築物に向く	・鉄筋コンクリート造より施工が難しく、工期も長い

(2) ラーメン構造と壁式構造

	概要	特徴
ラーメン構造	柱と梁を一体化した骨組構造	・各節点において部材が剛に接合されている骨組であり、鉄筋コンクリート造に用いられることが多い
壁式構造	壁体や床板で構成する構造方式	・壁厚、壁量、階高、開口部などに力学的な安全性を確保するための制限が設けられており、一般に全体として非常に剛な構造となる

練習問題（○×問題）

① 木造在来工法は、施工がしやすく、設計の自由度が高い。
② ラーメン構造とは、壁体や床板で構成する構造方式である。

解答 ••

① ○ 木造在来工法は、施工がしやすく、設計の自由度が高いです。
② × ラーメン構造とは、柱と梁を一体化した骨組構造です。

■ポイント

・木造在来工法は建物重量が軽いが、鉄筋コンクリート造は建物重量が重い。
・鉄骨造は、大空間を必要とする建物や店舗・事務所に利用されることが多い。

右側縦書き：**7 賃貸住宅の維持管理**

7-6　屋根・外壁

漏水した場合はまずは発生源の特定が必要です。また、漏水を防ぐために、防水工事や、屋根・外壁のメンテナンスがかかせません。
ここでは、漏水、屋根・外壁のメンテナンスについて学びます。

1　漏水　　　　重要度　★★

(1) 雨水による漏水

　漏水している水が雨水なのか、給水や排水管からの漏水かを特定することは、原因調査において重要なことです。雨水による漏水の発生源を特定することは難しい場合も多いですが、次のような傾向があります。

建物の最上階では	屋上や屋根、庇からの漏水が多い
建物の中間階では	外壁や出窓、ベランダからの浸水が多い
外壁がタイル張りの場合は	タイルの剝がれやクラック、目地やコーキングの劣化に起因する漏水が多い

(2) 給水や排水管からの漏水

　マンションなどでは、上階が漏水の発生源であることが多いため、漏水が給水管からの場合、上階の給水を止めて発生箇所を特定する必要があります。

　配管からの漏水の場合、壁の内側に隠れた配管等からの漏水の有無を調査するために一部の壁等を壊す必要がでてきます。この場合、入居者は、仮住まいが必要となったり、工事による振動・騒音などの影響を受けたりします。

　給水管の保温不足による結露が漏水の原因となっていることもあります。

2　屋根のメンテナンス　　　　重要度　★★

(1) 屋根の種類

　傾斜屋根とは、傾斜をもたせることで雨水等を排水させる形状をした屋根のことをいいます。陸屋根とは、傾斜がほとんどなくほぼ水平な屋根をいいます。

(2) 屋根のメンテナンス

　傾斜屋根（カラーベスト等）は、屋根表面の塗膜の劣化による色あせ・錆、温度の上昇低下の繰り返しによる素地自体の変形やゆがみ等を起こすことがあ

り、屋根材の割れや漏水（雨漏れ）などが発生することがあります。

　陸屋根では、土砂や落ち葉、ゴミ等が樋や排水口をふさいでしまうと、屋上に雨水が溜まり、防水の性能に影響を与え、漏水の原因にもなります。

③ 外壁のメンテナンス　　　重要度 ★★

(1) コンクリート打ち放し

　コンクリート打ち放しでは、コンクリート自体の塩害・中性化・凍害、鉄筋発錆に伴う爆裂などを点検する必要があります。

(2) 外壁タイルやモルタル塗り

　外壁タイルやモルタル塗りでは、剥離、剥落に注意を払わなければならず、下地のコンクリートやモルタルとの付着力が低下すれば剥落につながります。

(3) タイル張り外壁の定期調査

　タイル張り外壁では、劣化等によりタイルが剥離するおそれがあるため、原則竣工後10年毎に全面打診または赤外線調査により行う必要があります。

▼外壁の劣化現象（例）

白華現象（はっか）	モルタルやコンクリート中に含まれる石灰分が水に溶けて外壁表面に流れ出し、白く結晶化する現象
ポップアウト	コンクリート内部の部分的な膨張圧によってコンクリート表面の小部分が円錐形のくぼみ状に破壊される現象
チョーキング（白亜化）	外壁表面が粉末状になる現象

練習問題（○×問題）

① 傾斜屋根の屋根表面の塗膜の劣化による、色あせ、錆、表面温度の上昇などにより、屋根材の割れや漏水などが発生する場合がある。
② コンクリート打ち放しでは、コンクリート自体の塩害、中性化、凍害などを点検する必要はない。

解答
① ○　設問の通りです。
② ×　塩害、中性化、凍害などを点検する必要があります。

■ポイント

・漏水は、発生原因・発生箇所を特定することが重要である。
・コンクリート外壁は、塩害・中性化・凍害、鉄筋発錆に伴う爆裂を点検する。

7

賃貸住宅の維持管理

7-7 建築基準法等による規制

> より良い住環境のためには、十分な採光が得られ、健康を害さないように十分な換気がなされる建物でなければなりません。
> ここでは、採光・換気のほか、シックハウスや避難等について学びます。

1 採光・換気 重要度 ★★★

(1) 採光

住宅の居室 (居住のための居室) などには、採光のための窓その他の開口部を設け、その採光に有効な部分の面積は、その居室の床面積に対して7分の1以上としなければなりません。採光に有効な開口部であるためには、居室の窓が道路に面しているなど、窓の前に空き地が必要となります。なお、事務所や店舗については、採光に関する規制はありません。

襖など常に開放できるもので間仕切られた2つの居室は、採光規定上、1室とみなすことができます。

(2) 換気

居室には換気のための窓その他の開口部を設け、その換気に有効な部分の面積は、その居室の床面積に対して20分の1以上としなければなりません。ただし、政令で定める技術的基準にしたがって換気設備を設けた場合には、開口部を設ける必要はありません。なお、住宅の居室だけでなく、事務所や店舗の居室も、換気に関する規制を受けます。

襖など常に開放できるもので間仕切られた2つの居室は、換気規定上、1室とみなすことができます。

▼採光規定と換気規定の比較

採光規定	換気規定
採光に有効な部分の面積は、居室の床面積に対して7分の1以上	換気に有効な部分の面積は、居室の床面積に対して20分の1以上
事務所や店舗は規制対象外	事務所や店舗も規制対象
常に開放できるもので間仕切られた2室を1室とみなすことが可能	

② シックハウス　　重要度 ★★★

　シックハウス対策として、居室を有する建築物を建築する場合には、その居室内において政令で定める化学物質（クロルピリホスおよびホルムアルデヒド）の発散による衛生上の支障がないよう、「建築材料」および「換気設備」について政令で定める技術的基準に適合するものとしなければなりません。建築基準法のシックハウス対策に関する規定は、新築のほか、中古住宅の増築や改築、大規模な修繕、大規模な模様替えを行う場合にも適用され、制約を受けます。

③ 居室の天井の高さ　　重要度 ★★★

　居室の天井の高さは2.1m以上確保しなければなりません。天井が傾斜しているなど、1室内で天井の高さが異なる部分がある場合には、平均の高さが2.1m以上になるようにしなければなりません。

　小屋裏物置（いわゆるロフト）は、天井の高さが1.4m以下で、かつ、それが設置される階の床面積の1/2未満であるなどの基準を満たす場合には、床面積には算入されず、建築物の階数の算定対象ともなりません。

④ 共同住宅の避難施設等　　重要度 ★★★

（1）直通階段

　共同住宅では、居室の各部分から直通階段までの距離の制限があります。直通階段に至る歩行距離を、主要構造部が準耐火構造または不燃材料の場合は50m以下、その他の場合は30m以下としなければなりません。

　共同住宅では、その階における居室の床面積の合計が100㎡（耐火構造・準耐火構造の場合は200㎡）を超える場合は、原則として、直通階段を2つ以上設けなければなりません。また、共同住宅の6階以上の階には、居室の床面積にかかわらず直通階段を2つ以上設置する必要があります。

（2）避難通路の幅

　共同住宅において、必要な廊下および階段の幅は、次の表の通りです。

▼廊下の幅

住戸の床面積の合計が100㎡を超える階	廊下の片側だけに居室のある場合	両側に居室のある場合
	1.2m以上必要	1.6m以上必要

▼階段の幅

直上階の居室の床面積の合計が200㎡を超える階	120cm以上必要
上記以外	75cm以上必要
屋外階段	90cm以上必要

(3) 非常用照明

　建築物の各室から地上へ通じる避難通路となる廊下や階段（外気に開放された部分は除く）には、非常用照明の設置義務が課されています。

(4) 非常用進入口

　建築物の高さ31m以下の部分にある3階以上の階には、非常用進入口を設けなければなりません。これは火災が発生した際に消防隊が外部から進入できるようにするためです。

　ただし、非常用昇降機を設置している場合や、非常用進入口に代わる窓として、各階の外壁面の長さ10m以内ごとに、1mの円が内接できる大きさ、または幅75cm以上高さ120cm以上の大きさの窓を設けている場合は、非常用進入口を設置する必要はありません。

(5) 避難器具

　共同住宅の2階以上の階または地階で、収容人員が30人以上の場合は避難器具を設置しなければならない。収容人員が100人を超えると、収容人員に応じて、必要となる避難器具の数が変わります。

⑤ 石綿に関する規制　　重要度 ★★★

　アスベストとは、天然の鉱石に含まれる繊維のことで、石綿ともいわれています。アスベスト粉じんは、肺がんや中皮腫、肺繊維症（じん肺）の原因になります。そのため、建築材料としてアスベストを使用したり、アスベストが含まれる建築材料を使用したりすることは、原則として禁止されています。ただし、石綿等をあらかじめ添加した建築材料であっても、石綿等を飛散または発散させるおそれがないものとして国土交通大臣が定めたものまたは国土交通大臣の認定を受けたものについては、その使用を禁止されません。

6　防災区画　重要度　★

　防火区画となる壁・床は、耐火構造としなければなりません。また、区画を構成する部分に開口部を設ける場合には、防火扉や防火シャッターなどの防火設備としなければなりません。

7　界壁　重要度　★

　共同住宅では、隣接する住戸から日常生活に伴い生ずる音を衛生上支障がないように低減するため、小屋裏または天井裏まで達する構造とした界壁を設けなければなりません。

7

賃貸住宅の維持管理

練習問題（○×問題）

① シックハウス対策に関する規定は、中古住宅の増築や改築の場合には適用されない。
② 住戸の床面積の合計が100㎡を超える階では、両側に居室のある場合には、1.2m以上の廊下の幅が必要とされる。

解答

① ×　シックハウス対策の規定は増改築の場合にも適用されます。
② ×　住戸の床面積の合計が100㎡を超える階では、両側に居室のある場合には、1.6m以上の廊下の幅が必要とされます。

■ポイント

・居室には、採光や換気に有効な開口部を設けなければならない。
・居室の天井高は2.1m以上必要である。

給水設備・給湯設備

安全・安心な水の安定的な供給は管理業務において重要です。建物の規模によって、給水方式や給湯方式が異なります。
ここでは主に、給水方式の種類や給湯方式の種類について学びます。

1 給水設備 重要度 ★★★

(1) 給水設備

給水設備は、配管・弁・ポンプ・水槽などから構成されます。配管に用いられる「塩ビ管」は、強靭性、耐衝撃性、耐火性で鋼管より劣りますが、軽量で耐食性に優れています。また、合成樹脂管は、耐食性・施工性がよいですが、衝撃に弱く、温度変化に対する伸縮に配慮が必要です。

飲料水配管内が断水その他の原因で負圧になった場合、逆サイホン作用により、一度吐水した水や飲料水以外の水が飲料水配管へ逆流することがあります。

(2) 給水方式

給水方式には、水道直結方式と受水槽方式があります。

水道直結方式	直結直圧方式	水道本管から分岐された給水管から各住戸へ直接給水する方式。水道本管の圧力の変化を受けやすいため、水の使用量が大きい建物に適していない。小規模で低層の建物を対象としている
	直結増圧方式	水道本管から分岐して引き込んだ上水（水道水）を増圧給水ポンプで各住戸へ直接給水する方式。中規模以下のマンションやビルを対象としている。水槽は不要。定期的なポンプの検査は必要
受水槽方式	高置（高架）水槽方式	水道本管から分岐して引き込んだ上水をいったん受水槽に蓄え、揚水ポンプによって屋上に設置された高置水槽に送水し、重力により各住戸へ給水する方式。重力に頼るため、上階は下階に比べて水圧が弱いことがあるが、断水時や停電時でも短時間なら給水が可能
	圧力タンク方式	上水をいったん受水槽に貯め、その水を加圧給水ポンプで圧力タンクに給水し、圧力タンク内の空気を圧縮し、加圧させて各住戸へ給水する方式。高置水槽は不要
	加圧給水方式（ポンプ直送方式）	上水をいったん受水槽に貯め、加圧ポンプにより加圧した水を各住戸へ直接給水する方式。高置水槽は不要

※建物内に受水槽を設置する場合、外部から受水槽（給水タンク等）の天井、底または周壁の保守点検が容易かつ安全に行うことができるように設けます。

※受水槽の天井、底または周壁は、建物の躯体と兼用してはなりません。

▼直結直圧方式　　　　　　　　　▼直結増圧方式

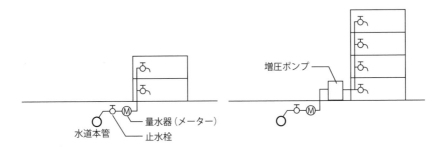

▼高置水槽方式　　　　　　　　　▼圧力タンク方式

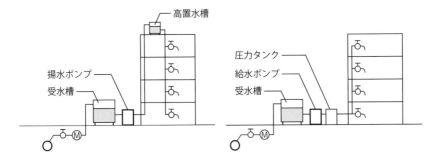

▼加圧給水方式

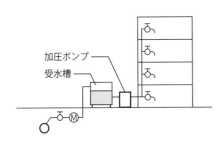

7

賃貸住宅の維持管理

（3）室内の配管方式

室内の配管方式には、先分岐方式とさや管ヘッダー方式があります。

先分岐方式	室内に引き込んだ給水管を分岐して、キッチンやトイレ等、各室に給水する配管方式 ・配管の継ぎ目が多い ・同時に2箇所以上で使用した場合、水圧が落ちることがある
さや管ヘッダー方式	洗面所等の水回り部に設置されたヘッダーから管をタコ足状に分配し、各水栓等の器具に単独接続する方式。広く普及している ・配管途中に継ぎ目がない ・同時に2箇所以上で使用しても、水量や水圧の変動は少ない

▼さや管ヘッダー方式

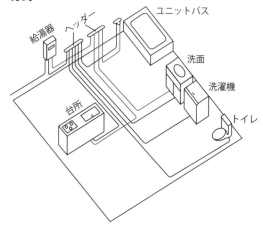

2　給湯設備　　　　　　　　　　　　　　　重要度　★★★

（1）給湯設備の方式

給湯方式は、飲用給湯方式、局所給湯方式、中央（セントラル）給湯方式に分けることができます。

▼給湯方式

飲用給湯方式	ガスや電気を熱源とする貯湯式給湯機を必要箇所に個別に設置する方式
局所給湯方式	給湯系統ごとに加熱装置を設けて給湯する方式で、近接した給湯器具に返湯管を設けない一管式配管で給湯する方式。各住戸や各室ごとに給湯機（器）を設置し、台所流し、風呂場、洗面所などに配管で給湯する方式ともいえる

中央（セントラル）給湯方式	建物の屋上や地下の機械室に熱源機器（ボイラーなど）と貯湯タンクを設け、建物各所へ配管して給湯する方式。ホテルや商業ビルなどの大きな建物に使用される

(2) ガス給湯機

ガス給湯機の供給出湯能力は号数で表されます。表示の号数は、1分間に現状の水温＋25℃のお湯をどれだけの量（リットル）を出すことができるかを表した数値です。例えば、24号であれば、水温15℃の時、40℃のお湯を1分間に24ℓ供給できます。

(3) 電気給湯機

電気給湯器には、電気温水器、ヒートポンプ給湯機、家庭用燃料電池などがあります。

▼電気給湯器の種類

電気温水器	貯湯タンクと電気ヒーターおよび制御機器、安全部品などで構成される。貯湯タンク内の電気ヒーターによりお湯を沸かし、貯めた湯を使用する構造の機器
ヒートポンプ給湯機（エコキュート）	ヒートポンプの原理を利用し、大気から集めた熱を利用して湯を沸かす機器
家庭用燃料電池（エネファーム）	電気と同時に発生する熱を回収し、給湯に利用するシステム。燃料電池は、「水素」と「酸素」を化学反応させて発電する機器で、水の電気分解の逆の作用を利用している

練習問題（○×問題）

① 直結直圧方式は、水道本管の圧力の変化を受けやすいため、水の使用量の多い建物には適していない。
② 高置（高架）水槽方式の場合、上階は下階に比べて水圧が強いといえる。

解答

① ○ 設問の通りです。直結直圧方式は、小規模で低層の建物を対象としています。
② × 高置（高架）水槽方式の場合、上階は下階に比べて水圧が弱いといえます。

■ポイント

- 直結直圧方式は小規模の建物を対象とし、直結増圧方式は中規模までの建物を対象としている。いずれの方式においても、水槽は不要。
- 同時に2箇所以上で水を使用した場合、先分岐方式では水圧が落ちることがあるが、さや管ヘッダー方式では水量や水圧の変動は少ない。

7

賃貸住宅の維持管理

7-9 | 排水設備・通気設備・浄化槽設備

排水設備は、汚水等を建物や敷地から排水するために設けられる設備をいいます。ここでは、排水設備のほか、排水を円滑にする通気設備や、下水道がない地域に設置される浄化槽設備について学びます。

1 排水設備　　　　　　　　重要度 ★★★

(1) 公共下水道の排水方式

　建物の外において、公共下水道の排水方式として、汚水、雑排水と雨水を同じ下水道管に合流して排水する「合流式」と、雨水用の下水道管を別に設けて排水する「分流式」があります。

(2) 排水トラップ

　排水トラップには、排水を排出していないときに、下水臭や虫、小動物が排水管内を伝わって室内に侵入するのを防ぐ役割があります。排水トラップは、少量の水を排水管の中に残すことにより排水管を封じる構造になっています。配水管を封じる水を「封水」といいます。

▼排水トラップの種類

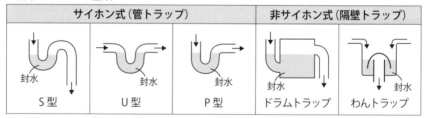

サイホン式（管トラップ）			非サイホン式（隔壁トラップ）	
封水 S型	封水 U型	封水 P型	封水 ドラムトラップ	封水 わんトラップ

※ドラムトラップは、封水の安定度が高く、台所の流し等に使用されます。

(3) 破封

　排水管内の圧力変動によって、トラップの封水が流出したり、長時間排水されず、排水トラップ内の封水が蒸発することを「破封」といいます。

　排水トラップの封水の深さ（封水深）は、浅すぎると破封（破水）しやすくなり、深すぎると自浄作用がなくなりやすくなります。

(4) 二重トラップの禁止

1系統の排水管に対し、2つ以上の排水トラップを直列に設置することを「二重トラップ」といいます。二重トラップは排水の流れが悪くなるため、禁止されています。

2　通気設備　　　　　　　　　　　　　重要度　★★★

通気設備とは、排水トラップの破水を防ぐとともに、排水管内外の気圧差を調整して、排水の流れを円滑にする配管設備です。伸頂通気方式や通気立て管方式があります。伸頂通気方式を改良した特殊継手排水方式もあります。

▼通気設備

伸頂通気方式	排水立て管の先端（頂部）を延長した伸頂通気管を屋上または最上階の外壁等の部分で大気に開口する方式
通気立て管方式	排水立て管に、最下層よりも低い位置で接続して通気管を立ち上げ、最上の伸頂通気管に接続するか、単独で直接大気に開口する方式

3　浄化槽設備　　　　　　　　　　　　重要度　★★★

便所から排出する汚物を公共下水道以外に放流しようとする場合には、「屎尿浄化槽」を設けなければなりません。平成13年4月以降に設置する浄化槽は「合併処理浄化槽」でなければならず、単独浄化槽を設置することはできません。

浄化槽では、微生物によって分解された汚物等が汚泥となり、槽の底に堆積します。

練習問題（○×問題）

① 排水トラップの封水深は、深いと破封しやすく、浅いと自浄作用がなくなる。
② 排水トラップでは、二重トラップが推奨されている。

解答 ‥‥‥‥‥‥‥‥‥‥‥‥‥‥‥‥‥‥‥‥‥‥‥‥‥‥‥‥‥‥‥‥‥‥

① ×　封水深は、浅すぎると破封しやすく、深すぎると自浄作用がなくなります。
② ×　二重トラップは禁止されています。

■ポイント

・トラップの封水が蒸発してしまうことをトラップの「破封」という。
・排水トラップの封水深は、浅すぎると破封しやすく、深すぎると自浄作用がなくなる。

7-10 換気設備

建築基準法により、新築建物は、24時間稼働する機械換気設備の設置が義務づけられています。
ここでは主に、換気方式（特に機械換気の方式）について学びます。

1 換気設備 重要度 ★★★

(1) 換気方式

換気方式は、自然換気方式と機械換気方式に分けることができます。

▼換気方式

自然換気	室内と室外の温度差による対流や風圧等の自然条件を利用した換気方式 ・経済的であるが、自然が相手なので安定した換気量や換気圧力は期待できない
機械換気	換気扇や送風機等の機械（ファン）を利用して強制的に換気する方式 ・費用はかかるが、安定した換気ができる

換気設備には、給気ファン、排気ファン、給排気ダクト、ルーフファン、排気塔、設備用換気扇等があります。

(2) 機械換気の種類

機械換気は、さらに次の3種類に分けることができます。

▼機械換気の種類

第1種換気	給気・排気ともに機械換気で行う方式 ・居室に設けられる熱交換型換気設備や機械室、電気室等に採用される
第2種換気	給気のみ機械換気で行う方式
第3種換気	排気のみ機械換気で行う方式 ・室内が「負圧」になるため、他の部屋へ汚染空気が入らない

▼第1種換気　　　　▼第2種換気　　　　▼第3種換気

第1種換気：給気・排気ともにファンを用いる

第2種換気：給気側にファンを用いて、排気口と組み合わせて用いる

第3種換気：排気側にファンを用いて、給気口と組み合わせて用いる

2 24時間換気

重要度　★★★

　シックハウス症候群は、建材や家具、日用品等から発散するホルムアルデヒドや揮発性有機化合物 (VOC) 等が原因だと考えられています。シックハウス症候群の原因となる揮発性有機化合物 (VOC) の除去対策として、新築建物は、ごく一部の例外を除いて、24時間稼働する機械換気設備の設置が建築基準法により義務付けられています。自然換気設備の設置では足りません。

　持ち込まれた家具からホルムアルデヒド等の化学物質が発散される可能性があります。これらを除去するためにも、24時間換気が必要です。

7

賃貸住宅の維持管理

練習問題 (○×問題)

① 第1種機械換気は、給気および排気にファンを用いる方式であり、室内が負圧になるため、他の部屋へ汚染空気が入らない方式です。

② シックハウス症候群の原因となる物質の除去対策として、すべての住宅は、24時間稼働する機械換気設備の設置が義務づけられている。

解答

① × 室内が負圧になるため、他の部屋へ汚染空気が入らない方式は、第3種方式です。

② × シックハウス症候群の原因となる物質の除去対策として、新築建物は、ごく一部の例外を除いて、24時間稼働する機械換気設備の設置が義務づけられています。すべての住宅に設置義務があるわけではありません。

■ポイント

・ 自然換気方式は、室内と室外の温度差による対流や風圧等の自然条件を利用した換気方式である。

・ 機械換気方式は、換気扇や送風機等の機械を利用して強制的に換気する方式であり、第1種換気、第2種換気、第3種換気がある。

7-11 電気設備・ガス設備

電気設備やガス設備は、各アパートやマンションに適したものを選択する必要があります。ここでは、電気設備の方式、プロパンガスと都市ガスの違いなどについて学びます。

1 電気設備　　　重要度 ★★★

(1) 建物への引込み方式

アパートやマンションに電気を引き込む際、電力会社からの電力供給を受ける方式は、供給電圧によって、「低圧受電（低圧引込み）」「高圧受電（高圧引込み）」「特別高圧受電（特別高圧引込み）」の3種類に分けられます。

▼受電方式・引込みの種別

種別	供給電圧	契約電力	電気室等
低圧受電 （低圧引込み）	100Vまたは200V	50kW未満	必要なし
		50kW以上	変圧器等を施設する借室が必要
高圧受電（※） （高圧引込み）	6,000V	50kW以上 2,000kw未満	受変電室が必要
特別高圧受電 （特別高圧引込み）	20,000V・60,000V または140,000V	2,000kw以上	特別高圧受電室および高圧変電室が必要

※高圧受電は、大規模な建物などの照明コンセントや給排水ポンプや空調機器などの動力設備で使用する電気を供給する方式です。

(2) 供給施設の方式

供給施設の方式には、借柱方式（柱上変台方式）、集合住宅用変圧器方式（パットマウント方式）、借室方式、借棟方式、キュービクル方式があります。

借室方式は、建物内の一室を変圧器室として電力会社へ提供する方式です。

(3) 建物内の電気設備

各住戸に供給される電力には、単相3線式と単相2線式があります。

▼単相3線式の配線図

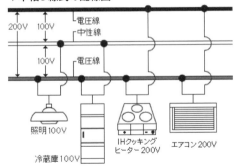

▼単相2線式の配線図

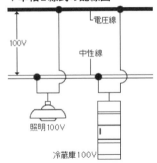

出典：東京電力エナジーパートナー株式会社HP
http://www.tepco.co.jp/ep/private/guide/detail/tansou.html

▼単相3線式と単相2線式の特徴

単相3線式	3本の電線のうち真ん中の中性線と上または下の電圧線を利用すれば100ボルト、真ん中の中性線以外の上と下の電圧線を利用することで200ボルトを利用することができる
単相2線式	電圧線と中性線の2本の線を利用する方式 100ボルトしか使用することができません

(4) 照明設備の維持管理

　照明設備の電線を被膜しているビニールは、熱や紫外線の影響によって経年劣化し、絶縁抵抗が弱まるため、定期的な抵抗測定により、配線を交換する必要があります。

　照明器具の点灯時間をタイマーで制御している場合、季節による日照時間の変化に応じてタイマーの点灯時間を調整する必要があります。

(5) 停電

　一時的に過電流が流れ、遮断器が落ちて停電した場合は、分電盤を調べ、遮断器が落ちている回路を再び通電させて様子を見ます。再度停電するようならその回路を切って専門業者に原因究明と修理を依頼する必要があります。

　住戸内のブレーカーが落ちる原因は、入居者が一時的に数個の家電製品を使用することや、漏電等です。

▼ブレーカー

ELB	漏電遮断器（漏電ブレーカー）のこと。電気配線や電気製品のいたみや故障により、電気が漏れているのを素早く察知して回路を遮断し、感電や火災を防ぐ機器
感震ブレーカー	地震発生時に設定値以上の揺れを検知したときに、ブレーカーやコンセントなどの電気を自動的に止める器具。感震ブレーカーを設置することで、不在時やブレーカーを切って避難する余裕のない場合に電気火災を防止することができる

② ガス設備　　　重要度 ★★★

（1）都市ガスとプロパンガス（LPガス）

ほとんどの都市ガスは、空気より軽く、埋設されたガス導管によって届けられます。

プロパンガス（LPガス）は、空気より重く、ボンベを配達する方法で供給されます。また、都市ガスに比べ約2倍以上の火力エネルギーを有します。

（2）ガス設備

ガス設備には、ガス管、ガスメーター（マイコンメーター）、ガス警報器があります。

ガス管の配管材料として、近年は、屋外埋設管にはポリエチレン管やポリエチレン被覆鋼管が、屋内配管には塩化ビニル被覆鋼管が多く使われています。

ガスメーター（マイコンメーター）には、ガスの使用量を計量する機能や、ガスの異常放出や地震等の異常を感知して、自動的にガスの供給を遮断する機能が備えられています。

ガス警報器の取付けは、都市ガスで空気より軽い場合は、天井面の下方30cm以内とし、プロパンガスのように空気より重い場合は、床面の上方30cm以内の壁などに設置して、ガス漏れを検知して確実に鳴動する必要があります。

▼ガス警報器の取り付け位置

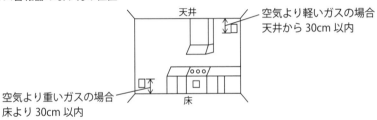

空気より軽いガスの場合
天井から30cm以内

天井

空気より重いガスの場合
床より30cm以内

床

(3) ガスの開栓手続き

ガスの使用を開始する際には、住戸ごとにガス会社による開栓作業が必要ですが、開栓作業は原則としてガス利用者が立ち会う必要があります。

7

賃貸住宅の維持管理

■ポイント

- 各住戸に供給される電力には、「単相3線式100ボルト／200ボルト」と「単相2線式100ボルト」がある。
- ほとんどの都市ガスは空気より軽く、プロパンガス（LPガス）は空気より重い。

7-12 消防・防火

消火用設備等と防火管理については、消防法令等で定められています。
ここでは、主に消防用設備等、防火管理者、消防用設備等の点検・報告、防火について学びます。

1 消防用設備等　　　　　　　　　　重要度 ★★★

(1) 消防用設備等

　共同住宅における消防用設備は、建物に火災が発生したとき、火災の感知、報知、連絡、通報、消火、避難および誘導が安全かつ迅速にできること、ならびに消防隊の活動を支援することを目的として設置されます。

　共同住宅は、消防法上「非特定防火対象物」に分類されます。

> ●非特定防火対象物と特定防火対象物の違い
>
> 　非特定防火対象物とは、不特定多数の人が出入りする用途ではない建物（共同住宅、事務所等）をいいます。それに対し、不特定多数の人が出入りする店舗や集会施設等を特定防火対象物といいます。

(2) 消火器

　火災の種類には3つあり、消火器には、どの火災に適応するかが表示されています。一般的には3つすべてに対応できるABC粉末消火器が普及しています。

▼適応火災のマーク

普通火災用　　　油火災用　　　電気火災用

▼火災の種類

A火災（白マーク）	木材、紙、繊維などが燃える普通火災
B火災（黄マーク）	石油類その他の可燃性液体、油脂類等が燃える油火災
C火災（青マーク）	電気設備・電気機器などの電気火災

　業務用消火器の使用期限は、おおむね10年です。一方、住宅用消火器はおおむね5年であり、詰め替えができない構造となっています。

(3) 自動火災報知設備

自動火災報知設備は、主に火災報知器（受信機）と感知器からなります。

▼感知器の種類

熱感知器	定温式スポット型	火災の熱によって一定の温度以上になると作動する
	差動式スポット型	周囲の温度の上昇率が一定の率以上になったときに作動する
煙感知器	イオン化式スポット型	機器の中のイオン電流が煙によって遮断されると作動する
	光電式スポット型	煙の微粒子による光の乱反射を感知して作動する

(4) 住宅用防災警報器（住宅用火災警報器）

住宅用防災警報器には「煙式」と「熱式」とがあります。煙式は、火災をより早く感知できます。自動火災報知設備等が設置されていないすべての住宅には、住宅用防災警報器の設置が義務付けられています。

複合用途建物では、住宅用防災警報器を住宅部分に設置しなければなりませんが、住宅部分以外への設置義務はありません。

※住宅用防災警報器は、住宅用火災警報器と呼ばれることもあります。

(5) 避難設備

避難設備には、避難器具、誘導灯および誘導標識があります。

2 防火管理者　　重要度 ★★★

共同住宅（集合賃貸住宅など）は、消防法の防火対象物（非特定防火対象物）であり、収容人員が50人以上の場合は防火管理者を定め、防火管理を行う必要があります。この防火管理者の設置義務を負っているのは、建物の管理について権原を有する者（管理権原者）です。管理権原者は、防火管理者を選任し、防火管理業務を行わせなければなりません。

賃貸住宅の場合、貸主（所有者）等が管理権原者に該当します。

なお、管理権原者は、防火管理者を選任したとしても、防火管理責任を免責されるものでありません。

●**防火管理者の業務**

① 消防計画の作成

② 消火、通報および避難訓練の実施

③ 消防用設備等の点検・整備

④ 火気の使用または取扱いに関する監督

⑤ 避難または防火上必要な構造および設備の維持管理

⑥ 収容人員の管理

⑦ その他防火管理上必要な業務

※ 防火管理者の行う業務のうち、特に重要なものは消防計画の作成です。

3 消防用設備等の定期点検と報告 　重要度 ★★

　消防用設備等の設置が義務づけられている防火対象物の関係者（所有者・管理者・占有者）は、消防用設備等を定期的に点検し、その結果を消防長または消防署長に報告しなければなりません。

　消防用設備等の法定点検の種類と頻度は次の通りです。

▼**点検の種類と周期**

点検の種類	点検の周期
機器点検（外観または簡易な操作により確認をする点検）	6か月に1回
総合点検（作動させて総合的な機能を確認する点検）	1年に1回

※機器点検は年2回になりますが、そのうちの1回は総合点検に重ねてもかまいません。

　消防用設備等の点検の報告の頻度は、次の通り、建物の用途により異なります。

▼**報告の周期**

建物の用途区分	報告の周期
非特定防火対象物の場合 （居住用賃貸マンション等）	3年に1回
特定防火対象物の場合 （店舗など不特定多数の人が出入りする建物）	1年に1回

4 防火 　重要度 ★★

　火災の主な原因として、放火があります。そのため、燃えやすい物を賃貸物件の周囲に置かないといった、放火しにくい環境整備が重要です。

●**放火を防ぐポイント**

① 家の周囲に燃えやすい物（ダンボール、雑誌、新聞紙など）を置かないこと

② ゴミは夜間に出さず、決められた日の朝に出すこと

③ 放火犯の侵入を防ぐため、門扉や物置、ガレージなどには施錠をすること

④ 車やバイクのボディカバーは不燃性のものを使用すること

⑤ 建物の周囲や駐車場に、センサーライトなどの照明設備を設置すること

　火災発生時に避難通路がふさがれていると、脱出が阻害されるため、ベランダの物置、廊下の自転車、階段や踊り場のダンボールなどを見つけたら、即座に撤去を求めるべきです。

7

賃貸住宅の維持管理

練習問題（○×問題）

① 複合用途建物では、住宅用防災警報器を住宅部分以外の部分にも設置しなければならない。

② 自動火災報知設備における差動式スポット型は、火災の熱によって一定の温度以上になると作動する。

解答

① × 複合用途建物では、住宅用防災警報器を「住宅部分に」設置しなければならないとされています。その他の部分に設置義務はありません。

② × 差動式スポット型は、周囲の温度の上昇率が一定の率以上になったときに作動します。

■**ポイント**

・火災には、A火災（普通火災）、B火災（油火災）、C火災（電気火災）がある。

・煙式の住宅用防災警報器は、熱式よりも、早く火災を感知できる。

7-13 昇降機設備・機械式駐車場設備・その他

昇降機設備には、エレベーターなどがあります。
ここでは、エレベーターの種類や保守契約、機械式駐車場設備、通信情報設備について学びます。

1 エレベーター設備　　　重要度 ★★★

(1) エレベーターの種類

エレベーターは、ロープ式と油圧式とがあります。高層建築物ではロープ式が使われるのに対して、油圧式は低層用のエレベーターとして使われています。

(2) エレベーターの保守契約

エレベーターの保守契約には、「フルメンテナンス契約」(部品の取替えや機器の修理を状況に合わせて行う契約)と「POG契約」(契約範囲外の部品の取替えや機器の修理は別料金となる契約)の2種類があります。

▼エレベーターの保守契約

	メリット	デメリット
フルメンテナンス契約	・消耗部品の部品代と交換・調整費用が保守費用に含まれるため、年度予算の立案・管理が容易になる	・月々の契約は割高となる ・天災や故意による損壊等の修理費は保守料金に含まれない
POG契約 (パーツ・オイル&グリース契約)	・月々の保守料金は低く設定されている ・POG契約発注側のコスト意識が高くなる	・経年劣化により費用が増加する ・費用見積りが必要であり、その確認に時間がかかる

(3) 定期検査の報告 (法定点検)

建物の所有者または管理者は、建築基準法第12条に基づき、特定行政庁が定める時期に (年1回であることが多い)、特定行政庁に対して、昇降機定期点検報告書を提出しなければなりません。

ただし、昇降機のうち、一戸建て、長屋または共同住宅の住戸内に設けられたホームエレベーター等は報告対象から除かれます。

2 機械式駐車場設備　　　　　　　　　　重要度　★★★

　機械式駐車場設備（立体駐車場設備）には、消火設備として、その構造や規模により、不活性ガス消火設備、泡消火設備、ハロゲン化物消火設備等の設置が義務付けられています。

3 情報通信設備　　　　　　　　　　　　重要度　★

(1) テレビ受信設備

　地上デジタル放送の受信には、UHF対応アンテナが必要です。

(2) インターネット回線

　インターネットを使用する方法として、光回線接続、ケーブルテレビ（CATV）接続などがあります。

7

賃貸住宅の維持管理

練習問題（○×問題）

① 油圧式は、高層用のエレベーターとして使われることが多い。

② エレベーターの保守契約におけるフルメンテナンス契約は、消耗部品の部品代と交換・調整費用が保守費用に含まれるため、年度予算の立案・管理が容易になるという特色を有してる。

解答 ••

① × 油圧式は、低層用のエレベーターとして使われます。

② ○ フルメンテナンス契約は年度予算の立案・管理が容易になります。

■ポイント

・エレベーターは、ロープ式と油圧式とがある。ビルやマンション等の高層建築物では、ロープ式が使われることが多い。

・フルメンテナンス契約では、月々の保守料金は割高になる。POG契約（パーツ・オイル＆グリース契約）では、月々の保守料金は低く設定されているが、経年劣化により費用が増加する。

7-14 借主の居住ルールおよび苦情処理

居住ルールを守り、ちょっとした配慮をすることで、トラブルを未然に防ぎ、安全・快適に過ごすことができます。
ここでは、居住ルールと苦情処理について学びます。

1 借主の居住ルール　　　重要度 ★★★

(1) 入居時の説明

契約書のほか、「入居のしおり」などで共同生活のルールを理解してもらうことが重要です。

(2) 騒音

騒音は、音の感じ方や生活パターンの違いにより、トラブルの原因になりやすいといえます。生活をしていれば音は出るので、受忍限度（社会生活上、一般的に我慢でき、我慢すべき範囲）を超えているかどうかが、騒音の判断基準となります。

入居者や近隣から連絡があった場合には、まずは騒音の時間帯や方向（音の発生源）、どのような騒音かなどの事実を聞き取ります。

騒音を出している入居者には、直接注意を促します。騒音が続くようであれば連帯保証人への連絡や、通知した上での契約解除も検討します。

(3) 共用部分

廊下・階段などの共用部分は、複数の入居者が使用するスペースです。

共用部分に一部の入居者の物が置かれていると、トラブルの原因になるだけではなく、そこが避難経路の場合には災害があったときに避難の妨げとなります。階段や廊下に放置物がある場合には、直ちに撤去を求めることが必要です。もし、管理業者が、放置物を認識しながら何もしなかった場合、放置物が原因で被害が発生すれば、被害者に対して損害賠償責任を負う可能性もあります。

分譲マンションの借主も、共用部分の管理に関する管理規約のルールにしたがわなくてはなりません。そのため、分譲マンションの一住戸の賃貸管理を受託する場合、管理業者は借主にそのマンションの共用部分に関する管理規約の内容を提示する必要があります。

（4）ペットの飼育

　ペットの飼育では、鳴き声、悪臭などがトラブルの原因になります。ペットの飼育可の物件であっても、トラブルが発生することがありますので、ペット飼育規則を定め、入居者に理解してもらうことが重要です。

　ペットを飼育している場合、退去時の原状回復費用が高額になることもありますので、入居時に原状回復についての十分な説明が必要です。

2 苦情の処理 重要度 ★★★

　借主から管理業者に対し、クレームやトラブルが発生したとの電話連絡があった場合には、まずは電話で状況を聞くことが大切です。借主で簡単に対応できるときは、そのアドバイスを行います。

　入居者同士のトラブルの相談を受けた場合には、一方の言い分を鵜呑みにするのではなく、関係者の話をそれぞれよく聞き、公平な立場で処理に当たることが重要です。

　クレームやトラブルについては、社内で相談事例等を蓄積し、マニュアルを作成するなどして情報を共有することが重要です。

練習問題（○×問題）

① ペット飼育可能な物件では、ペット飼育規則を作成し、入居者に遵守させることが重要である。
② 個人情報保護の観点から、クレームやトラブルについては社内で情報共有すべきではない。

解答

① ○　ペット飼育規則などのルールを作成し、入居者に遵守させることが重要です。
② ×　クレームやトラブルについては社内で情報を共有して対処すべきです。

■ポイント

・入居者に共同生活のルールを理解してもらうことが重要である。
・クレーム・トラブルについては、公平な立場で処理に当たり、社内で情報を共有する。

賃貸住宅の維持管理

7

7-15 住環境の整備

快適な住環境を提供することで、入居者の満足度があがり、賃貸物件の価値上昇にもつながります。
ここでは、植栽・除草、駐車場等の管理、清掃などについて学びます。

1 植栽・除草 　　　　　　　　　　　　　　　重要度 ★

(1) 植栽

　草木を植えることは、快適な住環境の形成にとって有効です。樹木は、植栽後2〜3年間の地盤に根付くまでの間、枯損したり著しく樹形を損ったりすることがあります。

(2) 除草

　除草剤の散布に当たっては、入居者などはもとより、近隣へも事前通知を行い、洗濯物やペットの室内への一時移動など協力を求めるべきです。

2 駐車場・駐輪場・共用部分の管理 　　　　　重要度 ★★

(1) 駐車場・駐輪場の管理

　駐車区画ごとの利用権者の表示、カラーコーンや埋め込み式ポールによる侵入防止は、駐車場の不法な駐車を防ぐために効果的です。

(2) 共用部分の管理

　廊下や階段などの建物共用部分に入居者が物を置いている場合は、緊急時の避難の妨げになるため、入居者に撤去を求める必要があります。

　管理業者自身が勝手に撤去・廃棄することは、所有者の権利の侵害に当たり、責任を負うことがあります。

3 清掃 　　　　　　　　　　　　　　　　　　重要度 ★★

　日常的な清掃は、掃き掃除・拭き掃除が主な作業となります。共用部分の清掃に関し、年間の清掃計画と定期点検計画を借主に事前に知らせることは重要です。

　電球の交換やほこりの拭き取り等、脚立を要する作業は、原則として2名以

上で行うべきであるとされています。物を持ちながら脚立を昇ったり降りたりすることは危険なため、例えば、1人が下にいて交換電球を手渡しします。

　台風シーズン前にはドレイン回りの掃除を行うことが望ましいとされています。ドレインとは、雨水を集水して樋へと流す排水部材のことであり、ドレインはバルコニーなどに設置されています。

　空室は、劣化や傷みをできるだけ防ぐため、定期的に入室して窓を開けるなどして換気を行うことや、必要に応じて清掃を行うことが必要です。

4　ブロック塀の耐震診断・改修　　　　　　　重要度　★★

　ブロック塀は倒壊の危険があるため、都道府県および市町村が定める耐震改修促進計画に記載された道路にある昭和56年以前に設置された塀のうち、高さが前面道路中心線からの距離の1／2.5倍を超えるもので、長さが25mを越える塀の所有者は、各自治体が計画で定める期間内に耐震診断結果を報告しなければなりません。

　ブロック塀の耐震診断や除去・改修等を行う場合、地方公共団体が設ける助成金制度の活用を検討します。

7

賃貸住宅の維持管理

練習問題（○×問題）

① 除草剤の散布に当たっては、入居者への事前通知は必要だが、近隣への事前通知は不要である。
② 建物共用部分に入居者が物を置いていると緊急時の避難の妨げになるため、直ちに撤去すべきである。

解答 ‥‥‥‥‥‥‥‥‥‥‥‥‥‥‥‥‥‥‥‥‥‥‥‥‥‥‥‥‥‥‥‥‥

① ×　近隣への事前通知も必要です。
② ×　共用部分に入居者の物がある場合、入居者に撤去を「求めます」。

■ポイント

・除草剤の散布など、入居者や近隣に危険を及ぼす作業の際は、事前に通知をしたり、立入禁止区域を設けたりする。
・共用部分への放置物や不法投棄物などについては、まずは入居者に対して撤去や自主回収を求める。

7-16 防犯・防災

防犯意識・防災意識が高まる中で、安全・安心な住環境を提供することは賃貸管理にとって重要です。
ここでは、防犯・防災を学びます。

1 防犯　　　　　　　　　　　　　　　　　　　　　　　　重要度 ★★

　防犯については、国土交通省住宅局の定めた「共同住宅に係る防犯上の留意事項」および「防犯に配慮した共同住宅に係る設計指針」(以下、「設計指針」という。)から抜粋して紹介します。

(1) 基本原則

　設計指針では、住宅の周辺地域の状況、入居者属性、管理体制、時間帯による状況の変化等に応じて、次の4つの基本原則から住宅の防犯性の向上のあり方を検討し、企画・計画・設計を行うものとしています。

> **●防犯に配慮した企画・計画・設計の基本原則**
> ① 周囲からの見通しを確保する(監視性の確保)
> ② 居住者の帰属意識の向上、コミュニティ形成の促進を図る(領域性の強化)
> ③ 犯罪企図者の動きを限定し、接近を妨げる(接近の制御)
> ④ 部材や設備等を破壊されにくいものとする(被害対象の強化・回避)
>
> ※ ①に関連して、エレベーターのかご内には、防犯カメラを設置するものとされています。
> ※ ②に関連して、近隣で発生した犯罪情報をいち早く掲示板などで知らせ、深夜帰宅や部屋の施錠に注意を促すことが大切です。
> ※ ④に関連して、住戸の玄関扉は、破壊およびピッキングが困難な構造を有する錠等を設置したものとするとされています。また、接地階に存する住戸の窓は、面格子の設置等の侵入防止に有効な措置を行うものとされています。

(2) 照明設備の明るさ（照度）

照明設備の明るさは、次のようにするべきであるとされています。

▼照明設備の明るさ

50ルクス以上とされているもの	共用玄関の内側、共用メールコーナー（宅配ボックスを含む）、エレベーターホール、エレベーターのかご内
20ルクス以上とされているもの	共用玄関の外側、共用玄関以外の共用出入口、共用廊下・共用階段
3ルクス以上とされているもの	自転車置場・オートバイ置場、駐車場、通路、児童遊園・広場・緑地等

2 防災　　　重要度 ★★

水害対策として、賃貸借契約締結時に、借主に対し、地方公共団体が作成した水害ハザードマップ等に記載された避難所の位置や避難経路を知らせておくことが必要です。

賃貸住宅の維持管理

練習問題（○×問題）

① 国土交通省住宅局の定めたおよび「防犯に配慮した共同住宅に係る設計指針」によれば、共用廊下・共同階段の明るさは、50ルクス以上にするべきであるとされている。

② 賃貸借契約締結時には、借主に対し、地方公共団体が作成した水害ハザードマップ等に記載された避難所の位置について示すことが望ましい。

解答

① × 共用廊下・共同階段の明るさは、20ルクス以上にするべきであるとされています。

② ○ 設問の通りです。

■ポイント

・ 周囲からの見通し確保や地域コミュニティ形成など、犯罪抑止のための環境整備が重要である。

・ 災害に備えて、避難場所の確認、避難経路の確保が重要である。

演習問題7

【令和4年問9】

問　題

■問1
【令和4年問9】

　賃貸住宅管理業者が管理する賃貸住宅が建築基準法第12条第1項による調査及び報告を義務付けられている場合に関する次の記述のうち、正しいものはいくつあるか。

ア　調査及び報告の対象は、建築物たる賃貸住宅の敷地、構造及び建築設備である。

イ　調査を行うことができる者は、一級建築士、二級建築士又は建築物調査員資格者証の交付を受けている者である。

ウ　報告が義務付けられている者は、原則として所有者であるが、所有者と管理者が異なる場合には管理者である。

エ　調査及び報告の周期は、特定行政庁が定めるところによる。

1　1つ
2　2つ
3　3つ
4　4つ

■問2
【令和3年問15】

建物の維持保全に関する次の記述のうち、正しいものはどれか。

1　建築基準法第8条は、「建築物の敷地、構造及び建築設備を常時適法な状態に維持するように努めなければならない」と規定しているが、これは建物管理者にも課せられた義務である。

2　集合賃貸住宅は、建築基準法第12条による定期調査・検査報告の対象とはならない。

3　建築基準法第12条により特定建築物において義務付けられる定期調査・検査報告は、建物の構造を対象とするものであり、敷地は対象とならない。

4　建築基準法第12条により特定建築物において義務付けられる定期調査・検査報告の対象には、昇降機は含まれない。

■問3　【令和3年問17】　☑☑☑

建物の修繕に関する次の記述のうち、最も不適切なものはどれか。

1　建物は時間の経過とともに劣化するので、長期修繕計画を策定し、維持管理コストを試算することは有益である一方、その費用は不確定なことから賃貸経営の中に見込むことはできない。
2　長期修繕計画は、数年に一度は見直しを行うことにより、適切な実施時期を確定することが必要である。
3　長期修繕計画によって修繕費とその支払時期が明確になることから、将来に備えて計画的な資金の積立てが必要となる。
4　計画修繕を実施することで、住環境の性能が維持でき、入居率や家賃水準の確保につながり、賃貸不動産の安定的経営を実現できる。

■問4　【令和3年問14】　☑☑☑

修繕履歴情報に関する次の記述のうち、最も不適切なものはどれか。

1　建物の履歴情報の利用によっては、建物の維持保全にかかる費用の無駄を省くことはできない。
2　賃貸借契約締結等の判断材料となり得る履歴情報が、賃貸借の意思決定時に適切に提供されることにより、入居後のトラブル防止にもつながる。
3　正確な履歴情報を利用することにより、災害が発生した際の復旧に迅速かつ適切な対応をとることが可能となる。
4　建物の履歴情報は、建物の所有者に帰属するものであるが、所有者から管理委託を受けている者が、必要に応じて利用に供することが考えられる。

■問5　【令和3年問13】　☑☑☑

賃貸住宅の耐震改修方法に関する次の記述のうち、最も不適切なものはどれか。

1　木造において、基礎と土台、柱と梁を金物で緊結して補強する。
2　木造において、壁や開口部を構造パネルや筋かい等で補強する。

3 　木造において、地震力を吸収する制震装置（ダンパー）を取り付けても効果がない。

4 　鉄筋コンクリート造において、耐震壁や筋かいを増設する。

■問6 　　　　　　　　　　　　　【令和3年問8】　

土地工作物責任に関する次の記述のうち、適切なものの組合せはどれか。

ア 　建物の設置又は保存に瑕疵があることによって他人に損害を生じたときは、一次的には所有者が土地工作物責任を負い、所有者が損害の発生を防止するのに必要な注意をしたときは、占有者が土地工作物責任を負う。

イ 　建物の管理を行う賃貸住宅管理業者は、建物の安全確保について事実上の支配をなしうる場合、占有者として土地工作物責任を負うことがある。

ウ 　建物に建築基準法違反があることによって他人に損害を生じたときは、建設業者が損害賠償責任を負うのであって、建物の所有者及び占有者は土地工作物責任を負わない。

エ 　設置の瑕疵とは、設置当初から欠陥がある場合をいい、保存の瑕疵とは、設置当初は欠陥がなかったが、設置後の維持管理の過程において欠陥が生じた場合をいう。

1 　ア、ウ

2 　イ、ウ

3 　イ、エ

4 　ア、エ

■問7 　　　　　　　　　　　　　【令和4年問12】　

建物の構造形式に関する次の記述のうち、最も不適切なものはどれか。

1 　鉄筋コンクリート造は、建設工事現場でコンクリートを打ち込むので、乾燥収縮によるひび割れは発生しにくい。

2 　ラーメン構造は、各節点において部材が剛に接合されている骨組であり、鉄筋コンクリート造の建物に数多く用いられている。

3 　CLT工法は、木質系工法で、繊維方向が直交するように板を交互に張り合わせたパネルを用いて、床、壁、天井（屋根）を構成する工法である。

4　壁式鉄筋コンクリート造は、ラーメン構造と異なり、柱が存在しない形式で耐力壁が水平力と鉛直荷重を支える構造であり、特に低層集合住宅で使われている。

■問8　【令和3年問16】 ☑☑☑

屋上と外壁の管理に関する次の記述のうち、正しいものはどれか。

1　陸屋根では、土砂や落ち葉、ゴミ等が排水口をふさいでしまうと、屋上に雨水が溜まり、防水の性能に影響を与え、漏水の原因にもなる。

2　傾斜屋根（カラーベスト等）は、夏の温度上昇、冬の温度低下の繰り返しにより、素地自体の変形やゆがみ等を起こすことがあるが、雨漏れの要因とはならない。

3　コンクリート打ち放しの外壁は、鉄筋発錆に伴う爆裂を点検する必要はない。

4　タイル張り外壁の定期調査方法で、接着剤張り工法以外は、劣化等によりタイルが剥離するおそれがあるので、原則竣工後10年ごとに全面打診等の調査を行わなければならない。

■問9　【令和4年問17】 ☑☑☑

外壁の劣化に伴って現れる現象に関する次の記述のうち、正しいものはいくつあるか。

ア　タイル外壁やモルタル外壁等に多く発生する現象は、外壁を直接目視することによって確認するほか、外壁周辺におけるタイルなどの落下物の有無によって確認できることがある。

イ　外壁面の塗膜及びシーリング材の劣化により表面が粉末状になる現象は、手で外壁などの塗装表面を擦ると白く粉が付着することによって確認できる。

ウ　モルタルやコンクリート中に含まれる石灰分が水に溶けて外壁表面に流れ出し、白く結晶化する現象は、内部に雨水等が浸入することにより発生し、目視によって確認することができる。

7

賃貸住宅の維持管理

演習問題

331

1 なし
2 1つ
3 2つ
4 3つ

■ 問10

住宅の居室に関する次の記述のうち、誤っているものはどれか。

1 　住宅の居室とは、人が長時間いる場所のことであり、居間や寝室等が該当し、便所は除かれる。

2 　住宅の居室には、原則として、床面積の20分の1以上の換気に有効な開口部が必要である。

3 　襖等常に解放できるもので間仕切られた2つの居室は、換気に関し、1室とみなすことはできない。

4 　共同住宅では、その階における居室の床面積の合計が100平方メートル（耐火、準耐火構造の場合は200平方メートル）を超える場合は、避難するための直通階段を2つ以上設けなければならない。

■ 問11

建築基準法に規定する内装・構造に関する次の記述のうち、誤っているものはどれか。

1 　建築基準法では、内装材料など、内装制限に関する規定があるが、入居者の入替え時に行う原状回復のための内部造作工事は対象とならない。

2 　建築基準法のシックハウス対策の規定は、新築だけでなく、中古住宅においても増改築、大規模な修繕や模様替えを行う場合に適用となる。

3 　防火区画となる壁・床は、耐火構造としなければならず、区画を構成する部分に開口部を設ける場合には、防火扉や防火シャッターなどの防火設備としなければならない。

4 　共同住宅では、隣接する住戸から日常生活に伴い生ずる音を衛生上支障がないように低減するため、小屋裏又は天井裏まで達する構造とした界壁を設けなければならない。

■問12

【令和4年問15】 ☑☑☑

シックハウスに関する次の記述のうち、誤っているものはどれか。

1　シックハウス症候群の原因は、建材や家具、日用品等から発散するホルムアルデヒドやVOC（揮発性の有機化合物）等と考えられている。

2　ホルムアルデヒドは建材以外からも発散されるため、ごく一部の例外を除いて、居室を有する新築建物に24時間稼働する機械換気設備の設置が義務付けられている。

3　天井裏、床下、壁内、収納スペースなどから居室へのホルムアルデヒドの流入を防ぐため、建材による措置、気密層・通気止めによる措置、換気設備による措置のすべての措置が必要となる。

4　内装仕上げに使用するホルムアルデヒドを発散する建材として、木質建材、壁紙、ホルムアルデヒドを含む断熱材、接着剤、塗装、仕上げ塗材などが規制対象となっている。

■問13

【令和4年問13】 ☑☑☑

建築基準についての法令の避難規定に関する次の記述のうち、誤っているものはいくつあるか。

ア　共同住宅では、居室の各部分から直通階段までの距離の制限がある。

イ　共同住宅の6階以上の階には、居室の床面積にかかわらず直通階段を2つ以上設置する必要がある。

ウ　建築物の各室から地上へ通じる避難通路となる廊下や階段（外気に開放された部分は除く。）には、非常用照明の設置義務が課されている。

1　なし
2　1つ
3　2つ
4　3つ

7

賃貸住宅の維持管理

演習問題

【令和3年問18】 ☑☑☑

給水設備・給湯設備に関する次の記述のうち、最も不適切なものはどれか。

1 　水道直結方式のうち直結増圧方式は、水道本管から分岐して引き込んだ上水を増圧給水ポンプで各住居へ直接給水する方式である。

2 　さや管ヘッダー方式は、台所と浴室等、同時に2か所以上で使用しても水量や水圧の変動が少ない。

3 　受水槽の天井、底又は周壁は、建物の躯体と兼用することができる。

4 　ガス給湯機に表示される号数は、1分間に現状の水温＋25℃のお湯をどれだけの量（リットル）を出すことができるかを表した数値である。

■問15 【令和4年問18】 ☑☑☑

排水・通気設備等に関する次の記述のうち、誤っているものはいくつあるか。

ア　公共下水道は、建物外部の下水道管の設置方法により、汚水、雑排水と雨水を同じ下水道管に合流して排水する合流式と、雨水用の下水道管を別に設けて排水する分流式がある。

イ　1系統の排水管に対し、2つ以上の排水トラップを直列に設置することは、排水の流れを良くする効果がある。

ウ　排水管内の圧力変動によって、トラップの封水が流出したり、長期間排水がされず、トラップの封水が蒸発してしまうことをトラップの破封という。

1 　なし

2 　1つ

3 　2つ

4 　3つ

■問16 【令和3年問19】 ☑☑☑

換気設備に関する次の記述のうち、誤っているものはどれか。

1 　自然換気は、室内と室外の温度差による対流や風圧等の自然条件を利用した方式である。

2 　給気・排気ともに機械換気とする方式は、機械室、電気室等に採用される。

3　給気のみ機械換気とする方式は、室内が負圧になるため、他の部屋へ汚染空気が入らない。

4　新築建物は、ごく一部の例外を除いて、シックハウスの原因となる揮発性有機化合物の除去対策として24時間稼働する機械換気設備の設置が義務づけられている。

■問17　【令和4年問19】

電気・ガス設備に関する次の記述のうち、最も不適切なものはどれか。

1　高圧受電は、高圧受変電室を設置して、標準電圧6,000ボルトで受電し、大規模な建物などの照明コンセントや給排水ポンプ、空調機器などの動力設備で使用する電気を供給する方式である。

2　単相2線式は、電圧線と中性線の2本の線を利用する方式であり、200ボルトの電力が必要となる家電製品等を使用することができる。

3　プロパンガスのガス警報器は、床面の上方30cm以内の壁などに設置して、ガス漏れを検知して確実に鳴動する必要がある。

4　近年、ガス設備の配管材料として、屋外埋設管にポリエチレン管やポリエチレン被覆鋼管、屋内配管に塩化ビニル被覆鋼管が多く使われている。

7

賃貸住宅の維持管理

■問18　【令和3年問11】

「防犯に配慮した共同住宅に係る設計指針」(国土交通省住宅局平成13年3月23日策定)において、新築される共同住宅に防犯上必要とされる事項に関する次の記述のうち、最も不適切なものはどれか。

1　エレベーターのかご内には、防犯カメラを設置するものとされている。

2　住戸の玄関扉について、ピッキングが困難な構造を有する錠の設置までは不要とされている。

3　接地階に存する住戸の窓で、バルコニー等に面するもの以外のものは、面格子の設置等の侵入防止に有効な措置を行うものとされている。

4　共用玄関の照明設備の照度は、その内側の床面においては概ね50ルクス以上とされている。

演習問題

解 答 ・ 解 説

■問1 【解答 4】

ア〜エはすべて、設問の通りであり、正しい記述です。

「7-1 定期点検・定期報告」参照

■問2 【解答 1】

建築物の所有者、「管理者」または占有者は、その建築物の敷地、構造及び建築設備を常時適法な状態に維持するように努めなければならないと規定されています。よって、1は正しい記述です。

集合賃貸住宅は「下宿、共同住宅又は寄宿舎」の項に分類され、定期調査・検査報告の対象です。よって、2は誤りです。

特定建築物において義務付けられる定期調査・検査報告は、建物の構造のほか、敷地も対象としています。よって、3は誤りです。

特定建築物において義務付けられる定期調査・検査報告の対象に、昇降機も含まれます。よって、4は誤りです。　　「7-1 定期点検・定期報告」参照

■問3 【解答 1】

計画修繕を着実に実施していくためには、資金的な裏づけを得ることが必要であり、長期修繕計画を策定して維持管理コストを試算し、維持管理費用を賃貸経営の中に見込まなければなりません。よって、1は誤りです。

2〜4は、設問の通りであり、正しい記述です。

「7-2 計画修繕・長期修繕計画・修繕履歴」参照

■問4 【解答 1】

履歴情報により、竣工時の建材・部品情報のほか、過去に実施された維持保全等の詳細な内容が分かれば、必要十分なメンテナンスを随時行うことができることはもとより、計画管理を適切に行うことができます。これにより、建物の維持保全にかかる費用の無駄を省くことができます。よって、1は誤りです。

2〜4は、設問の通りであり、正しい記述です。

「7-2 計画修繕・長期修繕計画・修繕履歴」参照

■問5　　　　　　　　　　　　　　　　　　　　【解答　3】

1、2、4は、設問の通りであり、正しい記述です。

木造において、地震力を吸収する制震装置（ダンパー）を取り付けることは、耐震改修方法として適切であり、効果があります。よって、3は誤りです。

「7-3 耐震診断・耐震改修」参照

■問6　　　　　　　　　　　　　　　　　　　　【解答　3】

土地工作物（建物など）の設置または保存に瑕疵があることによって他人に損害を生じたときは、一次的には「占有者」が土地工作物責任を負い、「占有者」が損害の発生を防止するのに必要な注意をしたときは、「所有者」が土地工作物責任を負います。アは、「所有者」と「占有者」が逆になっているため、誤りです。

イ、エは、設問の通りであり、正しい記述です。

建物に建築基準法違反があることによって他人に損害を生じた場合、建設業者が損害賠償責任を負うことがありますが、その場合でも、建物の所有者および占有者は土地工作物責任を免れません。よって、ウは誤りです。なお、損害の原因について他にその責任を負う者があるときは、占有者または所有者は、その者に対して求償権を行使することができます。

「7-4 工作物責任」参照

■問7　　　　　　　　　　　　　　　　　　　　【解答　1】

鉄筋コンクリート造は、建設工事現場でコンクリートを打ち込むので、乾燥収縮によるひび割れは発生しやすいです。よって、1は誤りです。

2～4は、設問の通りであり、正しい記述です。

「7-5 基礎・建築構造」参照

■問8　　　　　　　　　　　　　　　　　　　　【解答　1】

1は、設問の通りであり、正しい記述です。

夏場日差しによる表面温度の上昇、冬場の気温低下による表面温度の低下などを繰り返すことにより、素地自体が変形、ゆがみなどを起こし、割れや漏水（雨漏れ）などが発生する場合があります。よって、2は誤りです。

コンクリート打ち放しの外壁では、コンクリート自体の塩害・中性化・凍害・

7

賃貸住宅の維持管理

演習問題

「鉄筋発錆に伴う爆裂」なども点検する必要があります。よって、3は誤りです。

　タイル張りの外壁では、原則竣工後10年ごとに全面打診または赤外線により調査する必要があります。接着剤張りの工法でも調査は必要です。よって、「接着剤張り工法以外は」としている4は、誤りです。

「7-6 屋根・外壁」参照

■問9 【解答　4】

　ア～ウはすべて、設問の通りであり、正しい記述です。

「7-6 屋根・外壁」参照

■問10 【解答　3】

　1、2、4は、設問の通りであり、正しい記述です。

　襖、障子その他随時開放することができるもので仕切られた2室は、居室の採光および換気に関し、1室とみなされます。よって、3は誤りです。

「7-7 建築基準法等による規制」参照

■問11 【解答　1】

　新築時だけでなく、入居者入替え時の内部造作工事も、内装制限の対象となります。よって、1は誤りです。

　2～4は、設問の通りであり、正しい記述です。

「7-7 建築基準法等による規制」参照

■問12 【解答　3】

　1、2、4は、設問の通りであり、正しい記述です。

　居室を有する建築物は、その居室内において政令で定める化学物質の発散による衛生上の支障がないよう、「建築材料」および「換気設備」について政令で定める技術基準に適合するものとしなければなりません。しかし、「気密層・通気止めによる措置」は必要とはされていません。よって、3は誤りです。

「7-7 建築基準法等による規制」、「7-10 換気設備」参照

■問13　【解答　1】

ア～ウはすべて、設問の通りであり、正しい記述です。

「7-7 建築基準法等による規制」参照

■問14　【解答　3】

1、2、4は、設問の通りであり、正しい記述です。

受水槽の天井、底または周壁は、建物の躯体と兼用してはなりません。よって、3は誤りです。　　　　　　　　　　　　「7-8 給水設備・給湯設備」参照

■問15　【解答　2】

ア、ウは、設問の通りであり、正しい記述です。

1系統の排水管に対し、2つ以上の排水トラップを直列に設置することは、排水の流れが悪くなるため禁止されています。よって、イは誤りです。

「7-9 排水設備・通気設備・浄化槽設備」参照

■問16　【解答　3】

1、2、4は、設問の通りであり、正しい記述です。

「排気」のみ機械換気とする方式は、室内が負圧になるため、他の部屋へ汚染空気が入りません。よって、3は誤りです。

「7-10 換気設備」参照

■問17　【解答　2】

1、3、4は、設問の通りであり、正しい記述です。

「単相2線式」は、電圧線と中性線の2本の線を利用する方式であるため、100ボルトしか使用することができません。よって、2は誤りです。

「7-11 電気設備・ガス設備」参照

7

賃貸住宅の維持管理

演習問題

■問18　　　　　　　　　　　　　　　　　　　　　　【解答　2】

　1、3、4は、設問の通りであり、正しい記述です。

　住戸の玄関扉には、破壊およびピッキングが困難な構造を有する錠等を設置する必要があります。よって、2は誤りです。

「7-16 防犯・防災」参照

解答	問1：4	問2：1	問3：1	問4：1
	問5：3	問6：3	問7：1	問8：1
	問9：4	問10：3	問11：1	問12：3
	問13：1	問14：3	問15：2	問16：3
	問17：2	問18：2		

第**8**章

管理実務の実施

8-1 借主の募集、入居審査

借主の募集では、広告を出す前に、権利関係や建物・設備等の調査を行います。
委託を受けて募集をする際は、宅地建物取引業法がかかわってきます。
ここでは、事前調査から入居審査までを学びます。

1 事前調査　　　　　重要度 ★★

(1) 権利関係等の調査

次の事項を登記記録によって確認する必要があります。

① 建物の構造

② 建築年月日

③ 所有者の住所・氏名

④ 差押えや買戻し等の登記がないか

⑤ 物件に抵当権などの担保権や、地上権などの用役権が設定されていないか

登記記録は、その物件の所在地を管轄する地方法務局で、登記事項証明書や
登記事項要約書を取得して確認することができるほか、インターネットを通じ
て確認することもできます。

(2) 附帯設備の調査

エアコンなどの附帯設備の有無を確認し、附帯設備については故障の有無な
ど、事前にその状態を確認する必要があります。前の借主が設置した設備を附
帯設備として新しい借主に貸す場合でも、この調査は必要です。

(3) その他の調査

貸主および近隣居住者等からヒアリングしたり、現地に赴いたりして、間取り、
方位、取壊し予定の有無、隣地の状況（建築予定はないか）などを確認します。

なお、分譲マンション（区分所有建物）の賃貸の場合、そのマンションに管
理規約があれば、借主（居住者）も、その管理規約を守らなければなりません。
そのため、借主が遵守しなければならない事項について確認し、借主に管理規
約の内容を伝えておく必要があります。

② 宅地建物取引業法の適用の有無　　重要度 ★★★

　賃貸住宅の賃貸借契約の媒介を業として行う場合には、宅地建物取引業法の適用があります。媒介業務には、募集業務も含まれます。

　宅地建物取引業法の適用がある場合には、宅地建物取引業の免許が必要になったり、宅地建物取引業法の規制を受けたりします。例えば、管理業者が貸主から委託を受けて「募集業務」を行う場合には、宅地建物取引業法は適用され、宅地建物取引業の免許が必要です。

(1) 貸主が自ら行う場合

　貸主が自ら行う場合には、借主が入居するまでの募集業務にも、借主入居後の業務にも宅地建物取引業法は適用されません。

(2) 管理業者が貸主の委託を受けて行う場合

　管理業者が貸主から募集業務を受託して借主の募集（広告など）を行う場合には、宅地建物取引業法が適用されます。そのため、例えば、借主の募集業務を受託した管理業者が募集広告を作成する場合には、宅地建物取引業法が適用されるため、宅地建物取引業法の定める「誇大広告等の禁止」の規定に違反してはなりません。

　管理業者が受託する借主入居後の業務（例えば、毎月の賃料の徴収、物件の修繕などの業務）については、宅地建物取引業法は適用されません。

▼宅地建物取引業法の適用の有無

	募集業務	借主入居後の業務
貸主が自ら行う場合	適用なし	適用なし
管理業者が貸主の委託を受けて行う場合	適用あり	適用なし（※）

※もっとも、定期建物賃貸借契約の借主が契約期間終了後も引き続き居住を希望する場合、再契約が必要になり、再契約は新たに賃貸借契約を締結するものであるため、その手続き（再契約を媒介する業務）には宅地建物取引業法の適用があります。

③ 募集広告　　重要度 ★★★

(1) 募集の方法

　借主の多くは、不動産業者経由またはインターネット経由で物件情報の収集を行っているため、インターネットも募集媒体として重要視するべきです。

8

管理実務の実施

(2) 募集広告の規制

　宅地建物取引業法では、「誇大広告等の禁止」の規定があるほか、募集にあたり、次の行為を禁止しています。

> ●**宅地建物取引業法における禁止事項**
> ① 重要な事項について、故意に事実を告げずまたは不実（本当でないこと）を告げること
> ② 契約の申込みのためまたは借受希望者が一度した申込みの撤回もしくはその解除を妨げるため、借受希望者を脅迫すること
> ③ 将来の環境または交通その他の利便について、借受希望者が誤解するような断定的判断を提供すること

　宅地建物取引業法の規定に違反した場合、指示処分や業務停止処分の対象になるほか、業務取消処分の対象になることもあります。また、罰則の対象になることもあります。

　そのほか、宅地建物取引業者が、不当景品類及び不当表示防止法に基づく公正取引協議会の構成団体に所属する場合、同法に基づき作成された「不動産の表示に関する公正競争規約」に従い、募集広告を作成しなければなりません。

④ 入居審査　　　　　　　　　　　　　　　重要度 ★★★

(1) 確認事項

　入居審査では、例えば、次の事項を確認します。

① 氏名、住居、勤務先等

　実際に申込みを行っている人物が、入居申込書等の書類上の申込者と同一であるかどうかの確認も重要です。

② 申込物件に見合った家族構成や年収等かどうか

③ 借主である本人、または借主である法人の関係者が、反社会的勢力でないかどうか

　なお、病歴の申告を求めたり、子どもをつくる予定の有無を確認したりすることは、不適切な行為です。

(2) 確認の方法

　借主が法人の場合、会社案内・商業登記記録（登記事項証明）で確認します。

　申込者が外国人の場合、パスポートや就労資格証明書、資格外活動許可証のほか、住民票を身元確認書類として利用することができます。

　申込者が高齢の場合、「高齢者の居住の安定確保に関する法律」の精神にかんがみ、理由なく申込みを拒んではなりません。

(3) 入居者決定

　入居審査は、時間をかけすぎると、借受希望者がほかの物件を賃借してしまうこともあり得るため、迅速性が求められます。

　管理受託方式では、借受希望者がその物件に入居するのがふさわしいかどうかや、入居条件が妥当かどうかを「貸主」が最終的に判断します。サブリース方式では、入居者を最終的に決定するのは、貸主(転貸人)である「特定転貸事業者」です。

　借受希望者に対する入居可否の通知は、書面で行うことが望ましいといえます。もし入居を断る場合には、個人情報保護の観点から、入居申込書等の書類を返却します。

8

管理実務の実施

練習問題(○×問題)

① 貸主が自ら行う場合、借主が入居するまでの募集業務については、宅地建物取引業法が適用される。

② 管理業者が貸主から募集業務を受託して募集広告を行う場合、宅地建物取引業法は適用されない。

解答

① × 貸主が自ら行う場合には、借主が入居するまでの募集業務にも、宅地建物取引業法は適用されません。

② × 管理業者が貸主から募集業務を受託して募集広告を行う場合、宅地建物取引業法は適用されます。

■ポイント

・貸主が自ら行う場合には、借主が入居するまでの募集業務にも、借主入居後の業務にも宅地建物取引業法は適用されない。

・貸主から募集業務を受託して募集広告を行う場合、宅地建物取引業法で定める広告規制に関する規定に違反してはならない。

広告規制

宅地建物取引業者が募集広告を行う場合、不動産の表示に関する公正競争規約に従う必要があります。ここでは、不動産の表示に関する公正競争規約に従った不動産の表示方法やおとり広告について学びます。

1 不動産の表示に関する公正競争規約　　　　重要度 ★★★

不動産の表示に関する公正競争規約における表示方法は以下の通りです。

▼建物の表示

新築	建築後1年未満であって、居住の用に供されたことがないもの
新築住宅	建物の構造および設備ともに独立した新築の一棟の住宅
中古住宅	建築後1年以上経過し、または居住の用に供されたことがある一戸建て住宅であって、売買するもの
マンション	鉄筋コンクリート造りその他堅固な建物であって、一棟の建物が、共用部分を除き、構造上、数個の部分（以下「住戸」という。）に区画され、各部分がそれぞれ独立して居住の用に供されるもの
中古マンション	建築後1年以上経過し、または居住の用に供されたことがあるマンションであって、住戸ごとに、売買するもの
新築賃貸マンション	新築のマンションであって、住戸ごとに、賃貸するもの
中古賃貸マンション	建築後1年以上経過し、または居住の用に供されたことがあるマンションであって、住戸ごとに、賃貸するもの
貸家	一戸建て住宅であって、賃貸するもの
新築賃貸アパート	マンション以外の新築の建物の一部であって、住戸ごとに、賃貸するもの
中古賃貸アパート	マンション以外の建物であり、建築後1年以上経過し、または居住の用に供されたことがある建物の一部であって、居住の用に供するために賃貸するもの

▼部屋の用途の表示

ダイニング・キッチン (DK)	台所と食堂の機能が1室に併存している部屋をいい、住宅(マンションにあっては、住戸。次号において同じ。)の居室(寝室)数に応じ、その用途に従って使用するために必要な広さ、形状および機能を有するもの
リビング・ダイニング・キッチン (LDK)	居間と台所と食堂の機能が1室に併存する部屋をいい、住宅の居室(寝室)数に応じ、その用途に従って使用するために必要な広さ、形状および機能を有するもの

▼各種施設までの距離または所要時間

道路距離または所要時間を表示する場合	起点および着点を明示して表示すること(他の規定により当該表示を省略することができることとされている場合を除く。)
団地(一団の宅地または建物をいう。以下同じ。)と駅その他の施設との間の道路距離または所要時間	取引する区画のうち、それぞれの施設ごとにその施設から最も近い区画(マンションおよびアパートにあっては、その施設から最も近い建物の出入口)を起点として算出した数値とともに、その施設から最も遠い区画(マンションおよびアパートにあっては、その施設から最も遠い建物の出入口)を起点として算出した数値も表示すること
徒歩による所要時間	道路距離80mにつき1分間を要するものとして算出した数値を表示すること。この場合において、1分未満の端数が生じたときは、1分として算出すること
自転車による所要時間	道路距離を明示して、走行に通常要する時間を表示すること

▼面積

面積	メートル法により表示すること。この場合において1㎡未満の数値は、切り捨てて表示することができる
建物の面積(マンションにあっては、専有面積)	延べ面積を表示し、これに車庫、地下室等(地下居室を除く。)の面積を含むときは、その旨およびその面積を表示すること
住宅の居室等の広さを畳数で表示する場合	畳1枚当たりの広さは1.62㎡(各室の壁心面積を畳数で除した数値)以上の広さがあるという意味で用いること

8

管理実務の実施

② おとり広告　　　　重要度 ★★★

　おとり広告は、宅地建物取引業法や不動産の表示に関する公正競争規約に反する行為です。事業者が、次の広告表示をすることは禁止されています。

① 物件が存在しないため、実際には取引することができない物件に関する表示

② 物件は存在するが、実際には取引の対象となり得ない物件に関する表示

③ 物件は存在するが、実際には取引する意思がない物件に関する表示

●おとり広告・虚偽広告の具体例

① 実際には取引する意思のない物件を、顧客を集めるために、合理的な根拠なく「相場より安い賃料・価格」等の好条件で広告して顧客を誘引（来店等を促す行為）した上で、他者による成約や事実ではないこと（例えば、生活音がうるさい、突然の水漏れが生じた、治安が悪い等）を理由に、他の物件を紹介・案内することは「おとり広告」に該当します。

② 成約済みの物件を速やかに広告から削除せずに当該物件のインターネット広告等を掲載することや、広告掲載当初から取引の対象となり得ない成約済みの物件を継続して掲載する場合も、故意・過失を問わず「おとり広告」に該当します。

③ 他の物件情報等をもとに、対象物件の賃料や価格、面積または間取りを改ざんすること等、実際には存在しない物件を広告することは「虚偽広告」に該当します。

練習問題（○×問題）

① 「中古賃貸マンション」とは、建築後1年以上経過し、または居住の用に供されたことがあるマンションであって、住戸ごとに、賃貸するものをいう。

② 自転車による所要時間は、道路距離250mにつき1分間を要するものとして算出した数値を表示する。

③ インターネット広告の場合、不注意により契約済み物件を削除せず広告の更新予定日後も掲載し続けることは、「おとり広告」に該当しない。

解答

① ○ 設問の通りです。

② × 自転車による所要時間は、道路距離を明示して、走行に通常要する時間を表示します。

③ × 成約済みの物件を速やかに広告から削除せずに当該物件のインターネット広告等を掲載することは、故意・過失を問わず「おとり広告」に該当します。

■ポイント

・「新築」とは、建築後1年未満であって、居住の用に供されたことがないものをいう。

・実際には取引の対象となり得ない実在する物件を広告することや、実際には取引する意思がない実在する物件を広告することは、「おとり広告」に該当する。

・実際には存在しない物件を広告することは、「虚偽広告」に該当する。

8

管理実務の実施

媒介報酬、報酬以外の費用

宅地建物取引業者が、依頼者から受け取ることができる媒介報酬（いわゆる仲介手数料）には上限があります。
ここでは、報酬の上限のほか、報酬以外の広告費等の制限について学びます。

❶ 媒介報酬　　　　　　　　　　　　　　　　　　重要度 ★★

　貸主（所有者）から借主の募集の委託を受けて、宅地建物取引業者が、借主（入居者）をみつけて、貸主と借主との間で賃貸借契約が成立した場合、その宅地建物取引業者は、報酬を受けとることができます。

　この媒介報酬の額について、宅地建物取引業法上、制限があります。

　月額賃料を基礎に報酬の限度額を算出し、1ヵ月分の賃料の1.1倍が限度となります。つまり、月額賃料に消費税10%を加えた額が上限です。

　居住用建物の場合は、依頼者の承諾を受けている場合を除き、貸主と借主のそれぞれから、1ヵ月分の賃料の0.55倍が限度となります。つまり、月額賃料の2分の1に消費税10%を加えた額が上限です。

　例えば、宅地建物取引業者が、貸主と借主の双方から依頼を受けて、居住用建物について賃料月額20万円の賃貸借契約を成立させた場合、その宅地建物取引業者は貸主から10万円（＋10%）、借主から10万円（＋10%）を限度として受領できます。もっとも、借主の承諾があれば、借主から20万円（＋10%）を受け取ることができます。

▼媒介報酬の上限（居住用建物の場合）

　貸主と借主の双方から受領する「合計額」や、複数の宅地建物取引業者が関与した場合の「合計額」も、月額賃料の1.1倍が限度です。例えば、借主の承諾を得て、借主から賃料の1.1ヵ月分の仲介手数料を受領した場合、貸主からは報酬を受け取ることはできません。

　複数の宅地建物取引業者が関与する場合、報酬の上限額を当該複数の業者が分配して受領することになります。

2 報酬以外の費用 　　　　　重要度 ★★

　借主の募集において、原則として、報酬以外の広告費等の費用を請求することはできません。通常の広告費等は、報酬に含まれているといえるからです。

　ただし、依頼者の特別の依頼によって行う広告の費用等については、報酬とは別に受領することができます。報酬とは別に受領することのできる広告料とは、報酬の範囲内で賄うことが相当でない多額の費用を要する特別の広告の料金です。

8

管理実務の実施

練習問題（○×問題）

① 居住用建物の賃貸借の媒介において、借主および貸主双方の承諾がある場合は、それぞれから報酬として賃料の1か月分と消費税を受け取ることができる。

② 複数の宅地建物取引業者が入居者募集業務に関与する場合、宅地建物取引業法が定める報酬額の上限額を当該複数の業者が分配して受領することができる。

解答

① × 「それぞれから」報酬として賃料1か月分と消費税を受け取ることは、その合計額が賃料2か月分（＋消費税）となるため、認められません。

② ○ 設問の通りです。

■ポイント

・居住用建物の場合の報酬額は、貸主と借主のそれぞれから、月額賃料の0.55倍が限度である。依頼者の承諾があれば1.1倍まで請求できる。

・原則として、報酬以外の費用を請求することはできない。

宅地建物取引業法に基づく重要事項説明

建物賃貸借の媒介を行う宅地建物取引業者は、借主に、契約締結のための判断材料を提供するため、宅地建物取引業法に基づき重要事項を説明しなければなりません。ここでは、借主に対する説明について学びます。

1 重要事項の説明　　　　　　　　　　　　　　　　重要度 ★★★

(1) 重要事項の説明

　宅地建物取引業者は、借主になろうとしている者に対して、賃貸借契約が成立するまでの間に、重要事項説明書を交付して、宅地建物取引士をして、重要事項を説明させなければなりません。契約するかしないかの判断材料を提供することが、重要事項説明の目的ですから、契約成立前の説明が必要です。

▼重要事項の説明と宅地建物取引士

宅地建物取引士証

重要事項説明書

宅地建物取引士　　　　　　　　　　　　　　　　　　　　　　借主

宅地建物取引士

▼宅地建物取引業法に基づく重要事項説明

説明義務者	宅地建物取引業者
説明担当者	宅地建物取引士 ※説明する際は、宅地建物取引士証の提示が必要である。
説明の相手方	借主になろうとしている者
説明時期	賃貸借契約の成立前
説明の方法	書面を交付して説明する。 ※相手方の承諾を得ることで、重要事項説明書を電磁的方法で提供することができる。

(2) ITを活用した重要事項説明

　テレビ会議等のITを活用する場合、次の①〜④のすべての事項を満たしているときに限り、対面による説明と同様に取り扱うことができます。

　なお、宅地建物取引士は、ITを活用した重要事項の説明を開始した後、映像を視認できないまたは音声を聞き取ることができない状況が生じた場合には、直ちに説明を中断し、当該状況が解消された後に説明を再開するものとします。

●ITを活用した重要事項説明の要件
① 宅地建物取引士および重要事項の説明を受けようとする者が、図面等の書類および説明の内容について十分に理解できる程度に映像を視認でき、かつ、双方が発する音声を十分に聞き取ることができるとともに、双方向でやりとりできる環境において実施していること。
② 宅地建物取引士により記名された重要事項説明書および添付書類を、重要事項の説明を受けようとする者にあらかじめ交付（電磁的方法による提供を含む。）していること。
③ 重要事項の説明を受けようとする者が、重要事項説明書および添付書類を確認しながら説明を受けることができる状態にあること並びに映像および音声の状況について、宅地建物取引士が重要事項の説明を開始する前に確認していること。
④ 宅地建物取引士が、宅地建物取引士証を提示し、重要事項の説明を受けようとする者が、当該宅地建物取引士証を画面上で視認できたことを確認していること。

8

管理実務の実施

練習問題（○×問題）
① 宅地建物取引業法に基づき、賃貸取引に係るITを活用した重要事項説明を実施する場合、宅地建物取引士により記名された重要事項説明書及び添付書類を、重要事項の説明を受けようとする者にあらかじめ交付（電磁的方法による提供を含む。）していることが必要である。
解答
① ○　設問の通りです。

■ポイント
・宅地建物取引業法に基づく重要事項の説明は、賃貸借契約の成立前に、書面を交付して、宅地建物取引士が宅地建物取引士証を提示して行う。

8-5 鍵の管理

「鍵（キー）」とは、利用者が解錠に利用するために携帯する物をいい、「錠（シリンダー）」とは、扉に固定されている部分をいいます。
ここでは、鍵の種類や鍵の交換について学びます。

1 鍵の管理 重要度 ★

　一般的には、鍵の保管台帳や鍵受領証などを作成して管理業者にて鍵を保管・管理しますが、管理業者が保管せずに万一のときには専門の解錠業者に解錠させるという方法もあります。

　貸主からの依頼または承諾を受けて管理業者が各部屋の鍵を一括管理する場合、借主に対し、その目的を説明することが必要です。

　入居希望者に鍵の暗証番号を伝え、管理業者が立会うことなく室内を内見させることは、慎むべきです。また、賃貸物件に鍵保管用キーボックスを設けることもありますが、その場合には、適宜その暗証番号の変更や更新が必要です。

2 鍵の種類 重要度 ★★

　錠の種類には次のようなものがあります。

① ディスクシリンダー

　以前は広く普及していましたが、ピッキング被害が増加したため、現在は製造が中止されています。

② ロータリー（U9）シリンダー鍵

　ピッキング対応シリンダーで、現在、もっとも普及しています。

③ ピンシリンダー

④ ディンプルキー対応シリンダー（リバーシブルピンシリンダー）

⑤ カードキー対応シリンダー

⑥ 暗証番号設定式シリンダー

3 鍵の交換 重要度 ★★★

(1) 鍵の交換の必要性

　前の借主が退去した後、鍵を交換しないまま新しい借主に物件を引き渡すと、

354

盗難等のトラブルの原因となることがあります。貸主が鍵を交換していなかった場合において、前の借主が鍵を使用してその貸室に侵入して盗難や傷害などの事件が発生したときは、貸主が新しい借主に損害賠償責任を問われる可能性があります。そのため、入居者が変わるたびに鍵の交換をする必要があります。

(2) 鍵交換の費用負担

　貸主は借主に住宅を安全に使用させる責任を負っているため、鍵交換の費用は原則として貸主が負担すべきです。もっとも、借主が鍵を紛失または破損して鍵交換を行う場合や、借主からの特別な依頼に基づく場合には、借主に負担を求めることができます。

▼鍵交換の費用負担

原則	貸主
借主が鍵を紛失または破損した場合 借主からの特別な依頼による場合	借主

(3) 鍵交換の時期

　鍵交換は、退去後のリフォームが終了し、新たに入居する借主が決定した後に行うことが望ましい時期です。

8

管理実務の実施

練習問題(○×問題)

① ロータリー (U9) シリンダー鍵は、ピッキング対応シリンダーで、現在、もっとも普及している。
② 借主が鍵を紛失した場合は、借主が鍵の交換費用を負担すべきである。

解答 ･･･

① ○ ロータリー (U9) シリンダー鍵は、現在、もっとも普及しており、ピッキングに対応しています。
② ○ 借主が鍵を紛失した場合は、借主が鍵の交換費用を負担すべきです。

■ポイント

・ 空室が犯罪に利用されるケースもあるため、適切な鍵の管理が必要である。
・ 鍵の交換費用は、原則として貸主が負担すべきである。

8-6 原状回復をめぐる トラブルとガイドライン

借主は退去時に原状回復義務を負います。どのような場合に、どの範囲で負担を負うのかについて、「原状回復をめぐるトラブルとガイドライン」（以下、「ガイドライン」という。）をみていきます。

1 ガイドラインの概要　　重要度 ★★★

(1) ガイドラインの性質

ガイドラインは、賃貸借契約締結時の参考となるものであって、法的拘束力はありません。そのため、原状回復の取扱いについて、ガイドラインと異なる内容の特約を定めることも可能であり、ガイドラインと異なる内容の特約が当然に無効となるわけではありません。

(2) 特約について

経年変化や通常損耗（次のページ「損耗等の区分」の①－Aや①－B）に対する修繕義務は、本来、貸主の負担です。しかし、賃貸借契約は、契約自由の原則により、貸主と借主の合意に基づいて行われるものであり、特約によって、これらの修繕等の義務を借主に負わせることも可能です。ただし、ガイドラインでは、経年変化や通常損耗に対する修繕義務等を借主に負担させる特約は、借主に法律上、社会通念上の義務とは別個の新たな義務を課すことになるため、次の要件を満たしている必要があるとしています。

> ●借主に特別の負担を課す特約の要件
> ① 特約の必要性があり、かつ、暴利的でないなどの客観的、合理的理由が存在すること
> ② 借主が特約によって通常の原状回復義務を超えた修繕等の義務を負うことについて認識していること
> ③ 借主が特約による義務負担の意思表示をしていること

(3) 特約に関する判例等

　ガイドラインでは、「建物の借主にその賃貸借において生ずる通常損耗及び経年変化についての原状回復義務を負わせるのは、借主に予期しない特別の負担を課すことになるから、借主に同義務が認められるためには、少なくとも、借主が補修費用を負担することになる通常損耗および経年変化の範囲が賃貸借契約書の条項自体に具体的に明記されているか、仮に賃貸借契約書では明らかでない場合には、貸主が口頭により説明し、借主がその旨を明確に認識し、それを合意の内容としたものと認められるなど、その旨の通常損耗補修特約が明確に合意されていることが必要であると解するのが相当である」との判断を示した最高裁判例が紹介されています。

　また、ガイドラインでは、消費者契約法第9条および同法第10条を紹介していますので、再度確認しておきましょう（→P374・375）。

(4) トラブルの予防

　原状回復の問題は、単に契約終了時だけでなく、賃貸借契約当初（契約締結時・入居時）の問題としてとらえる必要があります。

　入居時および退去時に、部位ごとの損耗等の状況や原状回復の内容について、当事者立会いのうえ十分に確認し、チェックリストを作成することが必要です。

　また、貸主・借主の修繕分担、借主の負担範囲などの原状回復条件を契約書に添付し、貸主と借主の双方が原状回復条件についてあらかじめ合意しておくことが重要です。

2 原状回復の基本的な考え方　　重要度 ★★★

(1) 損耗等の区分

　ガイドラインでは、建物の損耗等を建物価値の減少と位置づけ、負担割合等のあり方を検討するにあたり、損耗等を次の三つに区分しています。

●損耗等の区分
①－A 建物・設備等の自然的な劣化・損耗等（経年変化）
①－B 借主の通常の使用により生ずる損耗等（通常損耗）
② 借主の故意・過失、善管注意義務違反、その他通常の使用を超えるような使用による損耗等

(2) 原状回復

原状回復は、借主が借りた当時の状態に戻すものではありません。

ガイドラインでは、原状回復を次のように定義しています。

> ●原状回復とは
>
> 　借主の居住、使用により発生した建物価値の減少のうち、借主の故意・過失、善管注意義務違反、その他通常の使用を超えるような使用による損耗・毀損（以下「損耗等」という。）を復旧すること

そのため、「損耗等の区分」における②の借主の故意・過失、善管注意義務違反、その他通常の使用を超えるような使用による損耗等については、借主が負担すべきです。一方、例えば、「次の入居者を確保する目的で行う」設備の交換、化粧直しなどのリフォームについては、①－A、①－Bの経年変化および通常使用による損耗等の修繕であり、貸主が負担すべきです。

なお、震災等の不可抗力による損耗、上階の居住者など借主と無関係な第三者がもたらした損耗等については、借主が負担すべきでないことは当然です。これらについては、賃貸物件の修繕義務を負う貸主が負担すべきです。

下記の図は、時間経過や借主の過失等による建物価値の減少について、貸主の負担と借主の負担を示したものです。判例では、経年変化および通常損耗による修繕費等は「賃料に含まれる部分」であり、貸主の負担とされています。

▼判例、標準契約書等の考え方

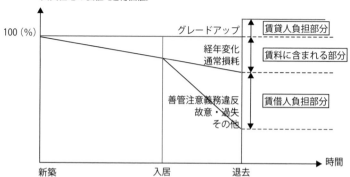

※グレードアップ：退去時に古くなった設備等を最新のものに取り替える等の建物の価値を増大させるような修繕等

(3) 事例区分で見る負担分担

貸主と借主の負担分担を事例区分でみると、下記の表のようになります。

▼事例区分

A	借主が通常の住まい方、使い方をしていても発生すると考えられるもの	貸主の負担
A（＋G）	Aに該当するものの、建物価値を増大させる要素が含まれているもの	貸主の負担
B	借主の住まい方、使い方次第で発生したりしなかったりすると考えられるもの（明らかに通常の使用等による結果とはいえないもの）	借主の負担
A（＋B）	基本的にはAであるが、その後の手入れ等借主の管理が悪く、損耗等が発生または拡大したと考えられるもの	借主の負担

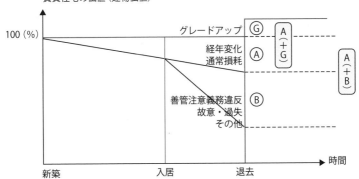

これら区分は一般的な事例を想定したものであり、Aに区分されるようなものであっても、損耗の程度等により実体上Bまたはそれに近いものとして判断され、借主に原状回復義務が発生すると思われるものもあります。そのため、こうした損耗の程度を考慮し、借主の負担割合等についてより詳細に決定することも可能と考えられます。

(4) 部位別でみる負担分担

ガイドラインでは、部位別に、負担分担についての考え方を記載しています。次ページの表は、部位別の負担分担についてまとめたものです。

▼貸主・借主の修繕分担表

貸主の負担となるもの	借主の負担となるもの
【床（畳・フローリング・カーペットなど）】	
1.畳の裏返し、表替え（特に破損していないが、次の入居者確保のために行うもの） 2.フローリングのワックスがけ 3.家具の設置による床、カーペットのへこみ、設置跡 4.畳の変色、フローリングの色落ち（日照、建物構造欠陥による雨漏りなどで発生したもの）	1.カーペットに飲み物等をこぼしたことによるシミ、カビ（こぼした後の手入れ不足等の場合） 2.冷蔵庫下のサビ跡（サビを放置し、床に汚損等の損害を与えた場合） 3.引越作業等で生じた引っかきキズ 4.フローリングの色落ち（借主の不注意で雨が吹き込んだことなどによるもの）
【壁、天井（クロスなど）】	
1.テレビ、冷蔵庫等の後部壁面の黒ずみ（いわゆる電気ヤケ） 2.壁に貼ったポスターや絵画の跡 3.壁等の画鋲、ピン等の穴（下地ボードの張替えは不要な程度のもの） 4.エアコン（借主所有）設置による壁のビス穴、跡 5.クロスの変色（日照などの自然現象によるもの）	1.借主が日常の清掃を怠ったための台所の油汚れ（使用後の手入れが悪く、ススや油が付着している場合） 2.借主が結露を放置したことで拡大したカビ、シミ（貸主に通知もせず、かつ、拭き取るなどの手入れを怠り、壁等を腐食させた場合） 3.クーラーから水漏れし、借主が放置したため壁が腐食 4.タバコ等のヤニ・臭い（喫煙等によりクロス等が変色したり、臭いが付着している場合） 5.壁等のくぎ穴、ネジ穴（重量物をかけるためにあけたもので、下地ボードの張替えが必要な程度のもの） 6.借主が天井に直接つけた照明器具の跡 7.落書き等の故意による毀損
【建具等、襖、柱等】	
1.網戸の張替え（破損はしていないが、次の入居者確保のために行うもの） 2.地震で破損したガラス 3.網入りガラスの亀裂（構造により自然に発生したもの）	1.飼育ペットによる柱等のキズ・臭い（ペットによる柱、クロス等にキズが付いたり、臭いが付着している場合） 2.落書き等の故意による毀損
【設備、その他】	
1.専門業者による全体のハウスクリーニング（借主が通常の清掃を実施している場合） 2.エアコンの内部洗浄（喫煙等の臭いなどが付着していない場合） 3.消毒（台所・トイレ） 4.浴槽、風呂釜等の取替え（破損等はしていないが、次の入居者確保のために行うもの） 5.鍵の取替え（破損、鍵紛失のない場合） 6.設備機器の故障、使用不能（機器の寿命によるもの）	1.ガスコンロ置き場、換気扇等の油汚れ、すす（借主が清掃・手入れを怠った結果汚損が生じた場合） 2.風呂、トイレ、洗面台の水垢、カビ等（借主が清掃・手入れを怠った結果汚損が生じた場合） 3.日常の不適切な手入れもしくは用法違反による設備の毀損 4.鍵の紛失または破損による取替え 5.戸建賃貸住宅の庭に生い茂った雑草

※ガイドライン別表3より作成

③ 借主の負担割合（経過年数の考え方）　重要度 ★★★

(1) 経過年数（入居年数）の考慮

　事例区分 BやA（＋B）の場合には、借主に原状回復義務が発生し、借主が負担することになりますが、借主にその費用全部を負担させることが公平性を欠く結果になることもあります。

　借主の負担については、原則として建物・設備等の経過年数を考慮し、同じ損耗等であっても、経過年数に応じて負担を軽減することが妥当です。そこで、ガイドラインでは、借主の故意・過失等による損耗でも、経過した年数が多ければ、負担割合を減少させることとしています。

　ガイドラインでは、経過年数による減価割合については、減価償却資産の耐用年数を参考にしています。平成19年の税制改正によって残存価値が廃止され、耐用年数経過時に残存簿価1円まで償却できるようになったため、例えば、カーペットの場合、償却年数は、6年で残存価値1円となるような直線（または曲線）を描いて経過年数により借主の負担を決定します。そのため、年数が経つほど借主の負担割合は減少することとなるわけです（下記のグラフ：「設備等の経過年数と借主負担割合」参照）。

▼設備等の経過年数と借主負担割合（耐用年数6年および8年・定額法の場合）

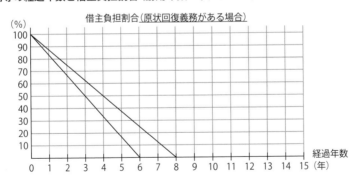

※借主が費用を負担すべき場合で、かつ、経過年数を考慮すべき場合には、このグラフに従い、借主は費用を負担することになります。

　もっとも、経過年数を超えた設備等を含む賃借物件でも、借主は賃貸物件の保管義務（善管注意義務）を負っています。そのため、経過年数を超えた設備等でも、継続して賃貸住宅の設備等として使用可能な場合があり、このような

場合に借主が故意・過失により設備等を破損し、使用不能としてしまった場合には、借主の負担で、賃貸住宅の設備等として本来機能していた状態まで戻すべきときがあります。

　例えば、クロスが耐用年数を超えている場合でも、借主がクロスに故意に落書きを行ったときは、これを消すための費用（工事費や人件費等）については、借主の負担となることがあります。

(2) 新築等から数年が経過している場合

　新築や設備の交換等から数年が経過している場合は、グラフの線を左方にシフトさせて、始点を決定します。

▼入居時の状態と借主負担割合（耐用年数6年・定額法の場合）

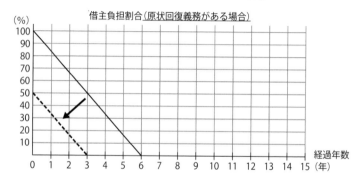

※ 入居時の設備等の状態により、左方にシフトさせる。新築や交換、張替えの直後であれば、始点（入居年数、割合）＝（0年、100％）
※ 入居時点の状態で、グラフの出発点をどこにするかは、契約当事者が確認のうえ、予め協議して決定することが適当である。

　例えば、新築から3年経過時点で入居し、入居時のクロス（耐用年数6年）の価値を50％と決めた場合、グラフの始点を50％のところまでシフトさせます。この場合、入居から3年で残存価値1円となります。もし、退去した際に借主が補修費用を負担すべき損耗等があり、その張替え費用が6万円であるとき、その負担金額の算定方法は次の通りです。

入居時のクロスの価値	→	6万円	×	50％	＝3万円
		（補修費用）		（入居時の残存価値割合）	

▼入居1年後に退去した場合

$$3万円 \times \frac{2}{3} = \underline{2万円}$$

（入居時のクロスの価値） ×（退去時からの残年数／入居時からの残年数）

> **考え方**　退去時点において、あと2年使えたはずなのに借主がダメにした。だから、その2年分を借主に負担してもらおう。

(3) 経過年数（入居年数）を考慮しないもの

　ガイドラインでは、すべての設備等につき、経過年数を考慮しているわけではありません。

　建物本体と同様に長期間の使用に耐えられる部位であって、部分補修が可能なものは、経過年数を考慮することにはなじみません。例えば、借主の過失によりフローリングを毀損した場合、フローリングの部分補修については、経過年数を考慮せず、借主の負担となります。

　また、消耗品としての性格が強く、毀損の軽重にかかわらず価値の減少が大きいものは、減価償却資産の考え方を取り入れることにはなじまないことから、経過年数を考慮することにはなじみません。例えば、借主の過失により、襖紙や障子紙、畳表を毀損した場合、経過年数を考慮せず、借主の負担となります。

▼経過年数の考慮の有無

原則	経過年数を考慮して、年数が多いほど借主の負担軽減
例外（長期使用に耐えられるものや消耗品としての性格が強いもの）	経過年数を考慮しない

4　借主の負担対象範囲　　　重要度　★★★

(1) 基本的な考え方

　ガイドラインでは、原状回復は、毀損部分の復旧であることから、可能な限り毀損部分に限定し、毀損部分の補修工事が可能な最低限度を施工単位とすることを基本とするとしています。いわゆる模様あわせ、色あわせについては、借主の負担とはしません。

(2) 毀損部分と補修箇所にギャップがある場合

　毀損部分と補修工事施工箇所にギャップがあるケースがあります。例えば、壁等のクロスの場合、毀損箇所が一部であっても他の面との色や模様あわせを実施しないと商品価値を維持できない場合があることから、毀損部分だけでなく部屋全体の張替えを行うこともあります。この場合に、部屋全体の張替え費用を借主に負担させることは妥当ではありません。一方で、毀損部分のみの張替えでは、十分に原状回復義務を果たしたといえないとも考えられます。

　そこで、ガイドラインでは、クロスの張替えの場合、毀損箇所の張替え費用に限定されず、毀損箇所を含む一面分の張替え費用を、毀損等を発生させた借主の負担とすることが妥当と考えられるとしています。

▼借主の負担単位と経過年数等の考慮

負担内容			借主の負担単位	経過年数等の考慮
床	毀損部分の補修	畳	原則一枚単位 毀損部分が複数枚の場合はその枚数分（裏返しか表替えかは、毀損の程度による）	（畳表） 経過年数は考慮しない。
		カーペット クッションフロア	毀損等が複数箇所の場合は、居室全体	（畳床・カーペット・クッションフロア） 6年で残存価値1円となるような負担割合を算定する。
		フローリング	原則㎡単位 毀損等が複数箇所の場合は、居室全体	（フローリング） 補修は、経過年数を考慮しない。フローリング全体にわたる毀損等があり、張り替える場合は、当該建物の耐用年数で残存価値1円となるような負担割合を算定する。
壁・天井（クロス）	毀損部分の補修	壁（クロス）	㎡単位が望ましいが、借主が毀損した箇所を含む一面分までは張替え費用を借主負担としてもやむをえないとする。	（壁〔クロス〕） 6年で残存価値1円となるような負担割合を算定する。
		タバコ等のヤニ、臭い	喫煙等により当該居室全体においてクロス等がヤニで変色したり臭いが付着した場合のみ、居室全体のクリーニングまたは張替費用を借主負担とすることが妥当と考えられる。	

建具・柱	毀損部分の補修	襖	1枚単位	（襖紙、障子紙） 経過年数は考慮しない。
		柱	1本単位	（襖、障子等の建具部分、柱） 経過年数は考慮しない。
設備・その他	設備の補修	設備機器	補修部分、交換相当費用	（設備機器） 耐用年数経過時点で残存価値1円となるような直線（または曲線）を想定し、負担割合を算定する。
	鍵の返却	鍵	補修部分 紛失の場合は、シリンダーの交換も含む。	鍵の紛失の場合は、経過年数は考慮しない。交換費用相当分を借主負担とする。
	通常の清掃※	クリーニング ※通常の清掃や退去時の清掃を怠った場合のみ	部位ごと、または住戸全体	経過年数は考慮しない。借主負担となるのは、通常の清掃を実施していない場合で、部位もしくは、住戸全体の清掃費用相当分を借主負担とする。

※ガイドライン別表3より作成

8

管理実務の実施

練習問題（○×問題）

① 原状回復についてガイドラインの内容と異なる特約を定めた場合、その特約は当然に無効となる。

② ガイドラインによれば、襖紙や障子紙、畳表は、経過年数が考慮される。

解答

① ×　ガイドラインの内容と異なる特約が当然に無効となるわけではありません。

② ×　襖紙や障子紙、畳表は、経過年数が考慮されません。

■ポイント

・経年変化および通常損耗による修繕費等は、貸主の負担となる。

・原則として経過年数を考慮するが、経過年数を考慮しないものもある。

8-7　個人情報保護法

賃貸不動産経営管理士は、業務を遂行する上で個人情報を扱います。
ここでは、個人情報保護法における個人情報取扱事業者の義務を中心に学びます。

1　個人情報保護法の目的　　重要度 ★★★

　個人情報保護法は、個人情報の有用性に配慮しつつ、個人の権利利益を保護することを目的としています。この目的を果たすため、個人情報保護法では、個人情報を取り扱う事業者の遵守すべき義務等を定めています。

　また、個人情報保護法には、個人情報の適正な取扱いに関して、国および地方公共団体の責務等を明らかにする事項も定められています。

2　個人情報保護法の概要　　重要度 ★★★

　個人情報保護法の具体的な中身に入る前に、定義と個人情報取扱事業者の義務の概要を押さえておきましょう。

▼定義

項目	定義
個人情報	生存する個人に関する情報であって、次のいずれかに該当するもの ①その情報に含まれる氏名、生年月日その他の記述等により特定の個人を識別することができるもの ②個人識別符号が含まれるもの 　（例：指紋、マイナンバー、運転免許証番号） ※個人情報には、他の情報と容易に照合することで特定の個人を識別することができることとなるものも含みます。 ※個人情報は、広く個人一般に関する情報ではありません。例えば、死者のみに関する情報は、個人情報に該当しません。 ※文字、番号、記号、その他の符号で、その情報だけで特定の個人を識別できるものは、個人識別符号として個人情報に該当します。

項目	定義
要配慮個人情報	本人の人種、信条、社会的身分、病歴、犯罪の経歴、犯罪により害を被った事実その他本人に対する不当な差別、偏見その他の不利益が生じないようにその取扱いに特に配慮を要するものとして政令で定める記述等が含まれる個人情報
個人情報データベース等	個人情報を含む情報の集合物であって、次のいずれかに該当するもの ①特定の個人情報を、電子計算機を用いて検索することができるように体系的に構成したもの （例：パソコンで検索できる顧客名簿） ②特定の個人情報を、目次、索引等で容易に検索することができるように体系的に構成したもの （例：五十音順で整理された紙製の顧客名簿） ※もっとも、例えば、不特定多数者が書店等で随時に購入可能な名簿（適法に発行された名簿に限る）で事業者において全く加工をしていないものであれば、利用方法からみて個人の権利利益を害するおそれが少ないものとして、「個人情報データベース等」から除かれます。
個人情報取扱事業者	個人情報データベース等を事業の用に供している者 ※例えば、指定流通機構（レインズ）は「個人情報データベース等」に該当するため、レインズにアクセスできる業者は個人情報取扱事業者に該当します。また、レインズを利用していなくても、取り扱う個人情報の量（数）に関係なく、「個人情報データベース等」を事業で利用している者は、個人情報取扱事業者に該当します。
個人データ	個人情報データベース等を構成する個人情報
保有個人データ	個人情報取扱事業者が、開示、内容の訂正、追加または削除、利用の停止、消去および第三者への提供の停止を行うことのできる権限を有する個人データ ※その存否が明らかになることにより公益その他の利益が害されるもの以外のものでなければなりません。
本人	個人情報によって識別される特定の個人
匿名加工情報	次のいずれかの措置を講じて特定の個人を識別することができないように個人情報を加工して得られる個人に関する情報であって、その個人情報を復元することができないようにしたもの ①個人情報に含まれる記述等の一部の削除 ②個人情報に含まれる個人識別符号の全部の削除

8

管理実務の実施

　個人情報保護法は、「個人情報取扱事業者」に対して義務を課しています。「個人情報データベース等」を事業のために使っている者が「個人情報取扱事業者」であり、個人情報保護法で定める義務を負います。

> **●個人情報取扱事業者の義務**
> ・利用目的の特定　・利用目的による制限　・不適正な利用の禁止
> ・適正な取得　・取得に際しての利用目的の通知等
> ・データ内容の正確性の確保　・安全管理措置
> ・従業者および委託先の監督　・第三者提供の制限
> ・保有個人データに関する事項の公表等　・開示・訂正・利用停止等
> ・苦情の処理

③ 利用目的　　　重要度 ★★

（1）利用目的の特定

　個人情報を取り扱う場合には、利用目的を特定しなければなりません。

（2）利用目的による制限

　あらかじめ本人の同意を得ないで、利用目的の達成に必要な範囲を超えて個人情報を取り扱うことは、原則としてできません。ただし、法令に基づくなどの場合には、同意を得ることなく個人情報を取り扱うことができます。

④ 個人情報の利用・取得　　　重要度 ★★

（1）不適正な利用の禁止

　違法または不当な行為を助長し、または誘発するおそれがある方法により個人情報を利用してはなりません。

（2）適正な取得

　偽りその他不正な手段により個人情報を取得してはなりません。
　あらかじめ本人の同意を得ないで、要配慮個人情報を取得することは、原則としてできません。

(3) 取得に際しての利用目的の通知等

　個人情報を取得した場合、原則として本人に、その利用目的を通知し、または公表しなければなりません。ただし、あらかじめその利用目的を公表している場合などであれば、通知する必要はありません。

　また、契約を締結する際に書面に記載された個人情報を取得する場合、原則としてあらかじめ本人に対し、その利用目的を明示しなければなりません。ただし、人の生命、身体または財産の保護のために緊急に必要がある場合は、あらかじめ利用目的を明示する必要はありません。

5　個人データの管理　　　　　　　　重要度　★★★

(1) データ内容の正確性の確保等

　利用目的の達成に必要な範囲内において、個人データを正確かつ最新の内容に保つとともに、利用する必要がなくなったときは、その個人データを遅滞なく消去するよう努めなければなりません。

(2) 安全管理措置

　個人データの漏えい、滅失またはき損の防止その他の個人データの安全管理のために必要かつ適切な措置を講じなければなりません。

(3) 従業者および委託先の監督

　個人データの安全管理が図られるよう、従業者および委託を受けた者に対する必要かつ適切な監督をしなければなりません。

(4) 漏えい等の報告・通知

　個人データの漏えい、滅失、毀損その他の個人データの安全の確保に係る事態であって個人の権利利益を害するおそれが大きいものとして個人情報保護委員会規則で定めるものが生じた場合、原則として、その旨を個人情報保護委員会に報告し、本人に対して通知しなければなりません。

(5) 第三者提供の制限

　あらかじめ本人の同意を得ないで個人データを「第三者」に提供することは、原則としてできません。

8

管理実務の実施

● 「第三者」に該当しない者

　次のいずれかの場合は、個人データの提供を受ける者は第三者に該当しないとされているので、本人の同意を得ないで個人データを提供できます。

① 個人情報取扱事業者が利用目的の達成に必要な範囲内において個人データの取扱いの全部または一部を委託することに伴ってその個人データが提供される場合

② 合併その他の事由による事業の承継に伴って個人データが提供される場合

③ 特定の者との間で共同して利用される個人データがその特定の者に提供される場合で、その旨ならびに共同して利用される個人データの項目、共同して利用する者の範囲、利用する者の利用目的およびその個人データの管理について責任を有する者の氏名または名称について、あらかじめ、本人に通知し、または本人が容易に知り得る状態に置いているとき

　ただし、法令に基づくなどの場合には、例外的に、本人の同意を得ないで個人データを第三者に提供することができます。

　また、第三者に提供される個人データについて、本人の求めに応じて、その本人が識別される個人データの第三者への提供を停止することとしている場合で、一定の事項について、あらかじめ、本人に通知し、または本人が容易に知り得る状態に置くとともに、個人情報保護委員会に届け出たときにも、例外的に、本人の同意を得ずに個人データを第三者に提供することができます（オプトアウト）。ただし、要配慮個人情報などは、オプトアウトにより第三者へ提供することはできません。

(6) 第三者提供に係る記録の作成等

　個人データを第三者に提供したときは、原則として、個人データを提供した年月日、当該第三者の氏名・名称その他の個人情報保護委員会規則で定める事項に関する記録を作成しなければなりません。この場合、その記録を、作成日から一定期間保存しなければなりません。

(7) 第三者提供を受ける際の確認等

　第三者から個人データの提供を受ける際は、原則として、個人情報保護委員会規則で定めるところにより、「当該第三者の氏名・名称および住所ならびに

法人にあっては、その代表者の氏名」「当該第三者による当該個人データの取得の経緯」の確認を行わなければなりません。この場合、その記録を、作成日から一定期間保存しなければなりません。

練習問題（○×問題）

① 取り扱う個人情報の数が5,000未満であっても、個人情報取扱事業者に該当する場合がある。
② 運転免許証番号やマイナンバーは、個人情報保護法による個人情報に該当する。

解答 ・・

① ○ 取り扱う個人情報の数に関係なく、「個人情報データベース等」を事業で利用している者は、個人情報取扱事業者に該当します。
② ○ 運転免許証番号やマイナンバーのような符号は、個人情報に該当します。

■ポイント

- 「個人情報データベース等」を事業のために使っている者が「個人情報取扱事業者」であり、個人情報保護法で定める義務を負う。
- 個人データを「第三者」に提供するには、原則として本人の事前の同意が必要だが、例外的に同意が不要になることがある。

消費者契約法

消費者と事業者との間で契約が締結される場合、消費者と事業者では情報の質・量、交渉力に格差があるため、消費者の利益が不当に害されるおそれがあります。ここでは消費者を保護するための仕組みを学びます。

1 消費者契約法の概要 　　　　　重要度 ★★★

(1) 消費者契約法の目的

　消費者契約法は、消費者の利益の擁護を図り、もって国民生活の安定向上と国民経済の健全な発展に寄与することを目的としています。

　この目的を果たすために、消費者契約法は次の3点について規定しています。

▼消費者契約法の規定

・消費者が誤認・困惑した場合などにおける契約の取消し
・消費者の利益を不当に害する契約条項等の無効
・適格消費者団体による差止請求

(2) 消費者契約

　消費者契約とは、消費者と事業者との間で締結される契約をいいます。

　ある契約が消費者契約に該当しなければ、その契約が消費者契約法に基づき取り消されたり、無効になったりすることはありません。

▼消費者および事業者の定義

消費者	個人（事業としてまたは事業のために契約の当事者となる場合におけるものを除く。）
事業者	法人その他の団体、および事業としてまたは事業のために契約の当事者となる場合における個人

　事業のためにアパートやマンションの賃貸借契約を締結する場合には、貸主が個人であるときでも、その個人は事業主に該当します。そして、個人が居住目的で借主となるときは、その個人は消費者に該当し、その賃貸借契約は消費者契約に該当します。

2 消費者契約の取消し　　　　　重要度 ★★★

(1) 誤認による場合（第4条第1項・第2項）

　事業者が消費者契約の締結について勧誘をする際に、消費者に対して一定の行為をし、勧誘を受けた消費者が一定の誤認をしていた場合、消費者は消費者契約の申込みまたはその承諾の意思表示を取り消すことができます。つまり、契約を取り消すことができるわけです。

▼事業者の行為（消費者が誤認した場合）

種類	事業者の行為	消費者の誤認
①不実の告知	重要事項について事実と異なることを告げること	告げられた内容が事実であるとの誤認
②断定的判断の提供	物品、権利、役務その他の消費者契約の目的となるものに関し、将来におけるその価額、将来において消費者が受け取るべき金額その他の将来における変動が不確実な事項につき断定的判断を提供すること	提供された断定的判断の内容が確実であるとの誤認
③不利益事実の不告知	消費者に対して重要事項または重要事項に関連する事項について消費者の利益となる旨を告げ、かつ、重要事項について消費者の不利益となる事実を故意に告げなかったこと	不利な事実が存在しないとの誤認

※例えば、①賃貸住宅の敷地の南側に隣接する土地に高層建物が建設されることを知りながら「陽当たり良好」とか「静か」と説明して賃貸借契約を成立させた場合や、③部屋で前賃借人が自殺したにもかかわらず、いわゆる心理的瑕疵物件であることをあえて告げずに賃貸借契約を成立させた場合は、消費者契約法に基づき、当該賃貸借契約が取り消される可能性があります。

(2) 困惑による場合（第4条第3項）

　事業者が消費者契約の締結について勧誘をするに際し、消費者に対して特定の行為をし、勧誘を受けた消費者が困惑していた場合、消費者は消費者契約の申込みまたはその承諾の意思表示を取り消すことができます。

8

管理実務の実施

▼事業者の行為（消費者が困惑した場合）

種類	事業者の行為
①不退去	事業者に対し、消費者が、その住居またはその業務を行っている場所から退去すべき旨の意思を示したにもかかわらず、それらの場所から退去しないこと
②退去妨害	勧誘をしている場所から消費者が退去する旨の意思を示したにもかかわらず、その場所からその消費者を退去させないこと

※例えば、①は家や職場から出て行って欲しいのに帰ってくれない場合であり、②は帰りたいのに帰らせてくれない場合です。

（3）媒介の委託を受けた第三者

上記行為（P373の①～③、P374の①②）を、契約の締結について事業者から媒介を委託された者が行った場合、消費者はその消費者契約を取り消すことができます。

（4）取消権の行使期間

取消権は、追認をすることができる時から1年間行わないときは、時効によって消滅します。消費者契約の締結の時から5年を経過したときも同様です。

③ 消費者契約の条項の無効　重要度 ★★★

（1）事業者の責任を免除する条項（第8条）

「事業者の責任を全部免除する条項」や「故意または重過失の事業者の責任を一部免除する条項」「消費者の解除権を放棄させる条項」は、無効となります。
※ 契約の条項が無効となるだけで、契約全体が無効になるわけではありません。

（2）消費者が支払う損害賠償の額を予定する条項（第9条）

債務不履行により解除された場合の損害賠償の額を予定し、または違約金を定める条項で、その合計額が、契約の解除に伴い事業者に発生する平均的な損害を超えるものは、その超える部分が無効となります。

また、消費者による支払いが遅れた場合における損害賠償の額を予定し、または違約金を定める条項で、遅延損害金の額が年利14.6%を超えるとするものも、その超える部分が無効となります。

※ 超える部分が無効となるだけで、契約の条項（特約全部）や契約全体が無効になるわけではありません。例えば、賃料の遅延損害金を年20%などと定めた場合、年14.6%に読み替えて適用されます。

(3) 消費者の権利を一方的に害する条項（第10条）

消費者の不作為をもって消費者が新たな消費者契約の申込みまたはその承諾の意思表示をしたものとみなす条項や、法令中の公の秩序に関しない規定と比較して消費者の権利を制限し、または消費者の義務を加重する消費者契約の条項で、信義則（民法第1条第2項）に反して消費者の権利を一方的に害する条項は、無効となります。

例えば、賃貸借契約における原状回復に係る負担の特約や敷金返還に係る特約などで、それが民法の規定や原状回復ガイドライン、過去の判例等に比べて借主に不利であり、それを正当化する理由がない場合、無効とされることがあります。

4 差止請求　重要度 ★★

内閣総理大臣の認定を受けた「適格消費者団体」が、事業者に対し、その事業者の行為の停止、予防等を請求できる場合があります。

なお、適格消費者団体には、差止請求が認められていますが、損害賠償請求や、消費者契約の取消しは認められていません。

練習問題（○×問題）

① 消費者契約法上の事業者とは、法人その他の団体をいい、個人は、事業としてまたは事業のために契約の当事者となる場合でも、事業者には該当しない。

② 消費者契約の解除に伴う損害賠償の額を予定する特約で、その額が、同種の消費者契約の解除に伴いその事業者に生ずべき平均的な損害の額を超えるものについては、その特約自体が全部無効となる。

解答

① × 個人であっても、事業としてまたは事業のために契約の当事者となる場合は、事業者に該当します。

② × 平均的な損害を超える部分が無効になるだけで、特約自体が無効となるわけではありません。

◼ポイント

・消費者契約とは、「消費者」と「事業者」との間で締結される契約をいう。

・一方的に事業者に有利で消費者に不利な条項は、無効となる場合がある。

住宅宿泊事業法

宿泊営業をする場合、原則、旅館業法に基づく許可が必要ですが、住宅宿泊事業法の届出者は、許可を受けずに、住宅宿泊事業を営むことができます。ここでは、特に住宅宿泊管理業について学びます。

1 住宅宿泊事業 　　　　　　　　　　　　重要度 ★★★

「住宅宿泊事業」とは、旅館業法第3条の2第1項に規定する営業者以外の者が宿泊料を受けて届出住宅に人を宿泊させる事業であって、人を宿泊させる日数が1年間で180日を超えないものをいいます。都道府県知事への届出を行うことによって住宅宿泊事業を行うことができ、住宅宿泊事業者の監督は知事が行います。

居室数5を超える家主居住型、および、狭義の家主不在型の住宅宿泊事業については、住宅宿泊事業者は、住宅宿泊管理業務を住宅宿泊管理業者に委託しなければなりません。ただし、住宅宿泊事業者が住宅宿泊管理業者である場合において、住宅宿泊事業者が自ら届出住宅に係る住宅宿泊管理業務を行うときは、住宅宿泊管理業者への委託は不要です。

> ● 住宅宿泊事業者の業務・義務
> - 6つの措置（①宿泊者の衛生の確保、②宿泊者の安全の確保、③外国人観光旅客である宿泊者の快適性および利便性の確保、④宿泊者名簿の備付け等、⑤周辺地域の生活環境への悪影響の防止に関し必要な事項の説明、⑥苦情等への対応）
> - 標識の掲示
> - 都道府県知事への定期報告

※ 6つの措置は住宅宿泊管理業者に委託することで住宅宿泊事業者は義務を免れますが、委託しても標識の掲示や定期報告の義務は免れません。

2 住宅宿泊管理業 　　　　　　　　　　　重要度 ★★★

住宅宿泊管理業を営もうとする者は、国土交通大臣の登録を受けなければなりません。登録の有効期間は5年です。

　住宅宿泊管理業者は住宅宿泊管理業（住宅宿泊事業者から委託を受けた6つの措置を行う業務）を実施する義務を負うほか、住宅宿泊管理業者の義務として次のようなものがあります。

●**住宅宿泊管理業者の義務**
① 信義誠実に業務を処理する原則
② 名義貸しの禁止
③ 誇大広告等の禁止
④ 不当な勧誘等の禁止
⑤ 管理受託契約の締結前・締結時書面の交付義務
⑥ 住宅宿泊管理業務の全部再委託の禁止
⑦ 証明書の携帯・提示
⑧ 名簿の備付け等
⑨ 標識の掲示
⑩ 住宅宿泊事業者への定期報告

　上記義務は、賃貸住宅管理業者や特定転貸事業者の義務と同じような内容です。例えば、⑤管理受託契約の締結前・締結時書面の交付義務については、委託者の承諾を得て、電磁的方法により提供することができます。

練習問題（○×問題）
① 住宅宿泊管理業を行うためには、国土交通大臣の登録を受けなければならない。
② 住宅宿泊管理業者は、住宅宿泊事業者から委託された住宅宿泊管理業務の全部を他の者に対し、再委託することができる。
解答
① ○　設問の通りです。
② ×　住宅宿泊管理業務の全部の再委託は、禁止されています。

■**ポイント**
・住宅宿泊管理業を営む場合、国土交通大臣の登録が必要となる（有効期限は5年）。
・住宅宿泊管理業者は、賃貸住宅管理業者などと同じような義務も負う。

8-10 不動産登記と土地の価格

物件調査では、登記記録などで物件に法的な問題がないかどうかの確認を行ったり、土地の価格を確かめたりする必要があります。ここでは、不動産登記と土地の価格について学びます。

1 不動産登記　重要度 ★★★

(1) 登記記録

不動産登記の登記記録は、表題部と権利部に分かれています。

▼表題部と権利部

表題部	（不動産の物理的現況）	←表示に関する登記
権利部	甲区（所有権）	←権利に関する登記
	乙区（所有権以外の権利）	

(2) 表示に関する登記

土地の表題部には、所在、地番、地目、地積などが記録されます。一方、建物の表題部には、所在、家屋番号、種類、構造、床面積などが記録されます。

建物の床面積は、各階ごとに壁その他の区画の中心線（区分所有建物の専有部分では、内側線）で囲まれた部分の水平投影面積により計算します。

不動産の表示に関する登記において、1個の建物が複数の筆の土地の上に存することがあります。

なお、物件の所在を特定する手段として、不動産登記法に基づく「地番」と住居表示に関する法律に基づく「住居表示」とがあります。

(3) 権利に関する登記

所有権に関する事項は、権利部の「甲区」に記録されます。そのため、登記上の所有権名義人と貸主が異ならないかは、甲区で確認を行います。

所有権以外の権利に関する事項は、権利部の「乙区」に記録されます。そのため、抵当権や賃借権の登記の有無については、乙区で確認を行います。

未登記の不動産について、初めてする権利に関する登記をするときの登記を「所有権の保存の登記」といいます。

② 土地の価格

重要度　★★★

公的に示された土地の価格には、次の4つがあります。

▼土地の価格

公示価格 （公示地価）	一般の土地の取引価格に対する指標の提供、公共用地の取得価格の算定規準、収用委員会による補償金額の算定などのため、地価公示法によって地価について調査決定し、公表される価格です。毎年1月1日時点の価格が3月に公表されます。
基準地の価格 （基準価格）	国土利用計画法による土地取引規制の価格審査を行うなどの目的で都道府県知事が決定し、毎年7月1日時点の価格が公表されます。
路線価 （相続税路線価）	相続税・贈与税の課税における宅地の評価を行うために設定される価格で、国税庁が決定し、毎年1月1日時点の価格が公表される。路線価は、公示価格の水準の8割程度とされています。
固定資産税評価額	基準年度の初日の属する年の前年の1月1日の時点における評価額であり、3年ごとに評価替えが行われます。固定資産税評価額は、公示価格の水準の7割程度とされています。

8

管理実務の実施

練習問題（○×問題）

① 物件の権利関係の調査のために登記記録を閲覧するときは、乙区に基づき、登記名義人（所有者）と貸主が異ならないかを確認する必要がある。

② 基準地の価格（基準価格）は、都道府県知事が決定し、毎年7月1日時点の価格が公表される。

解答

① ×　所有権登記名義人と貸主が異ならないかの確認は、登記記録の「甲区」を見て行います。

② ○　設問の通りです。

■ポイント

・甲区には所有権に関する事項が、乙区には所有権以外の権利に関する事項が記録される。

8-11 不動産証券化とプロパティマネジメント

アセットマネジメントは、資金運用の計画・実施を行うのに対し、プロパティマネジメントは、実際の賃貸管理・運営を行います。
ここでは主に、プロパティマネジメントの業務について学びます。

1 不動産証券化 重要度 ★★

(1) 不動産証券化の概要

不動産証券化とは、不動産の権利を証券に結びつけることを前提にして、不動産投資と不動産事業の管理運営をマネジメントする仕組みです。

平成10年に特定目的会社による特定資産の流動化に関する法律 (現在の「資産の流動化に関する法律」) が制定され、SPC (特定目的会社) が証券を発行して投資家から不動産への投資資金を集め、不動産を購入して賃料収入を取得し、賃料収入を投資家に配当できるようになりました。

資産の流動化に関する法律によって設立した会社は特に「TMK」と呼ばれています。

(2) 投資運用業の登録

投資一任契約に関する投資顧問業や、いわゆる会社型投資信託についての投資法人資産運用業を行う場合に、投資運用業の登録が必要になります。

不動産証券化において、アセットマネージャーが投資一任の業務や投資法人の資産運用業務など投資運用を行う場合には、投資運用業の登録が必要です。一方、アセットマネジメント業務であっても、投資一任の業務や投資法人の資産運用業務など投資運用を行うのではない場合には、アセットマネージャーに投資運用業の登録は必要ありません。

プロパティマネージャーは、投資一任の業務や投資法人の資産運用業務など投資運用を行わないため、投資運用業の登録は必要ありません。

※ 投資運用業は、株式会社だけが登録をすることができます。また、純資産額および最低資本金5,000万円という制約があります。

② アセットマネジメントとプロパティマネジメント

重要度　★★★

(1) アセットマネジメント

　アセットマネジメントは、不動産投資について、資金運用の計画、決定・実施、実施の管理を行う業務です。アセットマネジメントは、投資家から委託を受け、次の一連の業務を行います。

> ●アセットマネジメントの業務
> ① 総合的な計画を策定して、
> ② 投資を決定・実行し、
> ③ 借主管理、建物管理、会計処理などについて、プロパティマネジメント会社からの報告を受けて投資の状況を把握し、
> ④ 現実の管理運営を指示しながら、
> ⑤ 売却によって投下資金を回収する

　この一連の業務を行う専門家を、「アセットマネージャー」といいます。

(2) プロパティマネジメント

　プロパティマネジメント会社は、アセットマネージャーから選定され、その委託を受けて、その指示のもとにプロパティマネジメント業務を担当します。

　アセットマネジメントは、資金運用の計画・実施を行うのに対し、プロパティマネジメントは、実際の賃貸管理・運営を行います。

　プロパティマネジメント会社またはプロパティマネジメント業務に携わる担当者が、「プロパティマネージャー」です。

▼アセットマネジメントとプロパティマネジメントとの関係

アセットマネジメント	資金運用の計画・実施を行う
プロパティマネジメント	実際の賃貸管理・運営を行う

※不動産投資において、賃貸契約締結業務は、リーシングマネジメント（leasing management）といわれることがあります。

8

管理実務の実施

③　プロパティマネジメントの業務　　重要度 ★★★

　プロパティマネジメントにおいては、①報告業務、②調査・提案業務、③所有者の変更に伴う業務は、投資家のために重要性の高い業務といえます。

(1) 報告業務

　不動産投資では投資家に対する情報開示が重要になります。まずはプロパティマネジメント会社がアセットマネージャーに対して報告を行い、アセットマネージャーがその報告に基づいて別の書類を作成して投資家に報告を行います。

(2) 調査・提案業務

　プロパティマネジメントは、投資家から委託を受けて、投資家のために行われる業務であり、プロパティマネジメントの業務のうち、調査・提案業務においては、投資家の投資判断に資することが求められています。また、調査・提案業務は、投資家が多数であり、そのメンバーは常に入れ替わる可能性があるため、不特定の相手方に対する論理的な説得力が必要です。プロパティマネジメント会社は、自らの業務に合理性があることについて、投資家に対し説明責任を負担しており、説明責任を果たすための客観的な根拠を常に準備しておかなければなりません。

　賃貸借に関する提案業務には、借主の維持を意味する「テナントリテンション（tenant retention）」が含まれます。可能な限り既存の借主が退出しないように引き留め、維持しておくことは、プロパティマネジメント会社の責務です。

　現存する建物の価値を維持するだけではなく、さらに管理の質を高め、長期的な観点から建物の価値を高める改修を行うことについて積極的な計画、提案も行うことも必要です。

　中・長期的な改修・修繕の計画を策定し、実施する業務である「コンストラクションマネジメント（CM）」は、プロパティマネジメント業務においても、取り入れられつつあります。

　プロパティマネージャーには、収益拡大とコスト削減の両面から、具体的に、計画の基礎資料の収集、計画策定等の調査・提案が求められます。

(3) 所有者の変更に伴う業務

　所有者の交代に際し、旧所有者から新所有者に貸主の地位が円滑に引き継がれるように尽力することは、重要なプロパティマネジメント業務です。

4　収益費用項目　　　　　　　　　重要度　★★

　プロパティマネジメントにおいては、賃料等を徴収し、預託金を受領し、必要な経費を支出し、アセットマネージャーとの間で精算（経理処理）を行い、これらを取りまとめて報告書を作成します。

　平成19年3月改正の不動産鑑定評価基準では、証券化対象不動産におけるDCF法の適用過程の明確化の中で、収益費用項目の統一化が図られ、PMフィー（プロパティマネジメントフィー。対象不動産の管理業務に係る経費のこと）は「運営費用」として計上されるようになりました。

8

管理実務の実施

練習問題（○×問題）

① プロパティマネジメント会社は、アセットマネージャーから委託を受け、その指示の下にプロパティマネジメント業務を担当する。

② プロパティマネジメントは、資金運用の計画・実施を行うのに対し、アセットマネジメントは、実際の賃貸管理・運営を行う。

解答

① ○　プロパティマネジメント会社は、アセットマネージャーから委託を受けて、業務を行います。

② ×　プロパティマネジメントは、実際の賃貸管理・運営を行います。一方で、アセットマネジメントは、資金運用の計画・実施を行います。

■ポイント

・プロパティマネジメントは、実際の賃貸管理・運営を行う。
・投資家の投資判断に資するため、根拠のある報告・説明が重要である。

相続は被相続人（遺産を残す者）の死亡によって開始し、相続人は被相続人の財産を承継します。ここでは、特に相続人や相続分について詳しくみていきます。

1 相続の基礎知識

重要度 ★★

(1) 相続人

　配偶者は常に相続人になります。その他の者は、次の順序にしたがって相続になります。例えば、被相続人に子がいる場合には、子のみが相続人になれるのであって、父母が相続人になることはできません。

> ●相続人となる順位
> ① 被相続人の子（胎児や養子も含む）
> ② 被相続人の子がいなければ、被相続人の直系尊属（父母または祖父母）
> ③ 子も直系尊属もいなければ、被相続人の兄弟姉妹

(2) 代襲相続

　被相続人の子または兄弟姉妹が相続開始以前に死亡していた場合や、相続欠格または相続人廃除があった場合に、その者の子（被相続人からみれば孫など）が相続することになることを、代襲相続といいます。

　なお、被相続人の子が相続放棄をした場合、代襲相続はありません。

(3) 相続分

　二人以上の相続人（例えば妻と子）がいる場合、各自の相続分（各相続人が相続を受ける割合）に応じて被相続人の権利義務を承継します。法律で定められている相続分（法定相続分）は、次の表の通りです。

▼法定相続分

子と配偶者が相続人の場合	配偶者：2分の1、子：2分の1
父母・祖父母と配偶者が相続人の場合	配偶者：3分の2、父母・祖父母：3分の1
兄弟姉妹と配偶者が相続人の場合	配偶者：4分の3、兄弟姉妹：4分の1

※子が数人いる場合は子の相続分を均分します。
※養子や非嫡出子(ひちゃくしゅつし)も、子に含まれます。

例えば、被相続人に妻と子A・Bがいる場合、各相続人の相続分は、配偶者が2分の1、子A・Bは各4分の1（子の相続分2分の1を2人で均等に分けた割合）です。

▼相続の事例

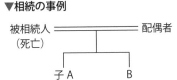

(4) 遺産分割前の遺産の帰属

共同相続の場合（二人以上の相続人が共同して相続する場合のこと）、遺産としての不動産は、相続人全員の共有になります。

(5) 遺産分割

遺産の分割は、相続開始の時にさかのぼってその効力を生じます。ただし、第三者の権利を害することはできません。

練習問題（○×問題）

① 賃料不払のある借主が死亡した場合、貸主は、同居中の配偶者に対して未収賃料の請求ができない。
② 法定相続人が配偶者と兄弟姉妹の場合の法定相続分は、配偶者4分の3、兄弟姉妹4分の1（複数の場合は人数按分）となる。

解答 ....
① × 被相続人の配偶者は、常に相続人となり、被相続人の義務も承継するため、貸主は、未払賃料債務を承継した配偶者に対して請求することができます。
② ○ 設問の通りです。

■ポイント

・配偶者は常に相続人になる。
・共同相続の場合、遺産としての不動産は相続人全員の共有となる。

8-13 不動産所得の税金

不動産所得とは、土地や建物などの不動産の貸付けによる所得をいいます。ここでは、不動産所得における収入・必要経費のほか、減価償却費、確定申告（青色申告）について学びます。

1 不動産所得の金額　重要度 ★★★

不動産賃貸収入により生じる所得に対しては、個人の場合には、所得税・住民税が課税されます。不動産所得の金額は、次のように計算します。

● **不動産所得の計算式**

不動産の総収入金額 − 必要経費 ＝ 不動産所得の金額

不動産の貸付けによる所得は、貸付けを事業的規模で行っているどうかにかかわらず、事業所得ではなく、不動産所得として課税されます。

※ 未収賃料の扱いや収入金額の計上時期については、P268・269を参照してください。

2 不動産所得における必要経費　重要度 ★★★

不動産所得の金額の計算上、必要経費として認められるものは次の通りです。

● **不動産所得における必要経費と認められるもの（例）**
- 賃貸不動産（土地・建物）の固定資産税・都市計画税
- 消費税（税込みで経理処理をしている場合）
- 収入印紙（印紙税）
- 事業税
- 損害保険料
- 減価償却費
- 修繕費

※ 所得税、住民税、（貸主自身の）自宅に係る固定資産税・都市計画税、借入金の元本返済部分などは、必要経費とは認められません。

※ 賃貸不動産購入時のさまざまな支出のうち、不動産取得税や登録免許税、登記費用、収入印紙、建築完成披露のための支出はその年の必要経費とすることができます。

③ 減価償却費　重要度 ★★

(1) 減価償却の概要

建物や設備などは、時の経過等によってその価値が減っていきます。このような資産を減価償却資産といいます。

減価償却資産の取得に要した金額は、取得時に全額必要経費になるわけではありません。原則として、その資産の使用可能期間（耐用年数）にわたり分割して必要経費とします。

もっとも、個人所得税では所得価額が10万円未満の少額の減価償却資産については減価償却せずに、その取得金額の全額を業務の用に供した年分の必要経費とします（法人では任意）。

(2) 減価償却の方法

減価償却の方法には主に「定額法」と「定率法」があります。

▼定額法・定率法の特徴

定額法	償却費の額が原則として毎年同額となる。
定率法	償却費の額は初めの年ほど多く、年とともに減少する。

個人の場合、原則として、「定額法」で計算します。「減価償却資産の償却方法の届出書」を提出すれば、「定率法」によることも認められます。

もっとも、平成10年4月1日以後に取得した建物と、平成28年4月1日以後取得の建物附属設備や構築物は、「定額法」で計算しなければならないとされています。これらは、「減価償却資産の償却方法の届出書」を提出しても、定率法を選定することはできません。

④ 修繕費　重要度 ★

事業用資産に対して、通常の維持管理や原状回復のために支出するものは「修繕費」として必要経費となります。一方、その修理等のための支出でも、資産の価額を増加させる支出などは、税法上、「資本的支出」となります。ただし、その金額が20万円未満の場合、支出の区別にかかわらず修繕費として認められます。

その修理等のための支出が修繕費か資本的支出か明らかでない場合は、次のいずれかに該当していれば、「修繕費」として認められます。

8

管理実務の実施

① その金額が60万円に満たない場合

② その金額が修理等をした資産の前年末取得価額のおおむね10%相当額以下の場合

5　確定申告　　　　重要度　★★

(1) 確定申告

「不動産所得」が生じている場合、確定申告による計算・納付をする必要があります。なお、給与所得を有するサラリーマンは年末調整により納税額が確定しますが、不動産所得が生じている場合には確定申告が必要です。

所得税の確定申告書の提出は、住所地を管轄する税務署に行います。

(2) 青色申告

税務署に青色申告承認申請書を提出して承認された場合、青色申告をすることができます。青色申告には税務上の特典があります。

●**青色申告の特典**

①**青色申告特別控除**

所得金額から最高65万円または10万円を控除することができます。65万円の控除を受けるためには「事業的規模により不動産の貸付を行っていること」「正規の簿記の原則により記帳していること」「貸借対照表・損益計算書等を添付して確定申告書を申告期限内に提出すること」「電子帳簿保存または電子申告を行うこと」が必要です。

②**青色事業専従者給与**

青色事業専従者に支払った給与は、適正な金額であれば、必要経費に算入することができます。

③**純損失の繰越控除**

不動産所得に損失（赤字）がある場合で、純損失が生じたときには、その損失額を翌年以後3年間にわたって繰り越して、各年分の所得金額から控除することができます。

---

6 損益通算　　　　　　　　　　　　　　　重要度 ★

　不動産所得などについて生じた損失を、他の所得（給与所得など）と相殺することを、損益通算といいます。

▼損益通算の可否

土地を取得するための借入金利息	損益通算不可
賃貸建物を取得するための借入金利息	損益通算可

7 住民税　　　　　　　　　　　　　　　　重要度 ★

　住民税は、所得税法上の所得をもとに住所地の市区町村が課税します。住民税の徴収方法には、普通徴収と特別徴収があります。

▼所得税（総合課税）と住民税の税率

所得税（総合課税）の税率	5%から45%の超過累進税率
住民税の税率	一律10%の比例税率

8

管理実務の実施

練習問題（○×問題）

① 所得税、住民税は、いずれも不動産所得の計算上、必要経費に含めることができない。

② 8万円のエアコンを購入した場合、不動産所得の計算上、その取得金額の全額8万円を業務の用に供した年分の必要経費とする。

解答 ………………………………………………………………

① ○ 不動産所得の計算上、所得税・住民税は必要経費に含めることができません。

② ○ 取得価額が10万円未満であれば、全額を必要経費とします。

■ポイント

・不動産所得の計算上、賃貸不動産の固定資産税・都市計画税、事業税は、必要経費に含めることができるが、所得税・住民税は必要経費に含めることができない。

・不動産所得が生じている場合、確定申告が必要となる。

8-14 消費税・印紙税・登録免許税

一定の文書を作成した場合に課せられるのが「印紙税」であり、登記等を行う場合に課せられるのが「登録免許税」です。
ここでは主に、課税の対象になるのかどうかについて学びます。

1 消費税　　　　　　　　　　　重要度 ★★★

消費税が課税されるかどうかが重要です。例えば、不動産取引では、仲介手数料の支払いや建物の購入代金については消費税が課されますが、土地の購入代金や住宅（居住用建物）の賃料については消費税が課されません。

▼消費税の課税・非課税（例）

消費税の課税	・事務所・店舗の賃料 ・駐車場収入 ・建物の購入代金 ・建築請負代金 ・売買・賃貸の仲介手数料 ・ローンの事務手数料
消費税の非課税	・住宅の賃料※ ・地代（土地の賃料※） ・土地の購入代金 ・火災保険料 ・ローンの金利・保証料 ・敷金※

※ただし、1か月未満の土地および住宅の貸付けは課税対象です。

2 印紙税　　　　　　　　　　　重要度 ★★★

「課税文書」を作成した者に対して課税される国税です。印紙税の納付は、文書に印紙を貼り付け、印紙に消印をすることによって行います。

売買契約書を複数作成した場合、その作成分の印紙が必要です。

▼課税文書・非課税文書（例）

課税文書	・不動産の譲渡契約書（売買・贈与などの契約書） ・土地の賃貸借契約書（権利金等の額が記載されている場合のみ） ・金銭消費貸借契約書 ・工事請負契約書 ・受取書（領収証など）
非課税文書	・建物の賃貸借契約書 ・委任状 ・営業に関しない受取書、記載金額が5万円未満の受取書 ・国・地方公共団体が作成する文書

3 登録免許税　　　　重要度 ★★

　登録免許税は、不動産の権利に関する登記を行う場合に、登記を受ける者に対して課される国税です。例えば、不動産の売買における所有権移転登記を行う場合、その登録免許税の納税義務者は、不動産を譲渡した者および取得した者です。つまり、売主と買主の双方が連帯して納税の義務を負います。

　登録免許税の納付は、銀行等で手続きを行い、その領収書を登記申請書に貼り付けて行います。ただし、税額が低い場合、収入印紙による納付もできます。

8

管理実務の実施

練習問題（○×問題）

① 店舗・事務所の賃料および居住用建物の賃料については、消費税が課税される。
② 印紙税は、建物の売買契約書や賃貸借契約書について課される。

解答 ....

① ✕　店舗・事務所の賃料には、消費税が課税されますが、居住用建物の賃料については、消費税が課税されません。
② ✕　建物の売買契約書には印紙税が課されますが、建物の賃貸借契約書には印紙税が課されません。

■ポイント

・建物の購入代金には消費税が課されるが、土地の購入代金には課されない。
・建物の賃貸借契約書や5万円未満の受取書には、印紙税は課されない。

8-15 固定資産税・都市計画税

1月1日現在において土地・建物を保有している場合、その所有者に対して固定資産税が課されます。ここでは、固定資産税・都市計画税の課税方法・納付方法のほか、軽減特例について学びます。

1 固定資産税　　　　　　　　　　　　　　　　重要度 ★★★

(1) 固定資産税の概要

　固定資産税は、賦課期日 (毎年1月1日) 現在の土地および建物の所有者に対して、市区町村によって課される地方税です。市区町村から送付される納税通知書により納付します (普通徴収)。

> ● 固定資産税の計算式
>
> 　課税標準額　×　税率　＝　税額
>
> 　　↑　　　　　　　　　　↑
> 　住宅用地の　　　　　　新築住宅の
> 　軽減特例あり　　　　　軽減特例あり

※ 課税標準や税額については、不服を申し立てることができます。

(2) 住宅用地に関する特例

　住宅用地 (土地) については、固定資産税課税標準の軽減措置が講じられています。例えば、小規模住宅用地 (200㎡以下の部分) の場合、課税標準は、土地の評価額の6分の1になります (その他は、右ページの表を参照)。

(3) 新築住宅に関する特例

　新築住宅 (建物) については、次の三つの要件を満たすことで、120㎡ (居住部分の床面積) までの部分について、新築後3年間 (3階建以上の耐火建築物等は5年間)、固定資産税の税額が2分の1に減額されます。

① 令和6年3月31日までに新築された住宅であること

② 居住部分の床面積が総床面積の2分の1以上であること

③ 居住部分の床面積が住宅戸数1戸当たり50㎡ (共同住宅などは40㎡) 以上280㎡以下であること

2 都市計画税

重要度 ★★★

都市計画税は、毎年1月1日時点の都市計画区域内（原則として市街化区域内）にある土地および建物の所有者に対して、市区町村によって課される地方税です。納税通知書により、固定資産税と合わせて納付します（普通徴収）。

▼固定資産税と都市計画税

	固定資産税	都市計画税
課税主体	市区町村	
納税義務者	1月1日時点の土地・建物の所有者	1月1日時点の都市計画区域内にある土地・建物の所有者
課税標準	不動産の評価額（固定資産課税台帳に登録されている評価額）	
	軽減特例：・小規模住宅用地（200㎡以下の部分）の場合→評価額の6分の1・その他の住宅用地（200㎡超の部分）の場合→評価額の3分の1	軽減特例：・小規模住宅用地（200㎡以下の部分）の場合→評価額の3分の1・その他の住宅用地（200㎡超の部分）の場合→評価額の3分の2
税率	標準税率：1.4%	制限税率：0.3%
徴収方法	普通徴収	

8

管理実務の実施

練習問題（○×問題）

① 固定資産税は、毎年1月1日現在の土地・建物の所有者に対して、都道府県によって課される地方税である。

② 固定資産税および都市計画税の徴収は、納税通知書を納税者に交付することによって行う。

解答 ・・・

① × 固定資産税は「市区町村」によって課される地方税です。

② ○ 固定資産税および都市計画税の徴収方法は、普通徴収です。

■ポイント

・ 固定資産税は、1月1日現在の土地・建物の所有者に対して課される。

・ 住宅用地については、課税標準の軽減措置が講じられている。

8-16 譲渡所得の税金

不動産を譲渡したときに利益を得れば、「譲渡所得」として所得税が課せられます。譲渡収入から取得費と譲渡費用を差し引いた譲渡益が、譲渡所得になります。ここでは、譲渡所得のしくみについて学びます。

1 譲渡所得の概要　　　重要度 ★★★

（1）課税譲渡所得

課税譲渡所得は、次の計算式によって求めます。課税譲渡所得に税率をかけて税額を計算することになります。

> ●譲渡所得の計算式
> 譲渡収入金額 －（取得費＋譲渡費用）－ 特別控除 ＝ 課税譲渡所得

※取得費が不明な場合には、概算取得費（収入金額の5％）により計算することができます。

（2）譲渡所得の税率

長期と短期に分かれていて、次のような税率になる。

▼長期譲渡所得と短期譲渡所得の税率（所得税）

長期譲渡所得の場合	税率15％
短期譲渡所得の場合	税率30％

※「長期譲渡所得」は、譲渡した年の1月1日において所有期間が5年を超える場合、「短期譲渡所得」は、所有期間が5年以下の場合を指します。

（3）課税方法

土地・建物の譲渡所得は、他の所得と分離して税額を計算する「申告分離課税」という計算方法をとります。

2 居住用財産の特例　　　重要度 ★

居住用財産の特例として、①「居住用財産の譲渡所得の特別控除（3000万円の特別控除）」、②「居住用財産を譲渡した場合の軽減税率」、③「特定居住用財産の買換え特例」があります。

①と②の特例を併用することはできますが、③の特例を利用する場合、①や

②の特例を利用することはできません。

　なお、売却する不動産が賃貸住宅と自宅の併用住宅、店舗と事務所併用住宅等である場合、事業用の特例と居住用特定を組み合わせて採用することもできます。

3　空き家にかかる譲渡所得の特別控除の特例　重要度 ★★★

　相続人が取得した空き家やその敷地を売却した場合、所得税に関し、居住用財産を譲渡した場合の3,000万円控除の適用を受けることができます。

●空き家にかかる譲渡所得の特例の適用要件
① 相続日から3年後の年の12月31日までに譲渡すること
② 令和9年12月31日までに譲渡すること
③ その家屋に、相続開始直前において被相続人が1人で住んでいたこと
④ その家屋が、昭和56年5月31日以前に建築された家屋（区分所有建築物を除く。）であること
⑤ 家屋が、相続の時から譲渡の時まで、事業の用、貸付けの用または居住の用に供されていたことがないこと
⑥ 譲渡価額が1億円以下であること
⑦ 家屋を譲渡する場合（その敷地も併せて譲渡する場合も含む。）、その譲渡時において、その家屋が現行の耐震基準に適合するものであること

練習問題（○×問題）
① 土地・建物の譲渡所得は、他の所得と合算して計算する「総合課税」である。
②「居住用財産の譲渡所得の特別控除（3000万円の特別控除）」と「居住用財産を譲渡した場合の軽減税率」の特例は併用することができる。

解答
① × 土地・建物の譲渡所得は、「申告分離課税」です。
② ○ 設問の通りです。

■ポイント
・土地・建物の譲渡所得は、総合課税ではなく、申告分離課税である。
・相続で取得した空き家やその敷地を売却した場合、一定の要件を満たせば、譲渡所得に関して、3,000万円の控除を受けることができる。

8　管理実務の実施

8-17 相続税・贈与税

相続税は相続等により財産を取得した者に課される国税であり、贈与税は贈与により財産を取得した者に課される国税です。ここでは、相続税や贈与税の仕組みについて学びます。相続については、P384・385を参照してください。

1 相続税　　　　　　　　　　　　　　　　　　重要度 ★★★

(1) 相続税の基礎控除

　課税価格の合計が基礎控除額以下なら相続税はかかりません。遺産に係る基礎控除額は「3,000万円＋600万円×法定相続人の数」です。例えば、配偶者と子ども2人が相続人の場合、基礎控除額は3,000万円＋600万円×3人＝4,800万円となるため、課税価格の合計が4,800万円以下であれば相続税はかかりません。

(2) 評価額

　貸家建付地および貸家の評価額は次の通りです。

> ● 貸家建付地および貸家の評価額の計算式
>
> 　貸家建付地の評価額＝自用地（更地）の評価額
> 　　　　　　　　　　　×（1－借地権割合×借家権割合×賃貸割合）
> 　貸家の評価額＝建物の固定資産税評価額×（1－借家権割合×賃貸割合）
>
> ※ 下線部分の割合で評価額が軽減されます。更地の上に賃貸住宅を建設すると、貸家建付地となり、更地の場合に比べて評価額は下がります。
> ※ 借地権の割合は全国一律30％です。

(3) 小規模宅地等の特例

　小規模宅地等の特例が適用されると、区分に応じて一定の面積までについて評価額が50％または80％減額されます。

▼小規模宅地等の特例

区分	適用対象免責	減額割合
特定居住用宅地等	330㎡	80%
貸付事業用宅地等	200㎡	50%

2 贈与税 重要度 ★★★

(1) 贈与税の概要

　贈与とは、土地や建物などを、無償（無料）で贈り与えることをいいます。贈与税は、暦年課税の場合、1年間（1月1日から12月31日）に贈与を受けた財産の額を基礎にして、次の計算式でその税額を出します。

> ●**贈与税の計算式**
> （1年間に贈与を受けた額 － 基礎控除額110万円）× 税率 ＝ 贈与税額

(2) 相続時精算課税制度

　生前贈与について相続時精算課税制度を選択した場合、贈与時は、贈与財産の価額から2,500万円を控除し、超えた部分について一律20％の税率の贈与税を支払うことですみます。この制度を利用するためには、贈与者（贈与をした者）が60歳以上の父母または祖父母であり、受贈者（贈与を受けた者）が18歳以上の子または孫でなければなりません。相続時精算課税制度を選択した場合、受贈者については、贈与者の相続時（贈与者が亡くなった時）に、この制度により贈与を受けた財産（令和6年分以後の贈与は110万円控除後の評価額）を相続財産に加算して相続税の計算を行います。

　相続時精算課税制度を選択した場合、その贈与者から贈与を受ける財産については、以降すべて同制度が適用され、暦年課税へ変更することはできません。
※ 令和6年1月1日以後の贈与からは、相続時精算課税制度にも110万円控除が認められます。

練習問題（○×問題）

① 遺産に係る基礎控除額は、「3,000万円+600万円×法定相続人の数」である。
② 貸付事業用宅地については、「小規模宅地等の特例」により、宅地の評価を、200㎡までの部分について50％減額とすることができる。

解答 ･･
① ○ 設問の通りです。
② ○ 設問の通りです。

■**ポイント**

・ 相続税の基礎控除額は、「3,000万円＋600万円×法定相続人の数」である。
・ 贈与税の基礎控除額は、110万円である。

8-18 保険

保険は、将来起こるかもしれない危険（事故）に対して備える相互扶助の精神から生まれた助け合いの制度です。
ここでは、保険の分類、火災保険・地震保険などの特徴について学びます。

1 保険の概要 　　　重要度 ★★★

　賃貸不動産の経営における危険を軽減・分散するための重要な方策として、保険の利用があります。そのため、賃貸管理に係る支援業務の一つとして、保険について理解をし、関係者にアドバイスをすることができるようにしておくことが重要です。

　保険商品の分類には、保険業法上、「第一分野」「第二分野」「第三分野」という分類方法があります。「第一分野」は生命保険であり、「第二分野」は損害保険であり、「第三分野」は傷害・医療保険です。このうち賃貸不動産経営において最も活用される保険は、第二分野の損害保険です。

▼保険の分類

| 第一分野の保険
「生命保険」 | 第三分野の保険
「傷害・医療保険」 | 第二分野の保険
「損害保険」 |

2 火災保険 　　　重要度 ★★★

　損害保険の中でも特に、火災保険が賃貸不動産の経営にとって重要です。
　住宅火災保険や住宅総合保険は、火災のほか、落雷・風災・ひょう災等による住宅や家財の損害を補償の対象としています。
　近隣からの類焼による被害を受けても、失火者に重大な過失がなければ、失火者に損害賠償責任を問うことはできません。そのため、類焼被害に対しては被害者自らが火災保険に加入して備えておく必要があります。

③ 地震保険　　　　　　　　　　　　　　　重要度 ★★★

　地震保険は、地震、噴火またはこれらによる津波を原因とする火災や損壊等による建物や家財の損害を補償する保険です。地震保険は、住宅に関する火災保険に付帯して加入しなければならず、地震保険のみ単独で加入することはできません。

　地震保険の保険金額は、主契約の火災保険の保険金額の30 〜 50%以内の範囲内で、建物5,000万円、家財1,000万円が限度です。

　一般に保険は、保険会社の商品によってその特性が異なり、補填の対象も限度も保険料も異なります。一方、地震保険は、公共性が高く、補償内容・保険料が全保険会社で同一です。

④ 借家人賠償責任保険　　　　　　　　　　重要度 ★★★

　借家人賠償責任保険は、火災・爆発・水ぬれ等の不測かつ突発的な事故によって、賃貸人（転貸人を含む）に対する法律上の損害賠償責任を負った場合の賠償金等を補償するものです。家財に関する火災保険の特約として加入できるのであって、借家人賠償責任保険のみ単独で加入することはできません。

8

管理実務の実施

練習問題（○×問題）

① 火災保険に加入していれば、地震を原因とする火災によって生じた損害についても、補償される。
② 地震保険の保険金額は、主契約の火災保険の保険金額の30 〜 50%以内の範囲内で、建物1,000万円、家財5,000万円が限度である。

解答
① × 地震保険に加入していなければ、地震を原因とする火災によって生じた損害については補償されません。
② × 地震保険の保険金額は、建物5,000万円、家財1,000万円が限度です。

■ポイント

・賃貸不動産経営において最も活用される保険は、第二分野の損害保険である。
・地震保険は、住宅に関する火災保険とセットで加入しなければならない。

演習問題8

■問1
【令和4年問47】

賃貸住宅の入居者の募集に関する次の記述のうち、最も適切なものはどれか。

1　入居希望者が独身の後期高齢者である場合、健康状態の確認のため、病歴を申告する書類の提出を求める必要がある。

2　入居希望者の年収と募集賃料とのバランスがとれていないと判断される場合であっても、契約者ではない同居人の年収の申告を求めるべきではない。

3　サブリース方式では、特定転貸事業者は借受希望者との交渉を任されている立場に過ぎず、最終的に入居者を決定する立場にはない。

4　入居審査のため借受希望者から提出された身元確認書類は、入居を断る場合には、本人に返却する必要がある。

■問2
【令和3年問44】

宅地建物取引業におけるおとり広告に関する次の記述のうち、適切なものはどれか。

1　成約済みの物件を速やかに広告から削除せずに当該物件のインターネット広告等を掲載することは、おとり広告に該当する。

2　実際には取引する意思のない実在する物件を広告することは、物件の内容が事実に基づくものである限り、おとり広告に該当しない。

3　他の物件情報をもとに、賃料や価格、面積又は間取りを改ざんする等して実際には存在しない物件を広告することは、おとり広告に該当する。

4　おとり広告は、宅地建物取引業法には違反しないが、不動産の表示に関する公正競争規約（平成17年公正取引委員会告示第23号）に違反する行為である。

問3　【令和3年問9】✓✓✓

「原状回復をめぐるトラブルとガイドライン（再改訂版）」（国土交通省平成23年8月。以下、各問において「原状回復ガイドライン」という。）に関する次の記述のうち、最も適切なものはどれか。

1　賃貸借契約書に居室のクリーニング費用の負担に関する定めがない場合、借主が通常の清掃を怠ったことにより必要となる居室のクリーニング費用は貸主負担となる。

2　賃貸借契約書に原状回復について経年劣化を考慮する旨の定めがない場合、借主が過失により毀損したクロスの交換費用は経過年数を考慮せず、全額借主負担となる。

3　賃貸借契約書に原状回復費用は全て借主が負担する旨の定めがあれば、当然に、借主は通常損耗に当たる部分についても原状回復費用を負担しなければならない。

4　賃貸借契約書に借主の帰責事由に基づく汚損を修復する費用について借主負担とする旨の定めがない場合であっても、借主がクロスに行った落書きを消すための費用は借主の負担となる。

問4　【令和3年問10】✓✓✓

原状回復ガイドラインに関する次の記述のうち、適切なものはどれか。

1　壁クロスの毀損箇所が一部分であっても、他の面と色や模様を合わせないと商品価値が維持できない場合には、居室全体の張り替え費用は借主負担となる。

2　フローリングの毀損箇所が一箇所のときは、居室全体の張り替え費用を借主の負担とすることはできない。

3　畳の毀損箇所が1枚であっても、色合わせを行う場合は、居室全体の畳交換費用が借主負担となる。

4　鍵の紛失に伴う鍵交換費用は、紛失した鍵の本数に応じた按分割合による額又は経過年数を考慮した額のいずれか低い額による。

■問5　【令和4年問10】

原状回復ガイドラインに関する次の記述のうち、適切なものはいくつあるか。

ア　借主の負担は、建物、設備等の経過年数を考慮して決定するものとし、経過年数による減価割合は、償却年数経過後の残存価値が10%となるようにして算定する。

イ　中古物件の賃貸借契約であって、入居直前に設備等の交換を行っていない場合、入居時点の設備等の価値は、貸主又は管理業者が決定する。

ウ　借主が通常の住まい方をしていても発生する損耗であっても、その後の借主の管理が悪く、損耗が拡大したと考えられるものは、借主が原状回復費用を全額負担する。

エ　経過年数を超えた設備等であっても、継続して賃貸住宅の設備等として使用可能なものを借主が故意又は過失により破損した場合、借主は新品に交換する費用を負担する。

1　なし
2　1つ
3　2つ
4　3つ

■問6　【令和4年問42】

個人情報の保護に関する法律（以下、本問において「個人情報保護法」という。）に関する次の記述のうち、誤っているものの組合せはどれか。

ア　個人情報取扱事業者が個人情報を取得する場合は、利用目的をできる限り特定して通知又は公表する必要があるが、要配慮個人情報でない限り、本人の同意を得る必要はない。

イ　個人情報取扱事業者が、個人データを漏えいした場合、不正アクセスによる場合であっても、本人の数が1,000人を超える漏えいでない限り、個人情報保護委員会に報告する義務はない。

ウ　個人情報取扱事業者が委託先に個人データを提供することは、それが利用目的の達成に必要な範囲内であっても、個人データの第三者提供に該当するため、本人の同意を得る必要がある。

エ　取り扱う個人情報の数が5,000人分以下である事業者であっても、個人情報データベース等を事業の用に供している者には、個人情報保護法による規制が適用される。

1　ア、ウ
2　ア、エ
3　イ、ウ
4　イ、エ

■問7 【令和3年問47】

管理業務に関わる法令に関する次の記述のうち、最も不適切なものはどれか。

1　障害者の差別の解消の推進に関する法律で禁止される行為を示した国土交通省のガイドライン（国土交通省所管事業における障害を理由とする差別の解消の促進に関する対応指針。平成29年3月国土交通省公表）は、宅地建物取引業者を対象としており、主として仲介の場面を想定した内容であるため、賃貸住宅管理業者の業務においては参考とならない。

2　賃貸借契約における原状回復に係る負担の特約は、原状回復ガイドラインや過去の判例等に照らして賃借人に不利であり、それを正当化する理由がない場合には、無効とされることがある。

3　住宅確保要配慮者に対する賃貸住宅の供給の促進に関する法律に基づき住宅確保要配慮者の入居を拒まない賃貸住宅として登録を受けるためには、国土交通省令で定める登録基準に適合していなければならない。

4　賃貸住宅の敷地の南側に隣接する土地に高層建物が建設されることを知りながら、「陽当たり良好」と説明して賃貸借契約を成立させた場合、消費者契約法に基づき、当該賃貸借契約が取り消される場合がある。

■問8 【令和3年問46】

賃貸住宅に関する次の記述のうち、誤っているものはどれか。

1　住生活基本法に基づき令和3年3月19日に閣議決定された住生活基本計画では、基本的な施策として、子育て世帯等が安心して居住できる賃貸住宅市場の整備が掲げられている。

2　家賃債務保証業者登録規程（平成29年10月2日国土交通省告示第898号）によれば、国土交通大臣は、家賃債務保証業者登録簿を一般の閲覧に供する。

3　不動産登記において建物の床面積は、区分所有建物の専有部分の場合を除き、各階ごとに壁その他の区画の中心線で囲まれた部分の水平投影面積により計算する。

4　土地の工作物の設置又は保存に瑕疵があることによって他人に損害が生じたときの損害賠償責任を、賃貸不動産の管理を受託した賃貸住宅管理業者が負うことはない。

■問9 　【令和3年問50】　

賃貸不動産経営の企画提案書の作成にあたっての物件調査や市場調査に関する次の記述のうち、最も不適切なものはどれか。

1　物件の所在を特定する手段として、不動産登記法に基づく地番と住居表示に関する法律に基づく住居表示とがある。

2　「事業計画」の策定においては、建築する建物の種類・規模・用途、必要資金の調達方法、事業収支計画の3点が重要な項目である。

3　公的な土地の価格である固定資産税評価額は、公示価格の水準の6割程度とされている。

4　公的な土地の価格である路線価（相続税路線価）は、公示価格の水準の8割程度とされている。

■問10 　【令和4年問50】　

プロパティマネジメント業務とアセットマネジメント業務に関する次の記述のうち、最も適切なものはどれか。

1　プロパティマネージャーは、自らの業務に合理性があることについて、説明責任を負担しており、説明責任を果たすための客観的な根拠を準備しておかなければならない。

2　可能な限り既存の借主が退出しないように引き留め、維持しておくことは、アセットマネージャーの責務となる。

3　不動産投資について、資金運用の計画、決定・実施、実施の管理を行うのがプロパティマネジメントである。

4　アセットマネージャーは、プロパティマネージャーの指示のもとに、アセットマネジメント業務を担当する。

問11　　　　　　　　　　【令和3年問45】

不動産の税金に関する次の記述のうち、正しいものはどれか。

1　サラリーマン等給与所得者は会社の年末調整により税額が確定するので、通常は確定申告をする必要はないが、不動産所得がある場合には、確定申告により計算・納付をしなければならない。
2　不動産所得の計算において、個人の場合、減価償却の方法は定率法を原則とするが、「減価償却資産の償却方法の届出書」を提出すれば定額法によることも認められる。
3　賃貸不動産購入時のさまざまな支出のうち、不動産取得税や登録免許税、登記費用、収入印紙等はその年の必要経費とすることができるが、建築完成披露のための支出は建物の取得価額に含まれる。
4　不動産所得の収入に計上すべき金額は、その年の1月1日から12月31日までの間に実際に受領した金額とすることが原則であり、未収賃料等を収入金額に含める必要はない。

問12　　　　　　　　　　【令和4年問49】

不動産の税金に関する次の記述のうち、適切なものはいくつあるか。

ア　賃貸住宅と自宅とを併用する不動産を売却する場合、譲渡所得について事業用の特例と居住用の特例を組合せて採用することはできない。
イ　遊休土地にアパート等の居住用の家屋を建築した場合、その完成が令和4年1月15日であったときは、建物に関する令和4年の固定資産税は課税されない。
ウ　不動産の貸付が事業的規模であること、正規の簿記の原則により取引を記帳していること、及び電子申告要件等一定の要件を満たす場合には、青色申告による控除額は65万円である。

1　なし
2　1つ

3 2つ

4 3つ

問13 【令和3年問49】

保険に関する次の記述のうち、最も不適切なものはどれか。

1 保険とは、将来起こるかもしれない危険(事故)に対して備える相互扶助の精神から生まれた助け合いの制度である。

2 賃貸不動産経営において最も活用される損害保険は、保険業法上、第一分野に分類される。

3 地震保険は、地震、噴火又はこれらによる津波を原因とする建物や家財の損害を補償する保険であるが、特定の損害保険契約(火災保険)に付帯して加入するものとされており、単独での加入はできない。

4 借家人賠償責任保険は、火災・爆発・水ぬれ等の不測かつ突発的な事故によって、賃貸人(転貸人を含む。)に対する法律上の損害賠償責任を負った場合の賠償金等を補償するものである。

問14 【令和4年問48】

保険に関する次の記述のうち、最も不適切なものはどれか。

1 賃貸不動産経営には様々なリスクが存在するが、保険に加入することでそのリスクを一定程度軽減・分散することができる。

2 建物の火災保険の保険金額が3,000万円の場合、地震保険金額の限度額は3,000万円×50%＝1,500万円であるが、火災保険の保険金額が1億1,000万円の場合の地震保険の限度額は1億1,000万円×50%＝5,500万円とはならず、5,000万円になる。

3 近隣からの類焼による被害を受けても、失火者に重大な過失がある場合を除き、失火者には損害賠償責任を問えないため、類焼被害に対しては被害者自らが火災保険に加入して備えておく必要がある。

4 保険料は、保険会社が引き受けるリスクの度合いに比例するものでなければならず、例えば木造建物であれば構造上の危険度は同じであるため、保険料率は全国一律で定められている。

解 答 ・ 解 説

■問1　　　　　　　　　　　　　　　　　　　　　　　　　　【解答　4】

健康状態の確認のため、病歴を申告する書類の提出を求めるのは不適切です。よって、1は誤りです。

職業・年齢・家族構成・年収などが申込物件にあった妥当なものかの確認をする必要があり、同居人との合算で年収を考慮する場合もあります。よって、2は、「同居人の年収の申告を求めるべきではない」としている点が誤りです。

入居者を最終的に決定するのは、貸主です。サブリース方式の場合、「サブリース業者（特定転貸事業者）」が貸主となりますので、「貸主（転貸人）であるサブリース業者」が、入居者（転借人）を最終的に決定する権限があります。よって、3は誤りです。

4は、設問の通りであり、正しい記述です。

「8-1 借主の募集、入居審査」参照

■問2　　　　　　　　　　　　　　　　　　　　　　　　　　【解答　1】

1は、設問の通りであり、正しい記述です。

物件は存在するが、実際には取引する意思がない物件に関する表示は、おとり広告に該当します。このことは、物件の内容が事実に基づく場合でも同じです。よって、2は誤りです。

他の物件情報等をもとに、対象物件の賃料や価格、面積または間取りを改ざんすること等して実際には存在しない物件を広告することは、「虚偽広告」に該当します。よって、3は、「おとり広告」としている点が誤りです。

おとり広告は、宅地建物取引業法にも、不動産の表示に関する公正競争規約にも、違反します。よって、4は誤りです。　　「8-2 広告規制」参照

■問3　　　　　　　　　　　　　　　　　　　　　　　　　　【解答　4】

借主が通常の清掃を実施している場合のクリーニング費用は貸主負担です。一方、借主が通常の清掃を実施していない場合に必要となるクリーニング費用は「借主」負担となります。よって、1は誤りです。

借主が過失により毀損したクロスの交換費用は経過年数を考慮し、6年で残

存価値1円となるような直線（または曲線）を想定し、負担割合を算定します。よって、2は誤りです。

判例は、「通常損耗及び経年変化についての原状回復義務を負わせるのは、賃借人に予期しない特別の負担を課すことになるから、賃借人に同義務が認められるためには、少なくとも、賃借人が補修費用を負担することになる通常損耗及び経年変化の範囲が賃貸借契約書の条項自体に具体的に明記されているか、仮に賃貸借契約書では明らかでない場合には、賃貸人が口頭により説明し、賃借人がその旨を明確に認識し、それを合意の内容としたものと認められるなど、その旨の通常損耗補修特約が明確に合意されていることが必要である」としています。3のような「原状回復費用は全て借主が負担する旨の定め」は、借主が負担する通常損耗および経年変化の範囲が賃貸借契約書の条項自体に「具体的に」明記されているとはいえないため、借主に通常損耗についての原状回復義務は認められず、借主は原状回復費用の全部を負担するわけではありません。

4は、設問の通りであり、正しい記述です。

「8-6 原状回復をめぐるトラブルとガイドライン」参照

■問4
【解答　2】

原状回復ガイドラインでは、いわゆる模様あわせ、色あわせについては、借主の負担とはしないとされています。毀損箇所が一部で他の面との色や模様あわせを実施しないと商品価値を維持できない場合でも、居室全体の張り替え費用を借主負担とすることは妥当ではありません。よって、1は誤りです。

フローリングは原則㎡単位としますが、毀損等が「複数箇所にわたる」場合は当該居室全体となります。したがって、毀損箇所が一箇所のときは、居室全体の張り替え費用を借主の負担とすることはできません。よって、2は正しい記述です。

畳の費用負担は原則1枚単位です。また、いわゆる模様あわせ、色あわせについては、借主の負担とはしません。したがって、色合わせを行う場合でも、「居室全体」の畳交換費用を借主負担とすることはできず、3は誤りです。

鍵の紛失に伴う鍵交換の場合、経過年数は考慮せず、交換費用相当分を全額借主負担とします。よって、4は誤りです。

「8-6 原状回復をめぐるトラブルとガイドライン」参照

■問5 　　　　　　　　　　　　　　　　　　　　【解答　1】

　平成19年の税制改正によって残存価値が廃止され、耐用年数経過時に「残存簿価1円」まで償却できるようになったことを踏まえ、例えば、カーペットの場合、償却年数は、6年で「残存価値1円」となるような直線（または曲線）を描いて経過年数により借主の負担を決定します。よって、アは、「残存価値が10%となるように」としている点が誤りです。

　入居時点の設備等の価値は、契約当事者（貸主と借主）が確認のうえ、予め協議して決定することが適当です。よって、イは、「貸主又は管理業者が決定する」としている点が誤りです。

　借主が通常の住まい方、使い方をしていても発生するものでも、その後の手入れ等借主の管理が悪く、損耗が発生・拡大したと考えられるものは、損耗の拡大について、借主に善管注意義務違反等があると考えられます。次に、借主が負担する費用の検討が必要になりますが、この場合に修繕等の費用の全額を当然に負担することにはならないと考えられます。よって、ウは、「全額」負担するとしている点が誤りです。

　経過年数を超えた設備等であっても、継続して賃貸住宅の設備等として使用可能なものを借主が故意・過失により設備等を破損した場合、賃貸住宅の設備等として本来機能していた状態まで戻す、例えば、借主がクロスに故意に行った落書きを消すための費用（工事費や人件費等）などについては、借主の負担となることがあります。よって、エは、「新品に交換する」費用を負担するとしている点が誤りです。

　　　　　　　　　　　　　　「8-6 原状回復をめぐるトラブルとガイドライン」参照

■問6 　　　　　　　　　　　　　　　　　　　　【解答　3】

　ア、エは、設問の通りであり、正しい記述です。

　個人情報取扱事業者は、下記のいずれかの事態が生じたときは、当該事態が生じた旨を個人情報保護委員会に報告しなければなりません。下記④の事態でなくても、他の事態が生じたときは報告する義務があるため、イは誤りです。

◎報告が必要となる事態
① 要配慮個人情報が含まれる個人データの漏えい等が発生し、または発生したおそれがある事態

② 不正に利用されることにより財産的被害が生じるおそれがある個人データの漏えい等が発生し、または発生したおそれがある事態

③ 不正の目的をもって行われたおそれがある個人データの漏えい等が発生し、又は発生したおそれがある事態

④ 個人データに係る本人の数が1,000人を超える漏えい等が発生し、または発生したおそれがある事態

　個人情報取扱事業者は、あらかじめ本人の同意を得ないで、個人データを第三者に提供してはなりません。もっとも、個人情報取扱事業者が利用目的の達成に必要な範囲内において個人データの取扱いの全部または一部を委託することに伴って当該個人データが提供される場合には、個人データの第三者提供に該当しないため、本人の同意を得る必要はありません。よって、ウは誤りです。

「8-7 個人情報保護法」参照

■問7　　　　　　　　　　　　　　　　　　　　　【解答　1】

　障害者の差別の解消の推進に関する法律で禁止される行為を示した国土交通省のガイドラインは、主として仲介の場面を想定した内容ですが、賃貸住宅管理業者の業務においても参考となると考えられています。よって、1は誤りです。

　2～4は、設問の通りであり、正しい記述です。

「8-8 消費者契約法」、「1-4 賃貸不動産に関する政策・対策」参照

■問8　　　　　　　　　　　　　　　　　　　　　【解答　4】

　1～3は、設問の通りであり、正しい記述です。

　土地の工作物の設置または保存に瑕疵があることによって他人に損害が生じた場合、その工作物の「占有者」は、被害者に損害賠償責任を負います。管理業者も、建物の安全確保について事実上の支配をなしうる場合には、「占有者」として当該責任を負います。よって、4は誤りです。

「1-4 賃貸不動産に関する政策・対策」、
「8-10 不動産登記と土地の価格」、「7-4 工作物責任」参照

■問9　　　　　　　　　　　　　　　　　　【解答　3】

　1、2、4は、設問の通りであり、正しい記述です。

　公的な土地の価格である固定資産税評価額は、公示価格の水準の7割程度とされています。よって、3は誤りです。

「8-10 不動産登記と土地の価格」参照

■問10　　　　　　　　　　　　　　　　　【解答　1】

　1は、設問の通りであり、正しい記述です。

　可能な限り既存の借主が退出しないように引き留め、維持しておくことは、「プロパティマネジメント会社」の責務となります。よって、2は誤りです。

　不動産投資について、資金運用の計画、決定・実施、実施の管理を行うのが「アセットマネジメント」です。よって、3は誤りです。

　プロパティマネージャーは、アセットマネージャーの指示のもとに、プロパティマネジメント業務を担当します。よって、4は誤りです。

「8-11 不動産証券化とプロパティマネジメント」参照

8

管理実務の実施

■問11　　　　　　　　　　　　　　　　　【解答　1】

　1は、設問の通りであり、正しい記述です。

　個人の場合には、減価償却の方法は「定額法」を原則とします。「減価償却資産の償却方法の届出書」を提出すれば、建物・建物附属設備・構築物を除き、「定率法」によることも認められています。よって、2は誤りです。

　不動産購入時の支出のうち、不動産取得税、登録免許税、登記費用、収入印紙、建築完成披露のための支出は、その年の「必要経費」とすることができます。よって、3は、「建物の取得価額に含まれる」としている点が誤りです。

　未収賃料等も収入金額に含める必要があります。よって、4は誤りです。

「8-13 不動産所得の税金」、「6-5 未収賃料の回収・明渡し」参照

■問12　　　　　　　　　　　　　　　　　【解答　3】

　賃貸住宅と自宅とを併用する不動産を売却する場合、譲渡所得について事業用の特例と居住用の特例を組合せて採用することができます。よって、アは誤りです。

演習問題

固定資産税は、毎年1月1日（賦課期日）現在の土地、家屋および償却資産の所有者に対して課税されます。家屋の完成が令和4年1月15日であった場合、令和4年の賦課期日（1月1日）時点では建物は存在していないため、令和4年の固定資産税は課税されません。よって、イは正しい記述です。

　ウは、設問の通りであり、正しい記述です。

「8-16 譲渡所得の税金」、「8-15 固定資産税・都市計画税」、
「8-13 不動産所得の税金」参照

■問13 【解答　2】

　1、3、4は、設問の通りであり、正しい記述です。

　保険商品は保険業法上の「第一分野」「第二分野」「第三分野」の3つに分類されますが、賃貸不動産経営において最も活用される損害保険は「第二分野」に分類されます。よって、2は誤りです。 「8-18 保険」参照

■問14 【解答　4】

　1〜3は、設問の通りであり、正しい記述です。

　保険料は保険会社が引き受けるリスクの度合いに比例するものとしなければなりません。例えば、同じ木造建物であっても、構造、地域等により火災危険度が異なるため、これを同一の保険料率とすることは不公平になります。よって、4は、「全国一律」となっている部分が誤りです。 「8-18 保険」参照

解答	問1：4	問2：1	問3：4	問4：2
	問5：1	問6：3	問7：1	問8：4
	問9：3	問10：1	問11：1	問12：3
	問13：2	問14：4		

第**9**章

賃貸不動産経営管理士

9-1 賃貸不動産経営管理士の業務

賃貸不動産経営管理士は、「業務管理者」として法律上の役割を負うだけではなく、賃貸不動産経営・管理の専門家として広範な役割を担っています。ここでは、賃貸不動産経営管理士の業務について学びます。

1 賃貸不動産経営管理士の業務 重要度 ★★

(1) 賃貸不動産経営管理士の業務の種類

賃貸不動産経営管理士の業務は、次のように区分することができます。

●賃貸不動産経営管理士の業務

① 賃貸住宅管理業法上の業務および役割（法定業務および関連業務）
  ア 「業務管理者」として行うべき事務の実施
  イ 「業務管理者」以外で賃貸住宅管理業者として行うべき業務の実施
  ウ 特定賃貸借契約上の特定転貸事業者として行うべき業務の実施
② 賃貸借契約関係一般に係る業務の実施（一般業務）
③ 新たな政策課題への積極的な取組に係る業務の実施（発展業務）
④ 賃貸不動産経営への支援に係る業務の実施（支援業務）

(2)「業務管理者」として行うべき事務の実施

賃貸不動産経営管理士は「業務管理者」として、管理受託契約重要事項説明書の交付、維持保全の実施、家賃、敷金、共益費その他の金銭の管理、帳簿の備付け、貸主に対する定期報告、入居者からの苦情の処理に関する事項等について、管理・監督する役割を担っていますが、これらの事項について「業務管理者」として自ら実施する役割までは担っていません。

(3)「業務管理者」以外で賃貸住宅管理業者として行うべき業務の実施

「賃貸住宅の入居者の居住の安定の確保および賃貸住宅の賃貸に係る事業の公正かつ円滑な実施を図る」ため、賃貸不動産経営管理士は、業務管理者として選任されているか否かにかかわらず、賃貸住宅管理業者が行う業務について、管理・監督する役割や自ら実施する役割を担っています。

（4）特定賃貸借契約上の特定転貸事業者として行うべき業務の実施

「特定賃貸借契約の適正化に係る措置」に関し、賃貸不動産経営管理士が、特定転貸事業者が行う業務を管理・監督する役割や自ら実施する役割を担っています。

（5）サブリース方式における転貸借契約時の適正手続き

宅地建物取引業者が媒介や代理をしないサブリース方式の転貸借契約においては、宅地建物取引業法は適用されません。このように宅地建物取引業者が仲介等をしない場合、賃貸不動産経営管理士は、宅地建物取引業法に準じ、転借人に対して契約締結前の重要事項説明や契約成立時の書面の交付を行うことが期待されます。

（6）新たな政策課題への積極的な取組に係る業務の実施

賃貸不動産経営管理士は、不動産をめぐる新たな政策課題や賃貸不動産の活用方式の普及に積極的に協力して取り組み、不動産政策の推進とそれに伴う国民生活の安定向上に貢献することが求められます。

練習問題（○×問題）

① 賃貸不動産経営管理士は業務管理者として、管理受託契約重要事項説明書の交付、維持保全の実施等を自ら実施する役割を担っている。
② 賃貸不動産経営管理士は、業務管理者としての事務を適切に実施することに加え、賃貸借関係の適正化を図るために賃貸住宅管理業者が行う業務につき、管理・監督する役割や自ら実施する役割を担う。

解答

① ×　賃貸不動産経営管理士は、業務管理者として自ら実施する役割を担っていません。
② ○　設問の通りです。

■ポイント

・賃貸不動産経営管理士は、一定の事項について「業務管理者」として管理・監督する役割を担っているが、「業務管理者」として自ら実施する役割はない。
・賃貸不動産経営管理士は、賃貸住宅管理業者や特定転貸事業者が行う業務につき、管理・監督する役割や自ら実施する役割を担っている。

賃貸不動産経営管理士は、賃貸不動産管理の専門家として、管理業務の中心的役割を果たすことが求められています。ここでは、専門家としての倫理（倫理憲章）とコンプライアンスについて学びます。

1 賃貸不動産経営管理士「倫理憲章」　　重要度 ★★★

（1）倫理憲章の概要

賃貸不動産経営管理士は賃貸不動産管理の専門家であり、プロフェッショナルとして高い職業倫理が求められています。一般社団法人賃貸不動産経営管理士協議会より、次のような倫理憲章が制定されています。

●賃貸不動産経営管理士「倫理憲章」

賃貸不動産経営管理士は賃貸不動産所有者、居住者、投資家等のステークホルダー（※）および賃貸管理業界との間に確かな信頼関係を構築することにより、その社会的使命を全うする役割を担っている。そのために、各々が高い自己規律に基づき、誠実公正な職務を遂行するとともに、依頼者の信頼に応えられる高度な業務倫理を確立しなければならない。

ここに、賃貸不動産経営管理士の社会的地位の向上、社会的信用の確立と品位保持、資質の向上を図るため、賃貸不動産経営管理士倫理憲章を制定する。

（一）公共的使命

賃貸不動産経営管理士のもつ、公共的使命を常に自覚し、公正な業務を通して、公共の福祉に貢献する。

（二）法令の遵守と信用保持

賃貸不動産経営管理士は関係する法令とルールを遵守し、賃貸不動産管理業に対する社会的信用を傷つけるような行為、および社会通念上好ましくないと思われる行為を厳に慎む。

（三）信義誠実の義務

賃貸不動産経営管理士は、信義に従い誠実に職務を執行することを旨とし、依頼者等に対し重要な事項について故意に告げず、又は不実のことを告

げる行為を決して行わない。

(四) 公正と中立性の保持

賃貸不動産経営管理士は常に公正で中立な立場で職務を行い、万一紛争等が生じた場合は誠意をもって、その円満解決に努力する。

(五) 専門的サービスの提供および自己研鑽の努力

賃貸不動産経営管理士はあらゆる機会を活用し、賃貸不動産管理業務に関する広範で高度な知識の習得に努め、不断の研鑽により常に能力、資質の向上を図り、管理業務の専門家として高い専門性を発揮するよう努力する。

(六) 能力を超える業務の引き受け禁止

賃貸不動産経営管理士は、自らの能力や知識を超える業務の引き受けはこれを行わない。

(七) 秘密を守る義務

賃貸不動産経営管理士は、職務上知り得た秘密を正当な理由なく他に漏らしてはならない。その職務に携わらなくなった後も同様とする。

※ ここでの「ステークホルダー」とは、賃貸不動産管理の利害関係者という意味です。

▼賃貸不動産経営管理士の役割

賃貸不動産管理のプロフェッショナルとして
中心的役割を果たす

(2) 倫理憲章の解説

倫理憲章の各項目の趣旨や注意点をみていきましょう。

> **(一) 公共的使命**
> 賃貸不動産経営管理士のもつ、公共的使命を常に自覚し、公正な業務を通して、公共の福祉に貢献する。

賃貸不動産経営管理士は賃貸不動産管理の専門家として、特定の私的な利益を実現するためだけに業務を行うのではなく、社会全体の利益の実現を図ることが期待されており、そのことを自覚すべきことを確認するものです。

> **(二) 法令の遵守と信用保持**
> 賃貸不動産経営管理士は関係する法令とルールを遵守し、賃貸不動産管理業に対する社会的信用を傷つけるような行為、および社会通念上好ましくないと思われる行為を厳に慎む。

賃貸不動産経営管理士は、法令だけでなく、社会的なルールも遵守すべきであり、賃貸不動産管理業全体に対する社会的信用を傷つけるような行為や、社会的倫理に反するような社会通念上好ましくないと思われる行為は、禁止されています。これは、業界全体の信用を保持することを目的としています。

▼法令の遵守と信用保持

法令遵守 ＋ 社会的ルール遵守　することで　賃貸不動産管理業「全体」の信用保持

> **(三) 信義誠実の義務**
> 賃貸不動産経営管理士は、信義に従い誠実に職務を執行することを旨とし、依頼者等に対し重要な事項について故意に告げず、又は不実のことを告げる行為を決して行わない。

信頼を裏切らないよう誠実に職務を遂行することをこころがけるべきであり、

「依頼者等」に対して、重要な事項を故意に伝えなかったり、事実ではないことを伝えたりすることは禁止されています。

　この信義誠実の義務は、直接の依頼者のほか、そのほかの関係者への対応の際にも、求められます。

> **（四）公正と中立性の保持**
> 　賃貸不動産経営管理士は常に公正で中立な立場で職務を行い、万一紛争等が生じた場合は誠意をもって、その円満解決に努力する。

　賃貸不動産経営管理士は、依頼者の立場だけではなく、常に公正で中立な立場で職務を行う必要があります。万一関係者間にトラブルが生じた場合にも、一方の立場に肩入れすることなく、常に公正・中立な立場で誠意をもって、その円満解決に努めることが求められています。

　賃貸不動産の経営・管理では、不動産の売買のように依頼者の一時点での利益の確定およびその最大化が求められるのではなく、長期的視点により、継続的に利益の獲得・維持を図ることが求められます。そのため、公正・中立な立場で対応し、円満解決を目指すことが、長期的な視点でみれば、依頼者の利益にもつながるといえます。

▼公正と中立性の保持

依頼

貸主

管理業者
賃貸不動産経営管理士

> 借主の利益をも図ることで、借主に長期継続的に入居してもらうことができる。

9

賃貸不動産経営管理士

> **（五）専門的サービスの提供および自己研鑽の努力**
> 　賃貸不動産経営管理士はあらゆる機会を活用し、賃貸不動産管理業務に関する広範で高度な知識の習得に努め、不断の研鑽により常に能力、資質の向上を図り、管理業務の専門家として高い専門性を発揮するよう努力する。

　賃貸不動産経営管理士には、管理業務の専門家として高い専門性を発揮することが求められています。そのためにも、絶え間ない研鑽により、法令の改正への対応、新たな制度への対応、新たな手法の習得など、能力・資質の向上を図る必要があります。

> **（六）能力を超える業務の引き受け禁止**
> 　賃貸不動産経営管理士は、自らの能力や知識を超える業務の引き受けはこれを行わない。

　賃貸不動産経営管理士は、業務を引き受ける際は、その内容が自らの能力や知識で対応し得るものかどうかを十分に精査する必要があります。

> **（七）秘密を守る義務**
> 　賃貸不動産経営管理士は、職務上知り得た秘密を正当な理由なく他に漏らしてはならない。その職務に携わらなくなった後も同様とする。

　賃貸不動産経営管理士は、職務上知ることができた秘密を正当な理由なく他に漏らしてはなりません（守秘義務）。自己が所属する管理業者を退職した後や賃貸不動産経営管理士ではなくなった後も、守秘義務を負います。

　秘密に該当する場合でも、本人の同意があるときや法令上の提供義務があるときなど正当な理由がある場合には、その秘密を第三者に提供することができます。

▼秘密を守る義務

賃貸不動産経営管理士 → 退任後も → 守秘義務を負う！

2　コンプライアンス　　　重要度 ★★★

　コンプライアンスを直訳すると、「法令遵守」ですが、法令を守りさえすれば
よいというわけではありません。法令以外の社会的なルールも守る必要があり、
倫理や道徳にしたがって行動しなければなりません。また、管理業者や、その
従業員である賃貸不動産経営管理士は、貸主や借主との関係において、契約に
明示された事項を遵守するだけではなく、契約の趣旨にそった業務の遂行に務
めるべきです。

　賃貸不動産経営管理士は、管理業者の従業員でも、プロフェッショナルとし
て独立した地位が求められます。そのため、所属する管理業者に対しても、コ
ンプライアンスに従った対応を取るように、求めなければなりません。

9
賃貸不動産経営管理士

練習問題（○×問題）

① 賃貸不動産経営管理士は関係する法令のみを遵守し、賃貸不動産管理業に対
する社会的信用を傷つけるような行為は厳に慎まなければならない。
② 賃貸不動産経営管理士は常に依頼者の立場で職務を行わなければならない。

解答

① × 賃貸不動産経営管理士は関係法令だけでなく、社会的なルールも遵守す
る必要があります。
② × 賃貸不動産経営管理士は常に公正で中立な立場で職務を行うべきものと
されています。

■ポイント

・賃貸不動産管理業全体に対する社会的信用を傷つける行為は禁止される。
・常に公正で中立な立場で職務を行わなければならない。
・不動産の管理に携わらなくなった後も、守秘義務を負う。

演習問題9

問　題

■問1　　　　　　　　　　　　　　　　【令和3年問43】　

　賃貸不動産経営管理士の業務に関する次の記述のうち、最も不適切なものはどれか。

1　賃貸不動産経営管理士は業務管理者として、管理受託契約重要事項説明書の交付、維持保全の実施、家賃、敷金、共益費その他の金銭の管理、帳簿の備付け、貸主に対する定期報告、入居者からの苦情の処理に関する事項等を自ら実施する役割を担っている。

2　賃貸不動産経営管理士は、業務管理者としての事務を適切に実施することに加え、賃貸借関係の適正化を図るために賃貸住宅管理業者が行う業務につき、管理・監督する役割や自ら実施する役割を担う。

3　賃貸不動産経営管理士は、宅地建物取引業者が媒介や代理をしないサブリース方式の転貸借契約において、宅地建物取引業法に準じ、転借人に対して契約締結前の重要事項説明や契約成立時の書面の交付を行うことが期待される。

4　賃貸不動産経営管理士は、不動産をめぐる新たな政策課題や賃貸不動産の活用方式の普及に積極的に協力して取り組み、不動産政策の推進とそれに伴う国民生活の安定向上に貢献することが求められる。

■問2　　　　　　　　　　　　　　　　【令和3年問48】　

　賃貸住宅に係る新たな政策課題に関する次の記述のうち、最も不適切なものはどれか。

1　賃貸不動産経営管理士は、所属する賃貸住宅管理業者の積極的な指示がある場合に限り、重要な政策課題や新しい賃貸住宅の活用のあり方について制度設計を進め、実際の業務の管理及び監督や実施を担う等により、課題解決に関与する。

2　賃貸不動産経営管理士が有する賃貸借契約や賃貸不動産管理に関する専門

性は、住宅宿泊事業で必要となる専門性と親和性があることから、賃貸不動産経営管理士は、住宅宿泊事業における専門家としての役割を担う資質と能力を有している。

3　賃貸不動産経営管理士は、空き家所有者に対し賃貸借に係る情報、入居者の募集、賃貸住宅の管理の引受けについて助言や提言をすることにより、空き家所有者が安心して賃貸不動産経営に参画できる環境を整備し、空き家問題の解決のために役割を果たすことが期待される。

4　賃貸不動産経営管理士は、住宅扶助費の代理納付制度や残置物の処理に係る契約上の取扱い等を貸主に説明することを通じ、住宅確保要配慮者が安心して暮らせる賃貸住宅の提供のための役割を果たすことが期待される。

■問3

【令和4年問45】

賃貸不動産経営管理士に期待される役割に関する次の記述のうち、最も不適切なものはどれか。

1　賃貸不動産の経営管理の専門家として、重要な政策課題や新しい賃貸住宅の活用のあり方につき、所属する管理業者に助言をして制度設計を進め、実際の業務の管理監督や実施を担うなど、当該課題の解決等に向けて積極的に関与する。

2　「住宅確保要配慮者に対する賃貸住宅の供給の促進に関する法律」を踏まえ、住宅扶助費の代理納付制度や残置物の取扱いに係る契約上の取扱いなどを貸主に対して説明して理解を求め、住宅確保要配慮者が安心して暮らせる賃貸住宅の提供に役割を果たす。

3　空き家所有者に対する有効活用の助言、賃貸借に係る情報やノウハウの提供、入居者の募集、賃貸管理の引受けなどの助言を通じ、空き家所有者が安心して賃貸不動産経営に参画できる環境を整備し、空き家問題の解決に役割を果たす。

4　所属する管理業者が「残置物の処理等に関する モデル契約条項」(法務省・国土交通省令和3年6月公表) に基づく解除事務受任者・残置物事務受任者である場合において、賃貸借契約中に借主が死亡した際の契約関係の処理につき、借主の相続人の意向による影響を排除する立場で関与する。

9

賃貸不動産経営管理士

演習問題

■問4

【令和4年問46】 ☑ ☑ ☑

　賃貸不動産経営管理士に求められるコンプライアンスに関する次の記述のうち、最も不適切なものはどれか。

1　日頃から人権問題に関心を持ち、人権意識を醸成して自らの専門性を発揮するとともに、貸主に対しては差別が許されないことを十分に理解してもらい、自社の他の従業員に対して積極的に指導を行うなどして、賃貸住宅管理業界全体の社会的役割の実現と人権意識の向上に努めるべきである。

2　賃貸不動産経営管理士は、関係する法令やルールを遵守することはもとより、賃貸住宅管理業に対する社会的信用を傷つけるような行為や社会通念上好ましくない行為をしてはならないが、情報化社会の進展を背景として、自らの能力や知識を超える業務を引き受けることも認められる。

3　管理業者が、貸主からの委託を受けて行う管理業務は法律的には代理業務にあたることから、管理業者はもとより賃貸不動産経営管理士も当事者間で利益が相反するおそれに留意する必要がある。

4　所属する管理業者から、賃貸不動産経営管理士としてのコンプライアンスに基づけば選択するべきではない管理業務の手法を要請された場合、その非を正確な法令知識等に基づいて指摘するなど、高度の倫理観に基づき業務を行うべきである。

解 答・解 説

■問1

【解答　1】

　賃貸不動産経営管理士は業務管理者として、管理受託契約重要事項説明書の交付、維持保全の実施、家賃、敷金、共益費その他の金銭の管理、帳簿の備付け、貸主に対する定期報告、入居者からの苦情の処理に関する事項等についての「管理および監督」に関する事務を行います。1は、業務管理者として「自ら実施する」としている点が誤りです。

　2～4は、設問の通りであり、正しい記述です。

「9-1 賃貸不動産経営管理士の業務」参照

■問2 【解答 1】

　賃貸不動産経営管理士は、賃貸不動産経営・管理の専門家として、重要な政策課題や新しい賃貸住宅の活用のあり方等につき、「所属する管理業者に助言」をし、制度設計を進め、実際の業務の管理・監督または実施を担うなど、当該課題の解決等に向けて積極的に関与することが期待されています。関与するにあたり、所属管理業者の指示を待つ必要はありません。よって、1は、「所属する賃貸住宅管理業者の積極的な指示がある場合に限り」としている点が誤りです。

　2～4は、設問の通りであり、正しい記述です。

「9-1 賃貸不動産経営管理士の業務」参照

■問3 【解答 4】

　1～3は、設問の通りであり、正しい記述です。

　賃貸不動産経営管理士は、「残置物の処理等に関するモデル契約条項」の内容を理解し、所属する管理業者が解除事務受任者・残置物事務受任者となった場合には、自らが実際の実務にあたることによって、万が一賃貸借契約期間中に借主が死亡した場合の契約関係の処理を、「借主の相続人の利益にも配慮」しながら、適切に対応することが期待されています。よって、4は誤りです。

「9-2 倫理憲章とコンプライアンス」参照

■問4 【解答 2】

　1、3、4は、設問の通りであり、正しい記述です。

　賃貸不動産管理士は、関係する法令やルールを遵守することはもとより、賃貸住宅管理業に対する社会的信用を傷つけるような行為や、社会通念上好ましくない行為をしてはならず、自らの能力や知識を超える業務を引き受けてはなりません。よって、2は誤りです。

「9-2倫理憲章とコンプライアンス」参照

解答 問1：1　問2：1　問3：4　問4：2

さくいん

さくいん

さくいん

■参考文献およびURL

・国土交通省「賃貸住宅管理業法ポータルサイト」
　https://www.mlit.go.jp/tochi_fudousan_kensetsugyo/pm_portal/
・一般社団法人賃貸不動産経営管理士協議会「賃貸不動産経営管理士」
　https://www.chintaikanrishi.jp

■著者のサイトについて

　試験や法改正の最新情報につきましては、「賃貸不動産経営管理士試験の攻略サイト」（著者のサイト）をご覧ください。

　本書に収録されていない過去問題の解説は、当サイトで無料公開しています。サイトでの解説には本書の参照ページを掲載していますので、過去問題を解いてわからない部分があれば直ちに本書で確認できます。

http://賃貸不動産経営管理士.com

■著者略歴

田村　誠（たむら　まこと）

法務博士（専門職）。弘前大学在学中に行政書士事務所を開業し、大手公務員受験指導校での講師活動を経て、現在は、ファイナンシャル・プランナーとしての活動（主に相続・不動産）、法律系資格取得専門の受験指導を行う。試験問題の徹底した分析に基づく合理的な指導には定評がある。得意分野は、不動産、金融法務。不動産会社にて賃貸不動産の管理業務の経験あり。

資格：賃貸不動産経営管理士、宅地建物取引士、貸金業務取扱主任者、行政書士、法学検定、銀行業務検定（法務）、金融業務能力検定（法務）、個人情報保護法検定、住宅ローンアドバイザー、ファイナンシャル・プランナー、不動産キャリアパーソンなど多数。

著書：「最新 受験用 いちばんやさしい！ マンガ宅建士入門」、「受験用 よくわかる宅地建物取引主任者」、「受験用 図解 宅地建物取引主任者」西東社、「第8版 貸金業務取扱主任者合格教本」、「らくらく突破 第7版 貸金業務取扱主任者 ○×問題＋過去問題集」技術評論社。

カバーデザイン　●小口翔平＋嵩あかり（tobufune）
編集・DTP　　　●株式会社 ウイリング　　　　　　本文イラスト　●四季 ミカ

賃貸不動産経営管理士 テキスト＋問題集

2023年6月30日　初版　第1刷発行

著　者　　　田村　誠
発行者　　　片岡　巌
発行所　　　株式会社技術評論社
　　　　　　東京都新宿区市谷左内町21-13
　　　　　　電話　03-3513-6150 販売促進部
　　　　　　　　　03-3513-6166 書籍編集部
印刷／製本　昭和情報プロセス株式会社

定価はカバーに表示してあります。

本書の一部または全部を著作権法の定める範囲を越え、無断で複写、複製、転載、テープ化、ファイルに落とすことを禁じます。

ISBN978-4-297-13559-1 C3036
Printed in Japan

■お問い合わせについて

　本書に関するご質問は、FAXか書面でお願いします。電話での直接のお問い合わせにはお答えできませんので、あらかじめご了承ください。また、下記のWebサイトでも質問用のフォームを用意しておりますので、ご利用ください。

　ご質問の際には、書名と該当ページ、返信先を明記してください。e-mailをお使いになられる方は、メールアドレスの併記をお願いします。

　お送りいただいた質問は、場合によっては回答にお時間をいただくこともございます。なお、ご質問は本書に書いてあるもののみとさせていただきます。

■お問い合わせ先

〒162-0846
東京都新宿区市谷左内町21-13
株式会社技術評論社　書籍編集部
「賃貸不動産経営管理士 テキスト＋問題集」係
FAX：03-3513-6183
Web：http://gihyo.jp/book